ŒUVRES COMPLÈTES
D'EDGAR QUINET

LA
RÉVOLUTION

PRÉCÉDÉE DE LA

CRITIQUE DE LA RÉVOLUTION

TOME I

QUATORZIÈME ÉDITION

PARIS
LIBRAIRIE HACHETTE ET Cie
79, BOULEVARD SAINT-GERMAIN, 79

3 fr. 50

ŒUVRES COMPLÈTES

D'EDGAR QUINET

A LA MÊME LIBRAIRIE

Quinet (Edgar) : *Œuvres complètes.* 30 vol. in-16
brochés à . . . . **3 fr. 50**

Génie des religions.	1 vol.
Les Jésuites ; L'ultramontanisme.	1 vol.
Le Christianisme et la Révolution française	1 vol.
Les Révolutions d'Italie	2 vol.
Marnix de Sainte-Aldegonde ; Philosophie de l'Histoire de France	1 vol.
Les Roumains ; Allemagne et Italie.	1 vol.
Premiers travaux ; Introduction à la Philosophie de l'histoire ; Essai sur Herder ; Examen de la Vie de Jésus.	1 vol.
La Grèce moderne ; Histoire de la poésie.	1 vol.
Mes Vacances en Espagne.	1 vol.
Ahasvérus.	1 vol.
Prométhée ; les Esclaves.	1 vol.
Napoléon (poème). (Épuisé).	1 vol.
L'Enseignement du peuple ; Œuvres politiques avant l'Exil	1 vol.
Histoire de mes idées (autobiographie).	1 vol.
Merlin l'Enchanteur.	2 vol.
La Révolution.	3 vol.
Campagne de 1815.	1 vol.
La Création.	2 vol.
Le Livre de l'Exilé ; La Révolution religieuse au XIXe siècle ; Œuvres politiques pendant l'Exil. . . .	1 vol.
Le Siège de Paris ; Œuvres politiques après l'Exil. . .	1 vol.
La République ; Conditions de régénération de la France.	1 vol.
L'Esprit nouveau.	1 vol.
Vie et Mort du Génie grec ; Appendice ; Discours du 29 mars 1875.	1 vol.
Correspondance ; Lettres à sa mère.	2 vol.

Chaque ouvrage se vend séparément.

Quinet (Edgar) : *Extraits de ses Œuvres ;* 7e édit.
1 vol. in-16 broché. . . . . **3 fr. 50**

ŒUVRES COMPLÈTES
D'EDGAR QUINET

LA
RÉVOLUTION

PRÉCÉDÉE DE LA

CRITIQUE DE LA RÉVOLUTION

TOME I

QUATORZIÈME ÉDITION

PARIS
LIBRAIRIE HACHETTE ET Cⁱᵉ
79, BOULEVARD SAINT-GERMAIN, 79

CRITIQUE
DE
LA RÉVOLUTION

CRITIQUE
DE
LA RÉVOLUTION

I

POURQUOI JE N'AI PAS RÉPONDU A MES CONTRADICTEURS

Le vrai moyen d'honorer la Révolution est de la continuer, en portant une âme libre dans son histoire.

Voilà l'idée qui surgit du débat excité par mon ouvrage. Au lieu de songer à réfuter un petit nombre d'adversaires déclarés, je devrais bien plutôt remercier tant d'amis connus et inconnus, de juges éclairés, d'écrivains renommés, qui, en France et au dehors, ont commenté avec éclat ma pensée et m'ont démontré à moi-même qu'elle est entrée dans la conscience publique.

Au milieu de ces adhésions sur les points fondamentaux, si quelques dissentiments de détail subsistent encore, je les considère comme des marques de cet esprit d'examen que j'ai cherché moi-même à provoquer. Peut-être ne se rencontrera-t-il jamais deux esprits qui reçoivent la même impression identique de tous les événements et de tous les hommes de la Révolution française. Laissons à la discrétion de chacun une partie de ces nuances, qui bien souvent rentrent aisément l'une dans l'autre et constituent la liberté du critique en face de la liberté de l'historien.

N'ayant fait aucune concession, même de langage, aux morts ni aux vivants, je m'attendais à les voir tous réunis contre moi, et je m'armais de mon mieux contre l'antipathie ou l'indifférence. On sait que j'ai été heureusement trompé dans cette appréhension. Je ne puis m'empêcher de m'en réjouir ici. Savoir accepter des vérités sévères, dites sans ménagement, sera toujours la marque d'un grand peuple.

Pourquoi ai-je négligé de répondre aux adversaires qui ont, non pas discuté, mais condamné d'emblée, et avant tout examen, les principes de mon ouvrage, et l'ont décrété préventivement d'une sorte de mise hors la loi? Plusieurs raisons m'en ont empêché; voici la première :

Ma conviction est que, si la démocratie doit se

fonder, ce sera sur les principes généraux établis dans cet ouvrage. Avec cette persuasion, comment aurais-je manqué de patience?

Le temps est mon meilleur allié. Je sentais qu'il travaille pour moi, que je gagnais tout à attendre, qu'il faut donner à des idées nouvelles au moins quelques jours pour germer. Puis, je me fiais au public du soin de réfuter des objections que la violence ne réussissait pas à rajeunir. Ce parti s'est trouvé le meilleur. Je m'étais adressé non à des sectes, mais à la France. La France m'a répondu.

J'aurais mauvaise grâce à me plaindre que mes paroles aient été détournées de leur sens, quand cela est arrivé sans exception à tous les hommes qui ont montré un esprit libre et novateur.

Je n'avais aucun modèle pour cet ouvrage. Comment m'étonner que les idées qui ne procédaient d'aucune imitation aient effarouché d'abord quelques esprits?

Jamais je ne me suis défendu contre aucune critique. Ajournons ces petits comptes-là à la mort qui nous jugera tous. Telle a été jusqu'ici ma règle; il est trop tard pour en changer.

Je ne défends donc pas ce livre; mais j'écris ces lignes pour les lecteurs qui, s'étant laissé surprendre par quelques apparences, désirent se fortifier dans le sentiment de la vérité.

II

QUE DES FAITS NOUVEAUX APPELLENT DES OBJECTIONS NOUVELLES

Il fallait attendre que la passion fût calmée et que mes adversaires eussent vidé leur carquois, avant de relever leurs traits. Aujourd'hui je cherche pourquoi ils ne m'ont pas atteint, et voici ce que j'aperçois. J'ai porté la main sur le système historique dans lequel beaucoup de personnes avaient emprisonné la Révolution. Le moment est venu où ce système doit disparaître pour faire place à la réalité. C'est justice pour ses auteurs de le défendre, comme pour moi de l'attaquer ; dans tout cela il n'y a ni à s'étonner, ni à récriminer.

Mais d'où vient le peu d'impression que les contradicteurs ont fait sur moi ? Je vais le dire. L'ardeur, la conviction, la persévérance n'ont pas manqué aux écrivains qui se sont efforcés de détruire mon livre. Qu'est-ce donc qui leur a manqué ? une seule chose : la méthode. S'ils n'ont rien pu contre moi, c'est uniquement parce qu'ils ne sont jamais entrés dans l'esprit de mon ouvrage, de là des traits lancés avec ardeur, mais qui s'égaraient au loin dans le vide. J'ai apporté des faits nouveaux ; il fallait les discuter. J'ai établi des idées nouvelles ; il fallait les combattre. J'ai sapé de vieux systèmes ; il fallait les soutenir par des arguments nouveaux.

Au lieu de cela, qu'a-t-on fait ? On a répété à satiété ce qui était en question ; mais énoncer un système dix fois, vingt fois de suite, sans en changer même les termes, ce n'est pas le prouver ; ce n'est pas même le défendre.

A des faits nouveaux j'attendais des objections nouvelles ; je les attends encore. Quand je m'appuyais de l'expérience et que je prenais à témoin les choses vivantes, on m'a répondu comme on faisait il y a soixante et dix ans à Pitt et Cobourg.

Par cette impuissance de me combattre sur mon terrain, mes adversaires m'ont rendu un grand service : ils m'ont prouvé que mon ouvrage est plus vrai encore que je ne pensais.

Cent fois vous avez pu faire l'observation suivante : quand des hommes sont possédés d'un système dont le temps a passé, vous avez beau leur soumettre des faits, des expériences qui les contredisent ; ils ne les voient pas, ils ne les entendent pas. De la meilleure foi du monde, ils nient l'évidence, et rien ne prouve mieux que l'ancien système est mort. Quand Gœthe découvrit dans l'embryon l'os intermaxillaire, les vieux anatomistes nièrent longtemps l'existence de cet os, que leurs yeux voyaient et que leurs mains palpaient. Si les préjugés font ces miracles d'erreur, dans les sciences naturelles, je ne m'étonnerai pas qu'ils aient la même puissance d'aveuglement dans l'histoire politique et morale.

III

PRINCIPES GÉNÉRAUX D'UNE CRITIQUE DE LA RÉVOLUTION

Par là, je suis conduit naturellement à rechercher moi-même comment aurait pu et dû être combattu, critiqué, suivant la méthode de la critique nouvelle, l'ouvrage auquel j'ai donné tant d'années de ma vie et contre lequel ont été faits jusqu'ici tant d'efforts inutiles. Connaissant les secrets de cette place, il me plaît de rechercher comment, par quels engins, par quelle voie, il convenait d'en faire le siége. Et si vous me prêtez main-forte dans cet examen, je crois que nous pourrons saisir ainsi quelques vérités plus intéressantes pour le public que les perpétuelles redites dont, ce me semble, il commence à se lasser.

La première règle que nous poserons est qu'en matière d'histoire de la Révolution, la colère, la stupeur sont de mauvaises conseillères. Quiconque ne pourrait se séparer du cortége des Euménides, nous le récuserions pour juge. Ne portons pas des tisons fumants à l'incendie.

Acceptez-vous cet axiome pour fondement de

notre critique? Nous poserons cette seconde règle, que la Révolution française est un fait humain, non surnaturel ; qu'ainsi il est permis de l'examiner librement, sans être taxé d'en être l'adversaire. Tout au contraire, celui qui portera dans cet examen le plus de patience, de conscience, d'impartialité, en sera l'ami le plus véritable.

Faisons-nous une âme libre pour révolutionner la Révolution, et d'abord, abstenons-nous de dire jamais d'un esprit impartial qu'il outrage la Révolution. Car on a tant abusé de ce mot : outrage à la religion, que nous l'effacerons de notre langue, craignant par-dessus tout de porter le style et les habitudes d'esprit des réquisitoires dans la critique historique et philosophique.

Troisième règle. Il nous serait impossible de reconnaître à un groupe d'hommes quelconque, fussent-ils les plus sages des hommes, le droit de marquer, d'imposer ce qu'il est permis de croire et de ne pas croire, de penser, ou de ne pas penser touchant la Révolution. Une pareille prétention n'est pas de notre siècle. L'idée n'en pourrait même plus entrer dans nos esprits. Il suffirait d'en montrer l'ombre seule pour révolter la conscience publique.

IV

ESPRIT SCIENTIFIQUE DANS L'HISTOIRE. — UNE EXPÉRIENCE

On a fait la critique de l'entendement, celle de la raison. Direz-vous que c'est là être l'ennemi de la raison humaine? De même quand je fais la critique de la Révolution, que j'en marque les limites, les erreurs, soutiendrez-vous que c'est là être l'ennemi de la Révolution? Quand l'esprit critique se prend de nos jours corps à corps avec les dogmes, avec l'Évangile, n'est-il pas surprenant que l'on veuille interdire l'esprit d'examen dans les dogmes et le grand livre du terrorisme? Admirez tout, disent-ils, sinon, soyez anathème! Ainsi on voudrait tuer au nom de la Révolution l'esprit de critique. Prenez-y garde; c'est tuer du même coup la Révolution.

Plus de formulaires, d'encycliques, de syllabus feuillants, girondins ou jacobins. Plus de ces figures-types que nous serions obligés de copier sans examen, comme les peintres hiératiques du moyen âge, sur un modèle consacré et immuable. Tout cela est mort; nous aspirons à la lumière, à la vie.

Porter l'esprit scientifique dans l'histoire, voilà ce que j'ai tenté de faire. Si je ne me trompe, le public a confirmé ces vues. C'est aux générations nouvelles qu'il appartient de les développer. Ne serions-nous pas dignes de blâme, si nous continuions à ne juger les temps anciens que par nos passions actuelles, quand les sciences naturelles nous ont donné et nous donnent chaque jour l'exemple de ce que peut leur méthode impartiale pour retrouver la vérité jusque dans les âges les plus reculés et dans les entrailles du globe ? Tout pousse les hommes de nos jours à sortir de l'abstraction, à quitter le convenu, à revenir aux faits, à en déduire les lois. Faisons entrer ce même esprit dans le monde passionné de notre histoire. Celle de la Révolution ne doit pas être seulement un livre, mais une grande expérience pour notre France et pour le monde.

Les termes généraux, abstraits ont été longtemps le fléau des sciences exactes ; elles n'ont fait de progrès qu'à mesure qu'on les en a débarrassées.

De même pour l'histoire politique et en particulier pour celle de la Révolution. Nous n'y ferons de progrès qu'à mesure que, délaissant les abstractions, nous restituerons à chacun la responsabilité de soi-même. Par exemple, vous dites : La République, la Terreur, la Démocratie ont tué Vergniaud, Danton, Camille, etc. Pourquoi ces termes généraux et absolus ? L'expérience, ainsi détournée du réel, ne s'applique plus à personne ; elle nous échappe dans le vague. Ne serait-il pas cent fois plus juste, plus utile, plus vrai de serrer de plus près le sujet et de rendre à chacun ses œuvres ?

Mais alors, dit-on, la trace du sang se réveille ; elle apparaît aux mains. — Il est vrai. Je ne sache pas que l'histoire ait pour mission de la cacher.

C'est affaire de théologiens d'estimer les hommes non d'après leurs actions et leur caractère, mais d'après leurs dogmes théologiques. L'historien et le philosophe ont à suivre la route opposée. Qu'ils jugent les hommes selon leurs actes, et non selon leurs formulaires révolutionnaires ou contre-révolutionnaires ; car nous avons appris que bien souvent ces formulaires ne dépassent pas le bout des lèvres.

Je rencontre partout des hommes qui me disent : Donnez-nous l'espérance. Ils se figurent qu'elle se rompt et se partage comme un morceau de pain. En cela, ils se trompent. Ce qu'on peut leur donner, c'est le sentiment du droit, de la justice dans leur histoire ; et c'est là bien plus qu'espérer : c'est commencer à renaître.

La démocratie française a perdu ses bagages. Il faut qu'elle se refasse tout son bagage d'idées.

Quand je cherche à affranchir certains hommes du servage des vieux systèmes, quelle merveille s'ils résistent, s'ils s'attachent à un esprit suranné qui leur semble le salut? Comment m'étonnerais-je? Ce serait de ma part une suprême injustice Ils croient tout perdu, s'ils renoncent à leurs fictions. Comme ils n'ont pas rencontré encore dans le monde la cité idéale du Droit, ils en adorent au moins le simulacre; et leur colère est facile à concevoir contre quiconque veut y substituer la réalité. Mais, à mesure que la justice absolue se fondera, ils s'apercevront combien cette colère a été hors de saison, et combien le corps vaut mieux que l'ombre.

C'est donc à l'avenir à me défendre; pour moi, je ne puis que le préparer.

J'ignorais que beaucoup de gens considèrent encore aujourd'hui la Révolution comme une tragédie classique de l'ancien répertoire. Chaque personnage, chaque parti se meut, suivant eux, avec la raideur d'un personnage de Rotrou ou de Corneille. Tout est bien, ou tout est mal en chacun d'eux. Si vous montrez dans ces hommes la nature humaine, c'est-à-dire les variations, les diversités, les inégalités, les contrariétés; si vous ne louez ou ne blâmez toujours les mêmes individus; si vous tenez compte des contradictions dans les passions et dans les choses humaines, ils triomphent; ils s'écrient qu'ils viennent de vous surprendre en flagrant délit de contradiction avec vous-même.

Ils vous accusent de peindre l'homme *ondoyant et divers*, quand ils n'admettent que la figure rectiligne de la géométrie élémentaire. Pour eux, le battement de la vie est une contradiction. Ne sortons pas de l'immobilité correcte de la nature morte. A la bonne heure.

L'action, les œuvres, le sacrifice à une bonne vieille cause, tout est inutile pour votre salut; tout est vain ; tout se retourne contre vous et vous damne ; tout est péché si vous ne marmottez à perpétuité quelque ancienne litanie du grand Maximilien, grain de chapelet de cette nouvelle dévotion.

Tel entreprend de renouveler la société de fond en comble ; il jure de ne pas laisser pierre sur pierre de l'édifice ; mais, dans cet universel cataclysme des choses et des hommes, il est bien entendu qu'il gardera intact tout son vieux mobilier de préjugés, de routine, et qu'il ne sera dérangé dans aucun de ses lieux communs, fussent-ils vermoulus au point de tomber d'eux-mêmes en poussière.

En résumé, si je disais ce que je pense, je devrais dire : Ce livre est surtout une expérience.

Ceux qui sauront lire acquerront une force, celle d'une âme qui s'est concentrée pendant dix ans pour les soutenir et les servir.

V

CRITIQUE DE L'OUVRAGE « LA RÉVOLUTION »

Faisons un pas, entrons dans l'examen de l'ouvrage *La Révolution*. Par une concession gratuite, je veux supposer que je sois épris de la légende de Robespierre, ou de Marat, ou de Hébert, sans savoir exactement pourquoi j'ai été fasciné par l'un ou l'autre de ces personnages. Tout ce que je puis dire, ils seraient pour moi les représentants de la Justice ; cette idée rayonnerait sur eux au point de m'aveugler sur leur histoire réelle.

Dans cette supposition, je serais d'abord étonné, puis blessé de voir dans le livre *La Révolution* ces hommes descendus du piédestal où je les aurais placés ; je ne pourrais souffrir qu'ils fussent examinés sans colère, sans haine, comme s'ils devaient compte de leurs pensées à l'auteur. Des invectives, des injures me blesseraient cent fois moins qu'un pareil accent d'impartialité. Car mes Titans descendraient à des proportions humaines. Je concevrais contre l'auteur un amer dépit de ce qu'il abaisse mes idoles.

Ce dépit irait bientôt jusqu'à un commencement de haine. C'est alors que les mots de contre-révolution, d'émigration s'échapperaient en tumulte de mes lèvres ou de ma plume.

En effet, je ne me douterais pas à ce début que l'auteur souffre lui-même de sa sévérité et que c'est pour m'affranchir qu'il me blesse.

Je réfléchirais donc aux moyens de lui nuire. Le premier qui se présenterait à moi serait de l'accuser de se séparer de ses amis, de servir ses ennemis ; et je me hâterais de le dire. Mais à mesure que j'avancerais, je ne pourrais, d'autre part, me dissimuler que la liberté est l'âme de son ouvrage, qu'elle respire dans chaque ligne ; qu'il lui a donné sa vie pour gage ; qu'elle se laisse reconnaître à un accent de regret saignant, de douleur poignante, sur lequel on ne peut se tromper.

Par là, je serais jeté moi-même dans une véritable perplexité. Car je ne pourrais encore renoncer à mes idolâtries, et je pourrais moins encore renoncer à cet esprit de vie, de liberté qui me pénètre. Je me dirais que si d'un côté est le passé, de l'autre est l'avenir. Je commencerais à soupçonner qu'aucun des Révolutionnaires n'est la Révolution, pas plus que le prêtre n'est la religion. Mais combien je serais loin encore de pouvoir faire un choix entre eux !

Ce déchirement du vieil homme, dont l'auteur

me semblerait la seule cause, augmenterait contre lui, non mes soupçons, mais ma colère. Je l'accuserais du tressaillement même de l'esprit vivant qu'il vient de réveiller en moi, et qui y était enseveli sans attente et sans douleur. Sans lui, me dirais-je, je dormirais tranquille.

La question de la religion se présenterait alors ; et les chapitres de l'auteur sur ce sujet me donneraient une tentation que je veux avouer au lecteur. En lisant ces pages hardies, le désir me traverserait d'en tirer parti pour perdre cet auteur incommode, qui déchaîne en moi l'affection et la haine. Plutôt que de renoncer aux légendes révolutionnaires, dont je me serais bercé, j'aimerais mieux appeler à mon secours le ciel et la terre. Sans être croyant, je le dénoncerais comme un renverseur de cultes et de religion. Je le dépeindrais comme un iconoclaste. J'espérerais donner ainsi pour auxiliaires à mes idolâtries les croyances et le clergé qui les maudissent.

Il est vrai qu'en avançant dans ma lecture, je trouverais à chaque page l'esprit de tolérance ; je verrais que l'auteur a établi[1] qu'il était déjà trop tard au dix-huitième siècle pour réformer profondément la religion. Mais des déclarations si positives ne m'arrêteraient pas encore. Avec mon ardeur de vaincre, j'espérerais avoir découvert dans

[1] T. III, liv. XXIV, ch. VIII.

son œuvre une brèche pour l'entamer. Sachant combien ces questions sont périlleuses, combien il s'est attiré d'inimitiés par son indépendance d'esprit sur ces sujets, je crierais d'avance : Victoire ! Je tendrais les mains à tous ses ennemis, fussent-ils ceux de la liberté même.

Il a traité la question des cultes sous les faces les plus opposées ; je les confondrais toutes.

Il a montré comment se sont faites les révolutions religieuses du seizième siècle ; je déclarerais qu'il veut les recommencer aujourd'hui par le fer et par le feu.

Il a séparé l'histoire, la théorie, la pratique ; je mêlerais tout cela. J'en formerais un monstre fait pour effrayer le monde, bien plus que la Terreur ; je dirais : Voilà l'auteur. Robespierre n'était rien auprès de lui.

Cependant, comme je suis de bonne foi, au milieu de ce triomphe, un point forcerait ma conviction, c'est le chapitre xii du livre XVI.

En lisant ces pages, je ne pourrais me dissimuler que les passages que j'incrimine n'ont point la signification que je me plaisais à leur donner au premier coup d'œil ; que l'auteur s'est servi d'un artifice de logique pour construire sa critique ; qu'il n'est pas juste de prendre l'échafaudage pour le bâtiment. Cette vérité me frapperait : que dans la Terreur le moyen répugnait au but et le but au moyen. Vérité qui n'en est pas moins certaine pour avoir été démontrée d'une manière nouvelle. Je ne voudrais pas m'obstiner contre les preuves évidentes tirées des pages 204, 233, 260 du premier volume, et de l'esprit de tout le livre. Faisant la guerre au Terrorisme, l'auteur ne pouvait être assez oublieux de lui-même pour tourner au Terrorisme d'une page à l'autre. Je l'avouerai donc avec sincérité : ce livre est un livre de liberté depuis la première ligne jusqu'à la dernière.

Mais, après cet aveu, si je songe aux assauts que m'a livrés l'auteur de *La Révolution*, je me donnerai le plaisir de laisser flotter à tout hasard ce grand mot de contradiction qui rouvre toujours la porte à quelque attaque imprévue. C'est un dédommagement que je croirais pouvoir m'accorder en compensation de tant et de si nombreuses blessures à mes systèmes et à mon fatalisme, dont je ne serais encore revenu qu'à moitié.

VI

UNE HYPOTHÈSE CHANGÉE EN AFFIRMATION

Voilà les impressions d'un critique sincère, que je suppose travaillé en sens contraire par les idées confuses jetées à plaisir dans ces questions. Venons maintenant à la pensée vraie et aux expressions littérales de l'auteur. Laissons-le parler lui-même :

« La tolérance est l'esprit même de nos temps ; c'est l'idée sans laquelle la société moderne ne peut se concevoir[1]. »

« L'idée qui prévaut de nos jours dans les esprits et qui est la véritable, la séparation de l'Église et de l'État, était celle dont on était le plus loin en 1789[2]. »

« Tolérance mutuelle ! Comment est-il arrivé que ce principe magnanime, *qu'il faudrait être insensé pour ne pas accepter*, n'ait point produit ce que le dix-huitième siècle en attendait[3] ? »

[1] T. I, p. 204.
[2] T. I, p. 204.
[3] T. I, p. 233.

« Les temps ont semblé démontrer que les hommes de la Constituante eussent mieux fait de ne pas toucher aux cultes, et de s'en tenir au principe de non-intervention du pouvoir civil, en matière religieuse[1]. »

« Je prie qu'on ne fasse pas semblant de se méprendre sur ma pensée. Je sais comme tout le monde que *la liberté des cultes est le principe qui doit prévaloir, qu'il est le fond de la conscience moderne*. Mais je crois pouvoir dire que les révolutionnaires étaient en contradiction avec eux-mêmes... [2]. »

Connaît-on des expressions plus claires, plus absolues, qui ôtent mieux à un écrivain la faculté de se rétracter ? Qu'on le dise. Pour moi je n'en connais pas. Comment donc a-t-on pu faire passer l'auteur de ces lignes pour un ennemi de la tolérance qu'il proclame à chaque mot ? Si l'on veut tout brouiller, la chose est facile. Par exemple, il dit, livre XVI, ch XI : « *Si* donc on se place *un moment* dans le système des Terroristes... » et un peu plus loin, ch. XII : « Ni art, ni subtilités ne renverseront ce dilemme : Si l'on voulait la Terreur, il ne fallait pas la tolérance ; si l'on voulait la tolérance, il ne fallait pas la Terreur. »

« Le moyen et le but s'excluaient réciproque-

[1] T. I, p. 260.
[2] T. II, livre XXVI, ch. XII.

ment : le système n'était pas seulement barbare, il était faux. »

Quoi de plus net et qui marque mieux qu'il s'agit d'une hypothèse ? Mais effacez *un moment*. Transformez *ce moment* en une durée indéfinie ; supprimez le *si* ; changez l'hypothèse en affirmation, et l'homme de la liberté devient l'homme de la tyrannie de conscience. Le secret à trouver n'est pas plus difficile que cela.

Ici une chose frappe : ceux qui ont montré le plus de pieuse colère sont ceux que l'on appelle les « *mangeurs de prêtres* ». Vous vous rappelez leur langage. Quoi donc ? persécuter les fidèles, renverser les églises, les autels, n'en pas laisser pierre sur pierre, et sans doute aussi disperser les reliques ; quels excès, quel scandale, ô mon Dieu ! Et toute leur critique sur ce même ton indigné et contrit.

N'est-ce pas assez pour donner à croire qu'il y a eu un peu de déclamation dans ce grand zèle ecclésiastique ? Ils ont eu beau dire aux ultramontains : Nous vous livrons l'impie ! Grâce au ciel, nous n'avons rien de commun avec lui ; le voilà meurtri de nos anathèmes ; achevez-le.

Ceux-ci, en gens expérimentés, se sont défiés du stratagème, et avec raison, je pense. Ils ont vu et compris que dans ce jeu de mes adversaires manquait un peu le vrai zèle du Seigneur.

La vérité est que la tolérance est écrite à chaque page de mon livre. Mais il est difficile, pour ne pas dire impossible, de parler philosophiquement de religion dans un pays qui n'a pas fait de Révolution religieuse. Tout y est cendre brûlante. Souvent les athées mêmes y conservent tous les préjugés historiques des croyances qu'ils n'ont plus.

Parlons donc enfin, s'il se peut, froidement une fois de ces choses ardentes.

Qu'ai-je fait? Qu'ai-je voulu faire? La religion était le nœud gordien. Je l'ai traitée sous des faces très-différentes.

Historiquement, j'ai montré comment les Révolutions religieuses se sont accomplies au seizième siècle. On n'a pas manqué de dire que raconter le passé, c'est vouloir le refaire ; et que l'expliquer, c'est donner un programme pour le présent et l'avenir.

Pratiquement, j'ai établi que la seule solution possible pour nos temps est la séparation de l'Église et de l'État.

L'illusion serait de croire que l'on remédie à tout par ce moyen, et que ne plus s'occuper d'un problème ou le supprimer, c'est le résoudre.

Il fallait aller plus loin. Pour démanteler la Terreur, il fallait entrer dans son esprit, supposer un moment le système. C'est ce que j'ai fait.

J'avais donné la théorie des coups d'État de la

, contre-révolution, de l'ancien parti royaliste; personne n'avait imaginé de m'accuser d'être un contre-révolutionnaire, un partisan des coups d'État, un fanatique de l'ancien régime.

Cette même méthode, je l'ai appliquée à la Terreur. Mais ici les clameurs ont commencé. Pourquoi? La raison en est simple. Si l'on reproche aux Terroristes d'avoir été cruels, cela ne les gêne en rien, puisqu'ils mettent une partie de leur gloire à faire peur.

Cette observation, qui date de loin pour moi, m'a montré qu'il fallait faire du Terrorisme une critique plus neuve et plus profonde.

En quoi consiste-t-elle? Le voici.

Le vrai moyen, le seul qui pût aboutir à une démonstration certaine, était d'entrer à fond dans le système et d'établir quelles en étaient les conditions nécessaires. Dans cette vue, j'ai montré que si l'on acceptait le système de la Terreur la logique voulait qu'on allât jusqu'au bout, c'est-à-dire jusqu'à l'extirpation de l'adversaire ; mais qu'il était illogique, illusoire, et nécessairement stérile de faire de la Terreur pour aboutir à consacrer son ennemi. Voulait-on les barbaries du seizième siècle? Il était contradictoire de proclamer la liberté des cultes. Voulait-on la liberté des cultes? Il était contradictoire de vouloir les barbaries du seizième siècle. Les Chrétiens du temps d'Arcadius et d'Honorius abattaient les temples païens pour renverser le Paganisme. Ils étaient d'accord avec eux-mêmes. Les révolutionnaires l'étaient-ils lorsqu'ils abattaient les églises pour établir dans la loi les droits du catholicisme? Non, sans doute. Qui oserait dire que les héros du dix-huitième siècle, Montesquieu, Buffon, Voltaire, Rousseau, auraient accepté le régime de 93 comme la conséquence légitime et l'instrument nécessaire et incontestable de leurs doctrines? Personne ne le soutiendrait.

De tout cela, j'ai pu conclure qu'il y avait incompatibilité absolue entre les moyens de 93 et le but, entre les barbaries jacobines et la philosophie du dix-huitième siècle, entre la théorie et la pratique, entre la forme et le fond, entre l'instrument et l'idée. D'où s'explique naturellement la stérilité des échafauds, et par une suite nécessaire, cette dernière conclusion, que les Terroristes n'avaient pas eu le secret de leur système et que la grandeur qui s'attache à Marius ne pouvait s'attacher à Robespierre.

Eh bien! voilà ce qui a fait bondir ses adorateurs. Ils se sont sentis entamés dans leur esprit; c'est ce qu'ils auront peine à me pardonner. J'ai ôté au fétiche son auréole d'épouvante. Ils m'auraient passé toutes les accusations ordinaires; une seule les exaspère, parce qu'elle est sans réplique. C'est d'avoir montré que les chefs des Terroristes n'avaient pas eu le génie de la Terreur.

Franchement, croyez-vous que dans un temps tel que le nôtre, où l'instinct moral est si faible, il eût suffi d'attaquer le système par une prédication morale? Pensez-vous qu'il suffisait de répéter pour la millième fois qu'il est défendu de verser le sang, que c'est une chose contraire aux Commandements de Dieu et de l'Église : Homicide point ne seras?

J'avais vu ce genre de preuves échouer mille fois. C'est dans un autre ordre d'idées que j'ai dû chercher mes démonstrations. Il fallait un levier plus puissant que les lieux communs ordinaires pour extirper des habitudes d'esprit qui, retrempées dans une fausse théorie du succès, avaient été jusque-là invincibles.

Cette méthode, où l'ai-je trouvée? Dans l'hypothèse à laquelle j'ai soumis les questions religieuses, assez hardiment, je l'avoue, et de manière à déconcerter quelques esprits sincères et meme bienveillants. Mais qu'ils se persuadent qu'il fallait un peu de hardiesse d'esprit pour entamer un système aussi fortement défendu que le fatalisme terroriste, et trouver le défaut de son armure.

C'est à cette méthode seule que le Terrorisme a rendu les armes. C'est à elle que l'on doit de le voir disparaître comme principe. Ne dites pas tant de mal d'une démonstration qui seule a réussi à rétablir les droits de la conscience humaine.

Ma méthode, pure hypothèse, a pu étonner d'abord ; mais sa valeur se montre par les conséquences qu'elle entraîne ; l'échafaudage disparaît, l'édifice subsiste.

Il y a, en effet, des hypothèses par lesquelles on arrive à des effets certains. C'est un besoin de l'esprit d'envisager une question sous toutes ses faces [1].

La lumière se fait, l'hypothèse tombe, le résultat demeure. Renoncer à cette méthode des plus grands maîtres, serait renoncer à l'un des instruments les plus puissants pour arriver à la vérité. On en trouve des exemples et des modèles dans tous les temps où l'esprit humain a fait un pas.

Thucydide [2], en divers passages, proclame le droit du plus fort. Attachez-vous à ces lignes, vous pouvez l'accuser de corrompre l'histoire. Creusez mieux sa pensée, vous trouverez la justice. Combien de fois Platon ne semble-t-il pas se convertir à l'école des sophistes ! Il prend leur forme,

---

[1] Je trouve dans l'un des plus célèbres critiques de notre temps, Otfried Müller, un sentiment tout pareil, appliqué à l'antiquité :
« Disons-le, la vraie histoire serait impossible sans cette faculté de l'historien de se placer tour à tour à des points de vue différents, opposés même. Ce n'est qu'en épousant momentanément les idées de ses adversaires qu'il peut comprendre et faire comprendre quelle en est la raison d'être, etc.... »
Otfried Müller, *Histoire de la littérature grecque*, trad. par Hillebrand, t. II, p. 561.

[2] Thucylide, III, 37, 40, 84, V. 105. Cf. Otfried Müller, *Histoire de la littérature grecque*, t. II, p. 563, 564.

leur ton, leur esprit, leur langage. Est-ce, croyez-vous, pour glorifier la Sophistique ? C'est pour la mieux détruire par ses propres armes. Descartes part du doute absolu. Le tenez-vous pour un sceptique ? Montesquieu fait en plusieurs cas la théorie du pouvoir absolu. Est-il absolutiste ? Il a tracé les lois de la polygamie ; et l'on n'a pas manqué de lui prouver qu'il est polygame. Que reste-t-il aujourd'hui de cette démonstration ? Rien. Les géomètres de tous les temps se sont servi de l'absurde pour arriver à des théorèmes sans réplique. Direz-vous qu'ils veulent établir l'absurde ? De même, j'ai pu marquer les conditions du Terrorisme pour mieux combattre l'esprit du Terrorisme.

Il est des erreurs trop élémentaires pour qu'un écrivain donne à ses adversaires la joie de les lui voir commettre. Écrire à chaque page d'un livre le mot de liberté, en faire l'âme de chaque parole et, au détour d'une page, proclamer en dogme le salut par le sang, cela est trop grossier. Je ménagerais ainsi une victoire trop facile à mes adversaires. Ils auraient dû être avertis par un tel contraste, que l'auteur ne se tend pas à lui-même des piéges si ingénus.

Aussi vous avez vu que c'est sur ce point que les apologistes systématiques, aveugles de la Terreur, se sont retranchés et ont poussé des clameurs de ligueurs. Ils auraient été trop heureux de passer le reste de leur vie à avocasser sur le verre de sang de mademoiselle de Sombreuil. Frappés dans leur esprit, ils appellent assez grotesquement le clergé à leur aide.

Que de foudroyants non-sens, quelle accablante rhétorique contre ce que l'auteur n'a pas dit! Quelles péroraisons contre des moulins à vent! Surtout quels pieux accents en faveur de Notre-Dame, contre le renverseur de tous les cultes! Je croyais connaitre par expérience les foudres ecclésiastiques. Vraiment on m'a bien prouvé que je n'y entendais rien et qu'en fait de prédications et d'anathèmes, il y a des sceptiques qui dépassent *l'Univers* et *le Monde*. Prenez garde pourtant, mes frères. Ne donnez pas aux méchants le prétexte de dire que vous voulez abriter la guillotine dans l'Église [1].

[1] Est-ce bien sérieusement que l'on me demande de prouver l'antipathie du catholicisme pour la liberté moderne? Voyez *les Jésuites, l'Ultramontanisme, le Christianisme et la Révolution française, les Révolutions d'Italie, l'Enseignement du peuple*. J'ai tiré les conséquences de cette démonstration dans la *Lettre sur la situation religieuse et morale en Europe* et dans la *Révolution religieuse au dix-neuvième siècle*.

VII

SOLIDARITÉ. — LE GRAND TOUT

Je prie qu'on n'attende pas de moi qu'à des déclamations je réponde par des déclamations. Il n'est pas toujours nécessaire de répéter des lieux communs avec furie.

Une autre accusation qui vient de la même source est celle de manquer de l'esprit de solidarité. Qu'entend-on par là? Expliquons-nous, la chose en vaut la peine. Oh! la curieuse exigence, en effet, l'incroyable idée de vouloir que je me fasse et déclare solidaire, de qui? De Robespierre et sans doute aussi de Hébert et de Marat, sous peine d'être retranché de l'Eglise comme hérétique relaps. Qui? moi! prendre sur moi gratuitement, aveuglément les œuvres et la mémoire de ces hommes, m'en revêtir, m'en charger les épaules, m'en teindre les mains à tout jamais, voilà ce que l'on exige de moi! Et l'on dit cela sérieusement? Qui avait jamais entendu jusqu'ici parler d'un semblable servage? Si je n'accepte pas cette solidarité, si je n'applaudis pas au meurtre aveugle même de mes amis, me voilà retranché. Eh bien ! oui, coupez au vif, excluez ; je n'en serai que plus libre.

Mais non ; réfléchissez, voyez. La raison que l'on donne de tout cela est en effet bien étrange. C'est, dit-on, que la Révolution est un Grand Tout qu'il faut accepter ou rejeter indistinctement, sans délibérer. — Quoi ! sans critique, sans discernement, faire une seule masse de vertus et de crimes, de lumière et de ténèbres, y adhérer, sans marchander, les yeux fermés ? — Oui, sans marchander. A ce prix seulement vous serez des nôtres. — Mais en quoi, je vous prie, cette intolérance se distingue-t-elle de celle de l'Eglise ? Elle aussi disait : Croyez tout, ou renoncez à tout. Le principe est identique.

Pense-t-on réellement que l'on puisse ramener à ce parfait esclavage la conscience humaine ? Croit-on qu'il ne se trouvera personne que moi pour repousser ce breuvage ? Quel honneur injuste on me ferait ! Je crois, au contraire, que si l'on tient à rendre la démocratie impossible, on ne peut s'y prendre mieux qu'en la reléguant en dehors du libre examen, de la science, de la morale et de l'humanité.

J'ai reproché à certains révolutionnaires d'avoir mis à mort les meilleurs des révolutionnaires. C'est à quoi l'on s'est gardé de répondre. Pourtant toute la question est là. Que les Girondins, les Dantonistes soient guillotinés, peu importe. Du haut de nos systèmes, nous ne tenons pas compte de ce mince détail. L'ensemble, l'ensemble, c'est ce qu'il faut considérer, dit-on. Ne protestons pas contre le supplice de Vergniaud, de Danton, de Camille. Ce serait injurier le Grand Tout. Dans ce système aux pieds tors, les victimes doivent acclamer les bourreaux par la voix de l'historien.

Faisons une immense confusion, où il n'y ait plus de place à aucun examen, où le discernement soit proscrit comme suspect, où il soit impossible de distinguer l'opprimé de l'oppresseur ; où tout supplice soit mérité, toute hécatombe propice, toute cruauté nécessaire, toute chute légitime, excepté une pourtant, celle de Robespierre. Que l'historien suive aveuglément, passivement la charrette du dieu Pan ; sans faire entendre jamais un blâme contre la justice de Pan, ni un avertissement du dénouement qui s'approche. La vérité l'oppresse-t-elle? Qu'il prononce à tout hasard le mot : Fatalité ! On le lui accorde. Mais qu'il ne blâme ni ne critique jamais ce bel ordre, même lorsqu'il voit la Révolution et la liberté arrivées à leur chute de Niagara. Voilà les conditions que l'on pose à l'historien au nom de ce qu'on appelle la philosophie de la Révolution. Brouillons tout, Dieu reconnaîtra les siens, pour appliquer à cette théorie du moyen âge le mot du moyen âge.

On a comparé la conduite des Anglais dans l'Inde au régime de 93. Où est l'analogie? Le monde est plein de violences et de guerres. Qui en doute? Mais là n'est pas la question. Les généraux anglais dans l'Inde se sont-ils entre-tués les uns les autres? Voilà ce qu'il faudrait pour que la comparaison pût se soutenir. Ne voyez-vous donc pas qu'un des traits particuliers à la Révolution française, c'est que les révolutionnaires ont été mis à mort par les révolutionnaires, les Jacobins par les Jacobins, les Montagnards par les Montagnards? Pourquoi cela est-il arrivé?

C'est le point qu'il s'agissait d'expliquer dans le passé pour le rendre impossible dans l'avenir. Vous ne semblez pas même vous en douter.

Nuit de l'intelligence et de l'âme où ne perce plus aucune lueur. Qui cherche à dissiper cette nuit injurie, dit-on, les hommes de la Révolution.

Voyons comment.

J'en citerai un exemple. Le Jacobin Levasseur avait jeté à la mémoire de Saint-Just la plus grande des injures. Il l'avait accusé de manquer de courage; et l'accusation n'avait pas été réfutée par un temoignage authentique. Si j'avais eu la moindre partialité, qu'avais-je à faire? En croire Levasseur sur parole, ne pas m'inquiéter de m'éclairer davantage. Au lieu de cela, j'ai vengé la mémoire de Saint-Just en déterrant les paroles inconnues de l'un de ses intimes compagnons, dont le témoignage est d'autant plus irréfutable que c'est celui d'un ennemi. Est-ce là injurier les hommes de la Révolution?

Dans tout ceci, reconnaissons qu'il ne s'agit jamais que de Robespierre. Comment donc ai-je failli envers lui? J'ai montré sa probité, sa sincérité, son patriotisme, son amour du peuple. — Qu'est-ce que cela? Vous avez montré aussi le revers de cette médaille, ses faux ombrages, ses soupçons, sa dureté, son fanatisme. Vous ne l'avez pas adoré! — Il est vrai. — Célébrez cet homme: tous vos péchés vous sont remis; osez le critiquer: vous êtes raca, eussiez-vous donné votre vie entière à la liberté. — Quoi! le même homme qui, vivant, a perdu tant de bons citoyens aura encore aujourd'hui la puissance de perdre, après sa mort, tous ceux qui ne se courberaient pas aveuglément devant sa mémoire? Et nous lui laisserions ce privilége? Non, un système semblable ne peut plus se soutenir ni dans l'histoire, ni dans la politique. Je l'ai renversé et je m'en glorifie. Au fond c'était le vieux système de l'histoire de France, dans l'ancien régime, la vie d'une nation absorbée par un homme. Ce point de vue absolutiste est tombé. Est-ce là ce que vous regrettez? Tant pis; il ne se relèvera pas. On ne verra plus d'histoire fondée sur la superstition pour un seul. Nous voulons aujourd'hui porter un esprit souverain et marcher la tête haute dans tout notre passé. Premier terme de notre affranchissement.

Tant que mon ouvrage sera attaqué au seul point de vue Robespierriste, j'ose assurer que l'on ne réussira pas à l'entamer. Ce point de l'ouvrage est trop bien protégé par la conscience générale, qui ne veut plus qu'on réduise la Révolution à n'être que la chose d'une secte ou d'un homme. Plus j'ai été combattu de cette manière, plus mes idées ont gagné de terrain dans les esprits.

Voici un de nos stratagèmes pour sauver nos superstitions. Quelquefois nous rapetissons nos idoles à plaisir comme pour les dérober à l'examen. C'est ainsi qu'on imagine un Robespierre qui n'aurait eu aucune influence, aucun crédit dans les affaires : Brahme recueilli en lui-même auprès de l'ombre de Rousseau dans la forêt de Montmorency. Peines inutiles pour nous créer des chimères et pour fermer nos oreilles au cri des contemporains. Il est trop illogique de dire que la Terreur a été le salut et que le Sauveur n'a été pour rien dans la Terreur. C'est trop de contradictions à la fois.

N'y ajoutez pas cette dernière illusion, que Robespierre allait donner la paix, la liberté, le bonheur quand il est tombé. Des assertions de ce genre dénuées de toute preuve, démenties par les Montagnards eux-mêmes, c'est le roman substitué à l'histoire.

Voulez-vous sentir la réalité ? voulez-vous savoir ce que pensaient de ce rêve les hommes qui entouraient Robespierre sur la crête de la Montagne ? Entendez donc cette voix qui sort de la tombe pour vous convaincre : « Sur cette terre, où il vaudrait mieux ne pas naître, on peut trouver pourtant quelque bonheur, pourvu qu'on ne naisse pas à l'époque d'un Néron, d'un Robespierre, ou d'un Napoléon [1]. »

Je n'examine pas si ce jugement est faux ou vrai. Je le tiens pour faux et dicté par la haine ; et c'est précisément en quoi il est si instructif. Car ce jugement, qui l'a porté ? C'est un homme de la Montagne, le dernier républicain qui parle au nom de ses amis suppliciés ou près de l'être. Un mot de ce genre explique à l'historien, mieux que tous les raisonnements, combien était inévitable la chute de Robespierre. Vouliez-vous qu'il s'appuyât sur les hommes qui voyaient en lui un Néron ? Et sans eux que pouvait-il ? Ce qu'il a fait, s'abandonner à la Plaine. Je l'ai déjà dit, elle abhorrait en lui non-seulement l'homme, mais le système.

[1] Mémoires inédits du conventionnel Baudot.

VIII

MÉTHODE POUR ATTAQUER LE LIVRE « LA RÉVOLUTION »

C'est le moment de montrer la méthode la plus sûre pour détruire le livre *La Révolution*. Il faut chercher le point d'attaque dans ce qui est l'âme de l'ouvrage. Or, cette âme consiste en ceci : Plus que dans aucune autre histoire, les événements de la Révolution s'enchaînent ici les uns aux autres par un lien intime. Si l'on se rend compte des anciens systèmes, on verra que le plus souvent les événements de la Révolution se présentaient comme des surprises ; les journées éclataient sans avoir été annoncées d'avance ; l'écrivain et le lecteur étaient perpétuellement déconcertés par l'imprévu. Cela est si vrai, qu'il y a encore aujourd'hui des historiens qui sont dans la stupeur d'une journée telle que le 9 thermidor ; ils n'en reviendront jamais.

L'auteur de l'ouvrage *La Révolution* s'est évidemment appliqué, au contraire, à échapper à ces surprises et à y substituer la raison et le lien des choses. Dans chacune des journées, il voit se préparer en germe la journée qui la suit. Dans le 20 juin, il voit le 31 mai, dans le 31 mai, la Terreur ; dans la Terreur qui brise les âmes, il voit l'avénement du pouvoir absolu, c'est-à-dire le 18 brumaire. Tout se lie ainsi et s'engendre naturellement dans ce tableau où la Révolution paraît comme une œuvre qui a ses progrès et ses chutes, mais qui ne doit plus ni étonner, ni confondre par ses miracles l'esprit humain.

Tel est l'esprit de mon livre. Voilà son armure, sa force et, si je puis dire, sa nouveauté. C'est donc cet esprit qu'il faut à tout prix extirper, si l'on tient à extirper l'ouvrage.

Les attaques sur un point isolé ne désorganiseront pas cette conception de l'histoire. Vous feriez de Robespierre le plus grand des hommes que cela n'atteindrait en rien, n'infirmerait en rien l'ensemble de cette conception. C'est, je le répète, contre l'ensemble qu'il faudrait réunir toutes ses forces.

Détruisez la logique qui en lie les parties ; sondez les causes de chaque événement ; examinez si l'auteur a trouvé les véritables ; ingéniez-vous à établir le contraire ; découvrez-en de plus évidentes, de plus profondes, ou du moins cherchez à vous le figurer. Alors la conception à laquelle il a mis tant d'années de sa vie et qu'il a bâtie de sa propre conscience, vous aurez le plaisir indicible de croire que vous l'avez renversée de fond en comble et qu'il est temps déjà de la remplacer par une autre. Cette joie souveraine de détruire une œuvre qui vient de naître, qui a trouvé accès dans les esprits et menace de s'y établir, vous la goûterez dans toute sa fleur.

Mais, pour cela, il est nécessaire, il est urgent de sortir de l'ancienne critique surannée ; il faut ruiner cette œuvre nouvelle par des armes nouvelles, puisque les anciennes ont prouvé suffisamment qu'elles ne portent pas. Et ici j'avertis de bonne foi mes adversaires. Comme l'auteur a prévu que c'est par ces côtés qu'il convient le mieux de l'attaquer et de le ruiner, c'est aussi le point qu'il s'est le plus étudié à fortifier.

Le lien des choses dans l'édifice de la Révolution a été pour lui l'affaire capitale. Aucun effort ne lui a coûté pour établir avec solidité cet enchaînement scientifique des causes et des effets qui lui a toujours paru être l'âme de l'histoire.

Dirigez donc vos coups et vos traits de ce côté. Entrez dans cet esprit pour le confondre. Lors même que vous ne réussirez pas à l'extirper, vous ne pouvez guère manquer de rencontrer dans ces voies nouvelles quelque observation utile. Au lieu que, par le système mis en pratique contre cet ouvrage, je puis affirmer que l'on ne recueillera que des lieux communs stériles, cent fois redits avec colère, plus souvent réfutés, et qu'aucune passion ne parvient plus à réchauffer. Après la joie de conscience qu'un écrivain trouve dans la poursuite de la vérité, il doit désirer que son œuvre suscite un esprit nouveau, dût cet esprit le combattre lui-même. Pour moi, j'avoue qu'après avoir écrit *La Révolution*, je serais heureux de fournir la méthode la meilleure pour la critiquer avec fruit.

Ne s'enchaîner à aucune faction, ne s'inféoder à aucun homme du passé, n'être ni feuillant, ni girondin, ni jacobin, ni dantoniste, ni robespierriste, mais être homme et humaniser l'histoire, rendre justice à chacun selon ses œuvres ; tout subordonner à la vérité, à la liberté, voilà la voie nouvelle. On peut s'y engager avec la certitude d'y faire des découvertes. L'intolérance, l'aveuglement, l'idolâtrie, on vient de le voir, sont choses épuisées. Dans ce chemin vous ne trouverez que le vide.

IX

OU EST LA QUESTION ? UNE ERREUR EN POLITIQUE ET EN MORALE

L'histoire d'une époque ne devient une lumière pour un peuple qu'après que la relation des causes et des effets a été clairement marquée par les historiens, et qu'ils ont réussi à lier les événements entre eux comme une véritable articulation vivante dans la conscience publique.

Jusque-là l'échafaudage des plus dramatiques récits ne peut constituer une science, encore moins une morale et une politique. Si vous ne voulez reconnaître aucune faute, aucune erreur d'esprit dans les hommes de la Révolution française, renoncez à expliquer aucune de leurs chutes. Il ne reste pour s'en rendre compte qu'une lamentation stérile, dont la postérité ne peut tirer aucun fruit.

A toutes choses, nous répondons par ce mot de l'enfer sans espérance : Fatalité ! Fatalité dans l'ancien régime, fatalité dans la Révolution, fatalité dans le passé, fatalité dans le présent, sans préjudice de l'avenir. Quand donc vous lasserezvous de cette voie monotone. Quand sortirez-vous de ce cercle de fer ?

Dispensés de rendre à chacun ce qui lui est dû dans ses œuvres pour le bien et pour le mal, nous léguons aux esprits à venir les anneaux de la chaîne de la nécessité. Légitimant toute faute, nous ôtons tout nerf à la conscience comme à l'intelligence. L'âme périt la première dans cette œuvre. Démentis perpétuels à nos propres principes, surprises, miracles du plus fort, œuvre artificielle où vous ne sentez plus la vie humaine. Que serait-ce que cela, sinon une histoire automatique pour enfanter dans la postérité des générations d'automates ?

Rassurez-vous, me dit-on. Il n'est au pouvoir de personne de faire avorter d'avance au fond de l'avenir les siècles futurs. Je le sais. Mais je sais aussi que des générations entières qui sont sous le soleil peuvent toujours, s'il leur plaît, s'enterrer toutes vives et se dire : Cela est bien. Cela fera germer l'avenir. Belle philosophie que celle du cadavre sous la terre qui verdoie !

Croyez-vous sincèrement que vous grandissez plus que moi les hommes de la Révolution en faisant d'eux autant d'automates de la fatalité ? Ne voyez-vous pas, au contraire, que vous leur ôtez toute vraie grandeur, puisque le grand homme est celui qui brise les fatalités apparentes et devient lui-même une fatalité nouvelle? Les médiocres seuls la subissent. Ne donnons pas à la liberté pour fondement l'homme-machine.

Non, ce n'est pas la nécessité des choses qui a fait le système de la Terreur. Ce sont des idées fausses. Il faut donc corriger ces idées si l'on ne veut éterniser la pire des fatalités, qui est celle que se forge à elle-même l'intelligence aveugle.

La confusion des époques entraîne avec elle la confusion des idées. Rétablissons soigneusement les dates. Par exemple, ce qui fit tomber la défense de Lyon, ce fut l'attaque par les hauteurs de la rive droite de la Saône.

La ville est prise le 9 octobre 1793; le décret de destruction est du 12 octobre; la commission militaire est du 27 novembre. Fouché et Collot d'Herbois ne paraissent qu'après la victoire avec les mitraillades des Broteaux. Ce ne sont donc pas les mitraillades qui ont pris la ville déjà prise.

De même en Vendée. On entend dire encore qu'après tout Carrier a sauvé Nantes. Comment cela se pourrait-il? C'est le 27 et le 29 juin 1793 que le général Canclaux et les troupes républicaines ont repoussé la seule attaque que les Vendéens aient tentée contre Nantes. Carrier ne paraît que longtemps après. Les grandes noyades de la Loire sont de décembre 93. Comment donc les noyades auraient-elles sauvé Nantes déjà sauvé en juin, c'est-à-dire depuis cinq mois ? Carrier continue ses exterminations après la déroute des Vendéens au Mans. Est-ce Carrier ou Marceau qui a décidé cette déroute ?

C'est ainsi que la grande Terreur s'est montrée presque partout après les victoires. Prétendrons-nous qu'elle les a produites? Dirons-nous que dans nos systèmes l'effet précède la cause? Il le faudrait si nous voulons continuer à soutenir que la Terreur était nécessaire pour produire les victoires républicaines qui ont précédé la Terreur.

Quand les catholiques de l'école de M. de Maistre nous vantent la nécessité de l'Inquisition, nous ne pouvons croire qu'ils soient aujourd'hui les amis de la liberté. Pour que nous croyions à leur conversion sincère, il faut qu'ils renoncent à préconiser dans le passé ce qu'ils prétendent repousser dans le présent. A ce prix seulement, nous admettons qu'ils sont rapprochés de nous.

Il ne peut en être autrement de nous-mêmes. Quand nous préconisons les nécessités de la Terreur de 93, nous avons beau ajouter que nous ne voulons pas la recommencer. Cette assertion est puérile. Nous ne pouvons ainsi convaincre le monde, et le monde a raison; car il sait qu'on n'est guéri d'un ancien penchant que si on le condamne dans les actes antérieurs. S'imaginer le contraire est une erreur aussi grave en morale qu'en politique.

X

UNE TRADITION DE JUSTICE

Attachons-nous donc aux idées immortelles de la Révolution et ne nous enchaînons pas à l'idolâtrie des individus, puisque les individus ont si souvent agi contrairement à leurs idées.

Le terrorisme de 93 attestait le danger, la fureur, le désespoir. Pour les hommes de nos jours, réduit à une vaine parade, le terrorisme n'est plus qu'une rhétorique. Il est si commode de s'en draper dans la postérité pour se cacher à soi-même son inertie !

L'antiquité grecque aussi était belle et fière de ses Titans. Il a fallu pourtant sortir de la fausse imitation de la Grèce pour s'élever de nos jours à une critique plus hardie des Titans et des hommes. Imaginons la Terreur aussi belle que nous voudrons; faisons de 93 à notre tour une Gorgone ou une Méduse, la bouche ouverte, peinte sur un bouclier d'airain. Ornons-la encore à notre gré de cheveux hérissés et de serpents enroulés. Pourtant la copie n'en vaut rien, même en paroles, et il n'est pire chose au monde qu'une vieille Terreur qui ne fait plus peur à personne. Plagiaires de 93, ne faisons pas de l'héroïsme un sanglant rococo.

J'ai établi une tradition de justice où la démocratie est inexpugnable. Vaut-il mieux pour elle se hasarder sur un échafaudage étroit, fictif, glissant, d'où elle a été, d'où elle sera cent fois précipitée? Mon choix est fait; il l'a toujours été. Je me défie de tout système qui stérilise l'intelligence et l'avenir.

Cette simple proposition que les résultats politiques obtenus ne sont pas proportionnés aux sacrifices, aux vœux, aux aspirations de la Révolution, a excité le scandale parmi ceux de mes adversaires qui se croient révolutionnaires. Elle les a jetés, disent-ils, dans la stupeur. D'où il suit clairement que les résultats obtenus satisfont pleinement leurs ambitions de justice et de liberté. Aveu qui vaut la peine d'être recueilli. Je me garderai d'y ajouter un seul mot; mais j'admirerai un si parfait contentement de soi, des hommes et des choses.

Un livre respire en chaque mot l'esprit de liberté, et les mêmes hommes poursuivent ce livre d'une haine implacable dont ils ne poursuivront jamais le pouvoir absolu. Et ils ne craignent pas de laisser voir par là combien **la liberté** occupe peu de place dans leur pensée, les imprudents !

Qui donc a porté plus haut que moi la Convention, son esprit civilisateur, son ubiquité, son universalité ? Qui a revendiqué plus haut pour elle la création du Code civil ? Qui a fait une plus grande place à ses représentants aux armées ? Qui a rendu plus de justice à son génie dans la guerre, dans la législation ?

— Mais vous n'avez pas tout loué.

— Non, sans doute. Je n'ai pas mis tous les objets sur le même plan, ni donné à chacun d'eux la même valeur. L'ombre du tableau doit-elle resplendir autant que la lumière ? C'est le renversement de la vérité, autant que de l'art historique.

Dites-moi, encore une fois, s'il fallait louer les révolutionnaires d'avoir tué les révolutionnaires ? Est-ce là cette sagesse que je suis accusé de n'avoir pas portée aux nues ? Assurément, c'est la première fois dans le monde que l'on appellera injurier les victimes ne pas approuver leurs bourreaux.

Pour moi, je dis au contraire que le service que l'historien doit rendre à l'avenir est d'ôter à tout jamais aux hommes de liberté la tentation de s'entre-tuer ; il ne le peut qu'en démontrant par la suite entière et par l'esprit de son œuvre que « ces tueries furent un grand mal » non-seulement pour les victimes, mais plus encore pour les bourreaux eux-mêmes. Voilà ce que j'ai fait, voilà ce qu'il était nécessaire de faire ; opération difficile, douloureuse à tenter, qui me coûtait autant qu'à personne. Il fallait l'accomplir ou rester enseveli dans une complicité posthume que la postérité ne comprend plus. Je peux bien donner ma vie à la démocratie. N'attendez pas que je lui sacrifie la justice et la raison.

On m'a reproché de n'avoir pas assez rendu hommage aux intérêts matériels. Certes, si je les avais méconnus, je ne serais pas de mon siècle. Mais vous me pardonnerez s'il m'a semblé que le goût du bien-être est assez déclaré et que je n'avais pas besoin de porter de l'eau à la mer. Puis je m'ennuyais d'entendre répéter que faire fortune est le principe et la fin des devoirs de l'homme et du citoyen.

Peut-être serais-je en droit de me plaindre que trop de haine se soit mêlé aux critiques qui m'ont été faites, car il y a eu trop d'invectives ; tout le monde en convient. On les excusera si l'on réfléchit que des hommes auxquels on enlève un système suranné qui leur tenait lieu de toute observation de la nature humaine ne pouvaient être satisfaits ; que là où manquent les arguments, il faut bien les remplacer par quelque chose ; et qu'enfin des adjectifs tels que *déplorable, aveugle, insensé*, seront toujours plus faciles à trouver que la plus petite raison.

A ces intempérances de langage, je ne vois qu'un inconvénient : plusieurs pourraient en conclure que l'ancienne intolérance vit encore, qu'il suffit d'une dissidence même sur un point historique pour provoquer la colère, l'anathème contre ceux mêmes dont toute la vie porte témoignage. J'aime mieux penser que dans un temps où les discussions sont rares ou périlleuses, les esprits s'enracinent, se pétrifient facilement en toute sincérité dans un préjugé ; qu'une fois accepté, il leur est insupportable d'y renoncer, et que le premier effet est de les irriter contre la main qui veut les guérir. Cela est certainement vrai de beaucoup d'hommes.

Quelques-uns réprouvent la Terreur, tant que l'on reste dans ce terme générique. Touche-t-on aux faits particuliers ? Aussitôt ils essayent de reprendre en détail ce qu'ils ont accordé en bloc.

D'autres, après la première surprise, ont accepté la lumière, en avouant qu'elle leur était douloureuse. Le nombre est grand de ceux-là qui ont rejeté une erreur douce quand elle leur a été démontrée funeste ; je ne vois rien de plus noble et à la fois de plus courageux, ni rien qui soit mieux fait pour relever l'espérance et la foi dans la grandeur innée de la nature humaine.

Quant à ceux qui passent si aisément à la haine et à l'aversion dès qu'ils sont contredits, que leur dirai-je?

J'ai vu déjà dans ma vie plusieurs fois des hommes qui avaient commencé par repousser et combattre mes idées, les accepter plus tard et devenir pour moi des alliés, ainsi que j'ai eu l'occasion de l'éprouver dans ce débat. Peut-être, s'il m'est donné de vivre, verrai-je encore de tels changements.

Les principes contenus dans mon ouvrage entreront (je n'en puis plus douter après cette discussion) dans la conscience publique.

J'ajourne mes adversaires à quelques années. Qu'ils se relisent alors et qu'ils se demandent si ce qu'ils m'ont opposé, ils le maintiennent. Justice, pitié, liberté, humanité, voilà ce qui nous survivra, et, toujours grandissant, nous mettra tous d'accord.

Dans les *Révolutions d'Italie*, j'ai osé dire aux Italiens des vérités souvent sanglantes qu'ils ont eu le courage d'écouter. Ils ont vu sous cette sévérité le cœur d'un homme dévoué à leur cause. Nul d'entre eux, que je sache, ne s'est mépris à cet égard. Il n'était pas possible que, dans les paroles sévères adressées à notre France, les Français ne reconnussent pas l'affection d'un concitoyen. Qu'on lui reproche son deuil trop obstiné des libertés perdues, je le conçois ; mais repousser la vérité parce qu'elle est nue, cela ne partirait pas d'un grand cœur. Mirabeau, madame Roland, Condorcet, Danton même auraient compris ces justices.

Est-ce, comme on l'a répété, la contre-révolution qui s'est réjouie de mon ouvrage ? Non, ce sont les amis de la liberté ; car nous ne l'établirons qu'en formant des générations nouvelles qui, rompant absolument avec l'idolâtrie de la force, apportent avec elles l'esprit d'humanité que le monde appelle sans doute, mais qu'il est si loin de posséder encore.

La démocratie, en effet, n'a pas aujourd'hui la force pour elle. Que lui reste-t-il ? L'idée du Droit. C'est donc au Droit qu'il faut qu'elle s'attache avec inflexibilité pour en ôter la rouille sanglante que les temps y ont déposée. C'est le Droit qu'il lui appartient de découvrir, d'exhumer, de séparer de tout alliage, de faire resplendir dans l'histoire, dans la morale, dans le passé, dans le présent. Il faut[1] qu'elle offre au monde l'image du Droit la plus pure, la plus humaine, l'idéal le plus accompli qui ait brillé jusqu'ici aux yeux des hommes. Là est son espoir, là est sa raison d'être. Sinon,

---

[1] Voyez l'Idéal de la démocratie, dans *Le Christianisme et la Révolution française*, p. 264, 265, 267.

elle légitime toutes ses défaites. Qui ne voit pas cela est bien aveugle.

Après tout, il s'agissait de savoir si je frappais sur des âmes mortes. Elles ont répondu, elle ont crié : Je vis encore ! Au lieu de m'en plaindre, j'aime mieux les en féliciter.

FIN DE LA CRITIQUE DE LA RÉVOLUTION

LA
RÉVOLUTION

Cette histoire critique de la Révolution française a pour introduction la *Philosophie de l'histoire de France* et pour conclusion la *Campagne de* 1815, que j'ai publiées dans ces dernières années.

Ce que j'ai fait pour l'Antiquité (*Génie des Religions*), l'Italie moderne, la Hollande, les Roumains, j'ai voulu le faire pour la Révolution française.

Il est difficile aujourd'hui de trouver des mémoires étendus et des documents vraiment authentiques ; j'ai eu cette bonne fortune. Mon ouvrage, fruit de longues années, était achevé, lorsque des mémoires précieux, que j'ai pu croire perdus, me sont parvenus d'une manière inespérée. Ils m'ont fourni, ce qu'il y a de plus rare, des faits et des témoignages nouveaux. Surtout, ils m'ont donné un point vivant, pour me reconnaître au milieu des systèmes abstraits, inventés après les événements.

Nous sommes arrivés au temps où un grand nombre d'hommes et peut-être des générations entières demandent la vérité seule en dehors des idolâtries comme des vindictes de partis.

La vérité est faite pour l'âge mûr des peuples. Il n'y a qu'elle dont ils puissent se nourrir et se fortifier. Les promesses amusent l'enfance et la jeunesse ; nous commençons, il me semble, à en sortir. Ne jouons plus avec nous-mêmes.

Notre temps veut espérer à tout prix, et il a bien raison. Mais notre espérance ne doit pas être un mot ; elle ne peut se bâtir sur le hasard. Travaillons à découvrir des idées justes et nouvelles; car elles entrent dans l'esprit des hommes, et y produisent la justice, d'où naît l'avenir. C'est ainsi que la vie se développe et que l'espérance est raisonnable[1].

EDGAR QUINET.

Veytaux, canton de Vaud, 2 novembre 1865.

---

[1] Le lecteur reconnaîtra aisément que chaque fait a été puisé aux sources ; mais au lieu de les indiquer au bas de chaque page, j'ai cru devoir réserver cette place aux documents inédits.

LA RÉVOLUTION

LIVRE PREMIER

LES VOEUX

I

NÉCESSITÉ DE RÉVISER LA TRADITION

La Révolution française n'a pas besoin d'apologies; vraies ou fausses, tout le siècle en est rempli. Une parole de plus serait superflue. Que reste-t-il donc à dire ? Il reste à découvrir et à montrer pourquoi tant et de si immenses efforts, tant de sacrifices accomplis, une si prodigieuse dépense d'hommes, ont laissé après eux des résultats encore si incomplets ou si informes.

Tout un peuple s'est écrié par des millions de voix : « Être libre ou mourir ! » Pourquoi des hommes qui ont su si admirablement mourir n'ont-ils pu ni su être libres ? Voilà la question qui se pose d'elle-même. Je la retrouve dans les termes où elle s'est présentée, il y a plus d'un demi-siècle, à Mounier[1] et à madame de Staël. Mais ici c'est un ami de la Révolution qui montrera les fautes des révolutionnaires.

Je me propose de rechercher pourquoi nos révolutions se sont accomplies, comment les contemporains les ont comprises, au moment où elles éclataient, quelle signification elles ont reçue le lendemain, pourquoi de si vastes espoirs suivis de si extraordinaires avortements, enfin, s'il est un remède à de pareils maux et ce qu'il convient de faire pour le trouver.

Je voudrais faire rentrer dans l'histoire la conscience humaine, alors qu'elle semble avoir disparu du monde.

D'autres ont eu à raconter les triomphes qu'ils croyaient définitifs, les enthousiasmes, les droits, les conquêtes politiques et morales. Venu plus tard, je n'ai eu en partage que les revers, les chutes, les défaites, les reniements. C'est cette face des choses surtout que je suis condamné à expliquer.

[1] L'ouvrage de Mounier est de 1792.

J'ai écrit cet ouvrage en pleine paix, comme du fond de la mort. Le bruit des opinions m'arrive de si loin, que j'espère ne pas me passionner pour elles. La solitude m'aidera à l'impartialité; ou, si j'entre dans les partis, ce sera pour chercher comment ils ont concilié leurs principes avec leurs actions.

Quand je considère la profonde misère morale de la France, ses efforts désespérés, ses ambitions sans mesure, ses humiliations infinies, je n'ai qu'un seul désir, qui est de toucher avec une piété filiale à de si grandes plaies. D'autre part, quand les choses que j'ai à raconter sont comme des épées aiguës qui m'ensanglantent, quand l'histoire se retourne contre l'historien pour le désavouer, toutes les fois qu'il se prend à espérer trop tôt, quand je me sens investi par les événements, comme par des puissances railleuses, alors je suis obligé de m'armer d'impassibilité et de rudesse; et je crois que celui qui, en des circonstances de ce genre et traitant un sujet pareil, agira autrement, je crois, dis-je, qu'il succombera à la tâche de décrire le travail et les intentions des meilleurs, si souvent couronnés par l'injustice, tant d'élans vers le progrès moral, perdus dans l'indifférence ou la fureur, et l'affranchissement d'un moment, suivi presque toujours d'un assujettissement plus dur.

Ou bien il sera entraîné à altérer la vérité et,

pour chercher une consolation illusoire, à se repaître de sophismes en changeant à son gré la nature des choses et en appelant progrès ce qui jusqu'à ce jour s'était appelé décadence.

Si donc, dans le cours de cet ouvrage, il m'arrive de laisser paraître une indifférence ou une insensibilité que quelques-uns croiraient avoir le droit d'accuser, et si quelquefois je parle de ma patrie comme si elle m'était étrangère, que l'on veuille bien réfléchir que la fortune, qui veille à tout, m'a mis un frein d'airain, sans lequel j'eusse été peut-être hors d'état d'accomplir la tâche que je m'étais réservée.

Nous nous refaisions de notre histoire une déesse Roma, une Minerve-Athêné, infaillible toujours humaine. Ces idolâtries sont tombées, et, comme les autres, elles ne se relèveront pas. Nous voilà affranchis de notre paganisme. Sachons au moins, en perdant l'idole, chercher la vérité. Et de bonne foi, que nous a servi jusqu'à ce jour la plus belle des rhétoriques ?

II

COMMENT LES FRANÇAIS JUGEAIENT LEUR HISTOIRE A L'APPROCHE DE LA RÉVOLUTION

Dans la France de l'ancien régime, écrire l'histoire de France était impossible. Cette histoire, avant la Révolution, n'avait été traitée par aucun grand esprit. Apparemment le récit de cette longue servitude semblait intolérable ou indigne d'intérêt. Non-seulement aucun de nos grands écrivains n'avait choisi ce sujet pour s'y enfermer, mais tous, au contraire, paraissaient s'être accordés pour en détourner les yeux.

Il en fut autrement lorsque la liberté eut commencé à paraître. Ce premier rayon se refléta dans ce sombre et stérile passé. Depuis 1820, ce fut une émulation entre les meilleurs esprits pour remonter à nos origines et étudier les siècles où l'on voyait alors les précurseurs de l'ère d'indépendance à laquelle on se croyait parvenu sans crainte d'aucun retour. Dans cet intervalle furent préparées ou achevées les œuvres qui devaient ressusciter le passé de la France.

Si la liberté se perdait pour jamais, je tiens

pour certain que l'intérêt attaché a nos origines se perdrait infailliblement. Les vastes travaux entrepris sur notre histoire seraient interrompus et abandonnés. Car qui se sentirait le courage, du fond d'une servitude présente, d'attacher son esprit à l'histoire de la servitude passée? Les écrivains dignes de ce nom chercheraient d'autres sujets qui leur permissent au moins de se distraire des maux connus par l'illusion ou l'espérance.

A aucune époque on ne connut l'histoire mieux que de nos jours, et jamais on n'en fut moins éclairé. Nous savons parfaitement ce qu'auraient dû faire Annibal devant Rome, Brutus à Philippes, Étienne Marcel à Paris, Napoléon à Waterloo! Nous savons d'une manière non moins infaillible ce qu'auraient dû dire Mirabeau, Louis XVI, Danton, Robespierre, et le moment où chacun d'eux a failli. Nul ne nous trouvera en défaut sur ces points.

Mais au sortir de là, s'il se trouve devant nous, non pas demain, mais aujourd'hui, non pas ce soir, mais au moment même où je parle, la plus petite difficulté sous nos pas, nous hésitons, nous ne savons que résoudre; ou plutôt nous nous précipitons follement et aveuglément dans le parti le plus mauvais, dans l'idée la plus fausse, la subtilité la moins ingénieuse, le piége le plus grossier. Et nous y restons embarrassés et plongés sans même essayer d'en sortir. Seulement, nous reprenons le fil de notre pensée et nous concluons avec une assurance magnifique: Si Annibal, Brutus, Étienne Marcel, Napoléon eussent fait ce que je disais tout à l'heure, ils n'eussent pas péri misérablement.

Malgré le peu d'utilité que les hommes tirent de l'expérience passée, j'ai eu longtemps la pensée d'écrire une histoire de l'ancienne France pour le peuple. J'y ai renoncé, convaincu que la chose est impossible, à moins de remplir son esprit de colères et de ressentiments utiles en 89, stériles aujourd'hui. Cette histoire, si elle était vraie, ne pourrait que pervertir les simples.

Comment décrire la vie intérieure des Valois et même celle de Louis XIV sans souiller des âmes que je suppose ingénues? Qu'importe au peuple une histoire où il ne paraît jamais? Haïr, toujours haïr, est-il donc si nécessaire de l'apprendre?

Voici l'idée que les Français, au dix-huitième siècle, se faisaient de leur histoire : le sublime épisode de Jeanne d'Arc, quelques lueurs çà et là, quelques figures séparées par d'immenses intervalles, Étienne Marcel, Coligny, l'Hospital, ne suffisaient pas pour remplir treize siècles. Et dans cette durée, un seul personnage, le bon plaisir, toujours debout, occupant, envahissant la scène! Qui pouvait supporter ce monotone tête-à-tête quand il n'était pas relevé par un art infini?

Au onzième, au douzième siècle, les communes se montrent ; c'est pour être extirpées. Au treizième siècle, la décadence était déjà complète. Il est certain que ces révolutions communales avaient été l'œuvre de la partie riche des habitants des villes. Les prolétaires suivaient ; mais, hélas ! à aucun moment, ils ne créent rien qui ait eu vie, même d'un jour.

Étienne Marcel fait d'admirables lois pour la liberté du peuple. Par malheur il n'y a pas de peuple derrière lui. Les paysans se soulèvent et tuent. On les écrase, et en voilà pour cinq siècles d'une nuit de servage.

On a essayé de pavoiser l'histoire de France. Couleur fausse ! Ces tentatives ne pouvaient avoir qu'un succès de surprise. Elles rappellent ces Bastilles gothiques sur lesquelles on arbore, pour un jour, une oriflamme de fete. Cette joie ne va pas à ces ruines ; elles ne sauraient sourire.

Le principal génie de l'historien doit consister, chez nous, à nous déguiser le sujet, en substituer un autre, éloigner la pensée du réel, la promener au loin dans les choses de l'imagination. Mais cet art-là ne vaut rien pour le peuple. Il a besoin, au contraire, qu'on se tienne près des faits, et ce sont les faits qu'il faudrait éviter. Le spectacle du pouvoir arbitraire toujours grandissant, le bien qui ne se produit que par le mal, le caprice perpétuel qui se joue de toute parole, le droit qui passe presque toujours par la porte du crime, ou du moins de la violence, c'est la pire des écoles pour des esprits encore neufs.

Est-il donc si utile d'entrer dans la vie en chargeant sa mémoire et sa conscience de tout un passé esclave? A quoi cela sert-il, qu'à asservir d'avance les générations futures? Il valait mieux fermer que d'ouvrir ce livre devant le peuple. Telle était l'opinion de La Fayette et des hommes de son temps. Il soutenait qu'il faudrait commencer l'histoire de France en 1787 ; le reste, suivant eux, ne convenait qu'à des philosophes ou à des érudits.

Singulière question ! y avait-il une constitution dans l'ancien régime? On l'a cherchée en 89, on la cherche encore aujourd'hui ; un demi-siècle d'érudition a passé, et la question est restée au même point. On a eu beau fouiller le sol ; les meilleurs esprits se sont en vain consumés dans la recherche de cette pierre philosophale, il a fallu y renoncer. Sous des noms savants, ils n'ont trouvé que le bon plaisir.

Les Anglais ont eu leur grande charte ; les Espagnols, leurs cortès ; les Italiens, leurs républiques ; les Belges, leurs communes ; les Hollandais, leurs états ; les Allemands, leur réforme ; les Suisses, leurs libres cantons : les Français n'ont eu, pour tradition continue, que l'arbitraire. C'est là ce qu'ils se disaient encore en 88. Est-il étonnant qu'ils aient maudit leur histoire ?

Les rois avaient aboli eux-mêmes tout ce qui eût pu servir de transition aux temps nouveaux. En abolissant les états généraux, ils avaient extirpé l'embryon des institutions libres. Ils avaient rompu l'échelle des temps, par laquelle la nation eût pu s'élever, sans secousse, à un ordre meilleur. Elle dut s'élancer et se précipiter, au risque de faire périr avec elle monarchie, clergé, tout ce qui la liait encore au passé.

Si l'on veut tirer une conclusion de ce qui précède, la voici : ce que nous appelons l'ordre, c'est-à-dire l'obéissance sous un maître, et la paix dans l'arbitraire, est enraciné, chez nous, dans le roc, et renaît presque infailliblement de soi-même et de la tradition immémoriale. L'ordre ainsi compris est protégé par les siècles ; son antiquité travaille pour lui et fait sa sûreté.

Mais la liberté est un roseau né d'hier ; et cette chose si nouvelle, toujours fragile, n'est jamais en plus grand péril qu'au moment où nous croyons la posséder le mieux. Tout le passé s'arme et travaille incessamment contre elle ; pour la sauver, il faudrait une nation qui ne dormît jamais.

III

L'ANCIEN RÉGIME

Le cardinal de Richelieu, dans son testament politique, décrit tous les abus du royaume. Il les dénonce à la postérité ; en même temps il déclare qu'il vaut mieux les laisser s'invétérer, que d'essayer de les corriger, en ébranlant la machine tout entière. Qui eût pu extirper ces abus, si un tel homme ne l'osa pas? Voilà donc une nation condamnée à tout voir s'empirer chez elle, sans aucune espérance. Les choses, en effet, se corrompirent de plus en plus. Il arriva que le nœud gordien fut à la fin si inextricable, qu'il ne pouvait plus être dénoué que par le glaive. Quand on voit les hommes de la Révolution ramasser ce glaive, il ne faut pas oublier que la première responsabilité remonte à ceux qui leur léguèrent sciemment des maux inguérissables et des questions insolubles dans la paix.

Des écrivains se font un devoir de ne tenir aucun compte des obstacles que la vieille France a opposés à la nouvelle. A ce point de vue, tout devient pour eux folie, crime, monstruosité. Ils font de la Révolution un point isolé dans le temps, sans rapport avec le passé. Ils prennent à partie l'esprit humain et le rendent responsable de ce spectacle déréglé, une histoire suspendue dans le vide, qui ne tient en rien aux époques antérieures. Mais cette monstruosité, c'est leur esprit qui la crée. La Révolution française, comme tout autre événement, a ses rapports avec ce qui l'a précédé ; elle est sous le fardeau du passé de la France. Souvent elle le reproduit, même en le combattant. Ne pas voir ce lien, c'est nier l'âme même de l'histoire.

Il est certain que si vous retranchez, comme vous le proposez, tout un côté des choses, la résistance, l'hostilité, les embûches que l'ancien régime opposait aux choses nouvelles, vous faites de l'histoire de la Révolution la folie même de l'esprit humain. Autant vaudrait, dans le récit d'une bataille, supprimer l'armée ennemie. Il resterait en rase campagne une armée qui s'élancerait avec fureur contre des nuages de poussière, et combien de meurtres se commettraient dans cette mêlée ? Ce serait la démence d'Ajax.

Après avoir établi le succès comme la seule règle morale dans l'histoire de l'ancienne France, il était impossible que ce principe n'entrât pas dans l'histoire de la nouvelle. Mais là, comme il s'agissait de nous, on se montra étonné.

Vous êtes surpris que les échafauds de 93 aient trouvé des apologistes. Pourquoi non ? Pourquoi ceux qui ont glorifié ou exalté dans le passé tous les carnages prétendraient-ils n'avoir pas d'imitateurs ? Si le succès est la seule règle morale dans l'ancienne histoire, faut-il changer de maxime à ce point précis de 89 ? Cette date est-elle comme les Pyrénées : mensonge en deçà, vérité au delà ?

On a semé pendant quinze siècles d'histoire la fatalité, et l'on s'indigne de recueillir la fatalité.

La conscience humaine ne peut être exigée de l'historien à partir seulement de telle année, de telle page. Vous avez posé des fondements ruineux pour toute morale. Vos successeurs n'ont fait que ce que vous leur avez appris à faire. Si le sang versé dans l'ancien régime est un bien, comment le sang versé dans la Révolution serait-il un mal ? Appliquez la pitié, l'humanité à tous les temps, ou ne les exigez pas seulement quand il s'agit de vous.

Si la France doit retrouver son génie, je tiens pour certain que le premier signe doit être de réviser la tradition nationale avant et après la Révolution.

Boisguillebert jette le cri d'alarme en 1697 : « La France a aujourd'hui la gangrène. » Vauban répète les mêmes choses, avec plus d'autorité encore et le même désespoir. Ainsi l'ancien régime était averti, il resta sourd. La foudre aurait déjà pu tomber en 1700 ; elle resta suspendue sur tout le siècle par l'extrême patience du peuple, et aussi pour tomber vers la fin avec plus de fracas.

IV

LOUIS XVI

En 1774, avec Louis XVI, avaient paru un moment Turgot et Malesherbes comme l'espérance du nouveau règne : ils n'avaient fait que se montrer. Presque aussitôt l'on était retombé, avec M. de Maurepas, dans les décrépitudes des règnes précédents. Pourtant Necker, en 1781, avait porté un moment la lumière dans les ténèbres où l'on avait accoutumé de vivre. A cette lumière on avait vu le grand État courir à la banqueroute ; et cet aveu passa pour une première faiblesse dans un gouvernement qui, jusque-là, avait su cacher sa misère ou l'imposer. Le mot fatal de *déficit* courut de bouche en bouche. Chaque année il grandissait, d'autant plus redoutable que tous l'évaluaient différemment.

Mais il y avait un bien autre déficit de justice, de sécurité, de dignité. Tout le monde était d'accord sur celui-là ; et c'est ce qui faisait que le premier ne pouvait être comblé.

Ainsi tous se sentaient embarqués sur un fleuve

qui marchait à une chute de Niagara. Comme l'abîme attire ceux qui s'en approchent, le vertige était dans les hommes du pouvoir: M. de Calonne riait de cet abîme ; plus il en était près, plus il le bravait. Nul ne voyait encore que cette banqueroute pécuniaire, acceptée d'avance par les ministres, n'était que l'accessoire de la banqueroute morale, religieuse, politique de tout le passé accumulé.

Le premier personnage qui entre en scène est le parlement ; il réclame les états généraux de 1614 ; pour lui, le plus lointain avenir était de refaire une Fronde.

Dans les années 1787-1788, la faiblesse de Louis XVI s'augmente de celle de son ministre, de Brienne : des exils rapprochés qui n'effrayent personne, des triomphes ménagés à ceux que l'on tient pour adversaires ; un parlement errant et bientôt rétabli, une cour plénière instituée et presque aussitôt abandonnée, puis enfin le grand mot prononcé des états généraux, quand peut-être on pouvait ajourner encore, voilà les marques d'un pouvoir qui se livre. Bientôt après on entre dans l'irrévocable. Alors la faiblesse sera aux prises avec la nécessité.

Pour surcroît de périls, dans le même temps, les États-Unis d'Amérique naissaient ; la France présidait à l'origine d'une nation libre, et elle avait

mis elle-même la main dans ce berceau. On voyait
sortir de l'Océan ce peuple nouveau ; et les plus
impatients, tels que le général La Fayette, répandaient cette étrange nouvelle que la France aussi
pourrait surgir de son océan de servitudes. Celui
qui avait le premier tendu la main à l'Amérique
était Louis XVI. Tant on avait oublié que la liberté
est contagieuse ! Dans ce siècle brillant, personne
ne savait ce que nous avons si bien appris, qu'on
régime né de l'oppression doit vivre par l'oppression ou périr par la justice.

V.

LOUIS XVI POUVAIT-IL EMPÊCHER LA LIBERTÉ DE NAITRE

Les politiques, qui ont trouvé tant de moyens d'étouffer la liberté où elle est née, n'en ont encore trouvé aucun pour l'empêcher de naître et de faire explosion là où elle ne s'est montree jamais ; ce problème existe encore en son entier.

La patience des Français avait été si longue, que Louis XVI est excusable de n'avoir eu aucune défiance ; il en était là en 1787. Deux ans plus tard, il devait être accablé par des esprits rebelles dont personne n'avait jamais ouï parler. C'est une de ces surprises que tout le génie du monde ne pourrait éviter.

Par l'effet d'une servilité séculaire, il arrive qu'une nation ne donne aucune prise au prince contre les individus ; car personne n'a eu occasion de se faire connaître ou de se connaître soi-même. Voilà l'état de la France en ces mêmes années, à la veille de 89.

Que faisaient alors Barnave, Thouret, Sieyès, Vergniaud, Guadet, Roland, Danton, Robespierre et Mirabeau lui-même ? Dans quelle nuit d'impuissance ils étaient plongés ! qui pouvait s'en défier ? Si la main du pouvoir eût pu les arracher à cette obscurité et les détruire par la proscription, combien les accidents de la Révolution eussent été changés ! Mais ils étaient protégés par leur impuissance même ; elle empêchait leurs personnes et leurs noms d'arriver à la connaissance du gouvernement ; il était forcé de laisser grandir dans l'ombre ceux qui devaient le renverser ; leur néant faisait leur sûreté.

C'est là une des incapacités d'un pouvoir qui n'a jamais été contrarié ; il ne sait où chercher ses ennemis ; eût-il la massue d'Hercule, il ne sait où frapper.

Il en est tout autrement d'un peuple chez lequel la liberté s'est développée ; les personnes ont donné leur mesure, elles sont sorties de la foule. Il est possible de les saisir pour en faire un exemple de terreur qui augmente la docilité des autres.

Beaucoup d'historiens estimeraient davantage Louis XVI s'il eût ensanglanté le milieu et la fin de son règne par quelqu'un de ces grands coups qui ont souvent retenti dans notre histoire.

Je viens de montrer combien ce coup était difficile à frapper. D'ailleurs cette religion de la force, qui est devenue notre seule croyance, était loin de posséder à ce degré les hommes du dix-huitième siècle.

On se contenta en 1786 des représailles ordinaires contre les parlements : des exils à Troyes, des lettres de cachet ; c'était là l'ancienne tradition dans les débats de ce genre. Le cardinal Dubois en avait tracé la tactique avec un cynisme autorisé par l'expérience. Le parlement céda, comme toujours ; et, de bonne foi, qui pouvait soupçonner que derrière lui il y eût un peuple ?

Jusque-là Louis XVI était encore maître de lui-même. Mais une fois que M. de Brienne eut accordé la promesse des états généraux, elle emporta toutes les imaginations ; le roi ne fut plus que spectateur d'un mouvement qu'il avait déchaîné. En y réfléchissant, on verra que l'énergie n'était possible qu'au moment où il en montra le moins, c'est-à-dire en 1787 et 1788. Cette occasion passée ne se rencontrera plus.

D'ailleurs qu'eût pu faire le roi en 1788 ? Terrifier la France ? l'armée s'y serait refusée. Exiler encore les parlements ? Mais les exils avaient été fréquents, et qu'avaient-ils produit ? Frapper les chefs populaires ? J'ai déjà dit qu'ils s'ignoraient eux-mêmes.

Il eût fallu frapper au hasard et souvent même ses propres amis. Si l'on accuse Louis XVI de n'être pas allé jusqu'au sang, je ne serais pas embarrassé de lui trouver encore d'autres excuses.

Déjà les moyens d'agir commençaient à lui manquer. Dans cette détresse, il chercha un appui. Il crut le trouver dans ces états généraux, institution illusoire, tombée en désuétude, où le prince et la nation allaient chercher également un refuge l'un contre l'autre.

VI

NECKER

La liberté était chose tellement perdue en France, qu'il fallut chercher à l'étranger l'homme qui pût la représenter. Genève fournit les deux hommes dont l'un a commencé la Révolution et dont l'autre l'a fanatisée, Necker et J.-J. Rousseau. Necker porta l'esprit d'une petite république modérée dans l'immense monarchie de France. Il entreprit de guérir les maux d'une nation corrompue, par les règles qui maintiennent les États prospères. En peu de mois, il devait essuyer la popularité, la haine, l'oubli, et marquer, le premier, le chemin où presque tous devaient le suivre, suspect à la fois et au prince et au peuple.

Il porta la sincérité dans les affaires perdues d'une monarchie aux abois. C'était exactement la contre-partie de l'esprit de Mirabeau qui, jugeant les temps corrompus, voulait les dominer par leur corruption même. L'ovation de Necker devait durer aussi longtemps qu'il contraria la cour; dès qu'il voulut la défendre, le public le tint pour ennemi. On allait entrer dans des régions où il n'y avait plus rien à faire pour des esprits tempérés. La mesure était ce qui déplaisait à tous, les uns voulant tout garder et les autres tout envahir. Necker n'avait ni les vertus ni les vices que demandaient des temps immodérés, et aujourd'hui la renommée ne sait encore où lui assigner sa juste place, dans une époque où tout devait être excessif.

Vers la fin de son ministère, Necker entreprit une lutte ouverte au profit de Louis XVI. Il était trop tard. Les traits qu'il croyait provoquer contre lui n'atteignaient que le roi; rien de plus moral et de plus impolitique; il irrite le monstre et ne lui oppose aucune armure. Les amis et les ennemis de la Révolution repoussent Necker, ceux-ci pour l'avoir déchaînée, ceux-là pour avoir voulu la retenir.

VII

QUE LE PASSÉ SERVIT A AVEUGLER LOUIS XVI

Les royalistes sont bien sévères à ce moment pour Louis XVI ; sa faiblesse de caractère est le lieu commun de l'histoire. Mais en le supposant doué de l'énergie qui lui manquait, qu'aurait-il pu faire ?

Devait-il amuser l'opinion par une guerre lointaine ? Celle que l'on avait faite au delà des mers, en Amérique, avait été un ferment de révolte. La gloire acquise au loin avait éveillé une émulation de liberté avec l'ancien monde. D'ailleurs, chose incroyable, après une si longue servitude, l'art d'abuser, d'aveugler les peuples était retombé dans l'enfance : on croyait n'en n'avoir plus besoin, tant ils s'étaient montrés dociles.

Le passé ne servait qu'à égarer Louis XVI. Il trouvait sa sécurité dans l'obéissance continue de la nation, sous les derniers rois. Quel motif de croire qu'elle eût changé de tempérament ?

L'idée des états généraux n'avait du moins rien qui pût effrayer. Ils n'avaient jamais paru que pour fortifier le maître, et au premier signe ils s'étaient évanouis. Pourquoi ce qui avait toujours été ne serait-il pas encore ? Et quelle raison de craindre ce qui avait été un remède si complaisant dans toutes les époques difficiles? L'ancienne servilité devenait ainsi un piége; elle aveuglait le roi. Il eût fallu chez lui un génie incomparable pour deviner le péril à travers l'obéissance passée; et cela même ne lui eût servi qu'à voir de plus loin sa chute sans pouvoir l'éviter.

Le peuple était si profondément enfoui, si enseveli sous les autres classes, que personne ne l'entrevit à ces premiers moments. Il était caché à tous les yeux dans ce gouffre sans fond. Necker ne songea qu'à la classe moyenne, et il crut la régir par le frein de la philosophie. Lorsque le peuple suivit ces premiers guides et qu'il se montra au jour, cela déconcerta tous les projets. A l'apparition de ce revenant ce fut une première panique, car on était en droit de le croire mort. Necker se retire, l'émigration commence, le roi reste seul.

VIII

AUTRE CAUSE D'ERREUR

Telles sont les raisons que l'on peut donner pour excuser la complaisance de Louis XVI, si l'on ne veut pas tenir compte de la nécessité. A ces raisons on peut en ajouter une autre. Le roi et Necker crurent d'abord que le tiers état n'irait pas au delà d'une réforme matérielle; en cela Necker fut dupe de sa propre science. C'est ce qui a aveuglé si aisément les économistes : ils croient avoir tout prévu par des chiffres, et il se trouve qu'une valeur morale qu'ils n'avaient pas fait entrer dans leurs calculs change l'univers. Toute pensée qui se bornera aux combinaisons de l'économie politique sera infailliblement trompée dans les grandes affaires humaines. On serait trop heureux si elles se débrouillaient si aisément par le doit et l'avoir. Ceux qui ont voulu les ramener à ces deux termes seuls ont été abusés par cette simplicité même. L'espèce humaine est trop complexe, elle est mêlée de trop d'éléments divers pour que l'arithmétique seule suffise à expliquer ou à prévoir sa marche. On ne fait pas de la haute astronomie avec de l'arithmétique ou de la géométrie seulement; il y faut de bien autres accessoires.

Que de sciences il a fallu inventer l'une après l'autre et mettre bout à bout pour s'élever à la connaissance du système du monde physique! La plupart d'entre elles semblaient n'avoir aucun rapport avec les résultats auxquels elles devaient aboutir[1].

Une seule de ces sciences eût été entièrement impuissante; le concours de toutes a été nécessaire. Où l'une était épuisée, l'autre commençait. Si vous vouliez expliquer les révolutions des corps célestes par la seule météorologie, vous prendriez tous les astres pour des météores; vous vous figureriez qu'ils sont régis par les lois de notre atmosphère.

De même pour le système social : que de sciences il faut ajouter l'une à l'autre pour atteindre le vrai! Si l'on voulait expliquer les révolutions humaines par la seule économie politique, il faudrait se figurer que les grands faits de l'humanité se sont accomplis dans la seule atmosphère de la richesse,

---

[1] Pour avoir une juste idée des mouvements des corps célestes, il a fallu l'observation, la géométrie (Pythagore, Euclide), la science des pesanteurs spécifiques, la mécanique (Archimède), la science de la chute des graves (Galilée), l'application des sections coniques (Keppler), l'application de l'algèbre à la géométrie (Descartes), le calcul différentiel (Fermat, Leibnitz, Newton), l'analyse (Euler, Lagrange), l'optique (Newton), le télescope (Galilée), la dynamique, la science du mouvement (Laplace), la météorologie.

de la production matérielle. On se ferait une idée fausse de presque toutes choses.

Demandez à l'économie politique, à la météorologie ce qu'elles renferment, et rien de plus. Admirables sciences qui ne peuvent se suffire à elles-mêmes. Malheur à qui croit découvrir par elles les révolutions célestes ou humaines !

C'est par une confusion de ce genre que le roi se laissa persuader qu'il n'avait affaire qu'à une question fiscale ; dès lors il abandonne les rênes.

Une chose montre à quel point l'inexpérience de la vie publique était arrivée ; ce sont les conseillers de la royauté qui ont eux-mêmes amené la Révolution. La meilleure preuve qu'elle était inévitable, c'est qu'ils lui donnèrent ce qu'elle aurait eu toutes les peines du monde à conquérir sans eux.

Il y avait des ferments, des passions, des idées qui s'agitaient confusément dans les esprits. A tout cela manquait un foyer : c'étaient des forces divisées. En les réunissant en une assemblée nationale, la vieille monarchie montra qu'elle n'avait plus l'instinct de son salut ; elle faisait elle-même l'ouvrage de ses ennemis.

En convoquant les états généraux, la royauté se jeta dans le gouffre. Necker crut qu'il dominerait la Révolution par la tribune ; il donna à la Révolution la tête qui lui manquait encore.

IX

LA FRANCE A LA VEILLE DE 89

Un voyageur qui eût parcouru la France deux ans avant 89 eût vu, au sortir de Paris, de grandes routes royales, les plus belles d'Europe, de magnifiques ponts ; mais au milieu de ces splendeurs, point de voyageurs ni de passants ; point de circulation ; la solitude à cent pas de la capitale. Partout où s'élève un château, les terres en friche, le plus souvent des bruyères, de rares chaumières ; et, dans les lieux publics où les hommes se rassemblent, un silence morne, obstiné ; nulle expansion, nulle joie ; nulle plainte même, comme si les habitants des provinces n'eussent eu rien à se dire, ou qu'ils craignissent d'éclater s'ils commençaient à parler. Signe de résignation, de désespoir, ou présages de tempêtes.

Nous nous représentons toute la France frémissante. Rien n'est plus faux. Le silence de l'ancien régime persistait dans les provinces ; elles ignoraient ou attendaient.

Un observateur de sang-froid a pu dire qu'elles

eussent attendu « cent mille ans » avant de faire elles-mêmes un changement. « Il faudra voir ce que fera Paris, » voilà le mot que l'on recueille partout, des Pyrénées aux Alpes, et des Alpes à l'Océan. Les Français, hors de la capitale, « n'osent avoir une opinion. » Quand je lis le voyage de Young, en 87, je reconnais, j'entends, je retrouve à chaque mot la France rurale que j'ai connue. Combien le dedans de l'homme a peu changé ! Il n'y a au monde que la liberté ou une foi nouvelle pour renouveler les hommes.

Déjà la tête s'agite, fermente, et les membres restent encore insensibles. C'est par la famine que la Révolution se montra d'abord aux provinces. Elles ont l'inspiration de la misère ; elles souffrent, elles en ont l'habitude immémoriale. Elles sont lentes à espérer, tant elles sont accoutumées à être déçues. Comment croire que le fardeau qui les accable de père en fils puisse enfin être rejeté ! Sans doute c'est là une de ces promesses dont elles ont été si souvent amusées ; elles ne retomberont pas aisément dans l'embûche de l'espérance ; l'excès de leurs maux est le seul sentiment qui les remplit. Mais y porter remède, comment y songer ? Cette pensée ne peut naître chez elles.

Malheur aux partis qui se tromperont à ce premier point de départ, et qui prendront les provinces pour base ! Ils s'appuieront sur le vide.

Cependant, quand la nouvelle de la convocation des états généraux tomba au milieu de ce monde enseveli, ce fut un miracle de renaissance. De leur profond sommeil, les provinces passèrent à une ivresse de joie. Sous cette enveloppe de mort, il se trouva partout, dans la moindre bourgade, des hommes tout préparés pour écrire dans les cahiers les longues plaintes des générations passées et les vœux de l'avenir. Les forces vives avaient été conservées, on ne sait comment, dans la léthargie séculaire de la France.

En arrivant à Paris, le doute cessait. Dans chaque conversation on sentait qu'une révolution était là, immense, inévitable ; personne ne pouvait dire ce qu'elle serait ; tous la hâtaient de leurs vœux ou de leurs inquiétudes. Le mot de liberté était prononcé ; mais aucune idée distincte n'y semblait attachée : désir, pressentiment vague d'un bien qu'on n'avait jamais connu. Quant au peuple, tous l'ignoraient également, ce qui faisait que les grands ne le craignaient pas et que les petits ne s'en enorgueillissaient pas.

Un étranger, en 89, a remarqué, dans les premières journées, combien les hommes du monde mêlaient de rires, de nonchalances, de propos insipides, d'indifférence réelle ou jouée, aux événements où toute la destinée se préparait. Ils semblaient assister au début d'une tragédie nouvelle bien plutôt qu'à une révolution ; soit qu'ils ne crussent pas encore à ce qu'ils voyaient, soit qu'ils pensassent que le rideau allait se baisser et tout rentrer dans la coulisse. Ce n'est que plus tard, au premier sang versé, que cette noblesse rieuse parut enfin prendre sa ruine au sérieux. Alors elle passa promptement à une autre extrémité, de l'insouciance à la terreur.

Comment l'ancien régime n'aurait-il pas été détruit dès qu'il fut attaqué? Nulle communication entre les nobles des provinces, point de moyens de se concerter hors de Paris : l'ancienne servitude, qui avait tout désuni, avait rendu tout fragile.

X

VŒUX DU TIERS ÉTAT

Le premier caractère des cahiers du tiers état, en 89, c'est qu'aucun de ses vœux ne s'appuie sur un précédent de l'ancienne France. Tous reconnaissent que le passé n'a rien à enseigner ni à léguer au présent. Une nation obligée de renier son histoire, voilà le point de départ.

Second principe : Que la loi soit enfin une loi, et non plus un jouet pour l'autorité. La pensée qui ressort de chaque ligne, le fond même de ces vœux, le cri unanime de cette nation est d'échapper enfin au pouvoir absolu, à l'arbitraire, sous quelque nom qu'il se cache. Tel est le but que s'assignent ces voix parties de chaque point du royaume. C'est le cri de toute la terre de France.

On voit une nation altérée, depuis des siècles, de droit, de garanties, de franchises ; et comment a-t-on pu dire que la France ne se souciait pas alors de liberté, lorsque ce mot se retrouve à chaque page des cahiers de 89 ? Qui eût pensé qu'on lui eût contesté jusqu'à ce désir même d'un bien inconnu? C'est en se reportant à ces vœux que la postérité peut voir si elle les a réalisés ou fraudés.

Tout cela descend et se précipite d'une haute source. Un idéal nouveau de la nature humaine, un fonds d'enthousiasme réglé et déjà codifié, un peuple qui se sent dépouillé de tout, digne de tout! Que l'avenir est beau dans cette première vue de la France! C'est le tableau dans l'esprit du peintre, la création dans la pensée du Créateur.

Quand le dégoût l'emporte et que la plume me tombe des mains, je relis ces cahiers de 89 ; je vois tout ce que la nature avait mis originairement de beau et de vraiment noble dans l'âme des Français. Je voudrais qu'on fit un nouvau recueil de ces vœux. Les Français compareraient ce qu'ils sont devenus avec ce qu'ils avaient promis d'être. Combien ils seraient souvent étonnés ! Si jamais il pouvait être question d'une régénération véritable, c'est encore par ces monuments qu'il faudrait commencer. Ce devrait être le manuel de chaque ami de la liberté [1].

Ces législateurs inconnus, ces petits notables de province ont trouvé les plus belles paroles de la langue française. Lisez ces mots des cahiers de

---

[1] Pendant que j'exprimais ce désir, il se réalisait déjà dans l'ouvrage si justement estimé de M. Chassin, *Le Génie de la Révolution*

Toul ; quel langage nouveau et si vite perdu pour toujours !

« Il est une monnaie idéale, mais puissante, bien précieuse et bien chère dans un royaume comme la France : c'est le trésor de l'honneur, trésor inépuisable, si l'on y sait puiser avec sagesse. Les états généraux rendront au peuple et à la postérité un service signalé s'ils trouvent moyen de refrapper cette monnaie nationale. »

Dans ces souhaits, la nation française ne pressent ni obstacle ni refus de la part de la royauté, de la noblesse ou du clergé ; il semble qu'il suffise de vouloir. De là, nulle précaution contre les difficultés. La nation se retrouve ; son désir équivaut pour elle à la toute-puissance. C'est le « Dieu le veut ! » de la nouvelle croisade. Qui oserait s'y opposer ? Et il faut ajouter que sous cet enthousiasme il y a un très-grand fonds de raison ; point d'utopies ni d'imaginations, un sens très-pratique, le plus souvent même très-modeste. Mais, dans ces termes-là, on n'admet pas, on ne suppose pas qu'une puissance quelconque empêche ces souhaits de devenir sur-le-champ des réalités.

Chose plus remarquable ! Le long esclavage n'a laissé aux Français aucune vile empreinte. Un moment de fierté naïve, un noble aveu ont tout effacé. Dans l'expression réfléchie de ce qu'ils veulent être, ils commencent par se dépouiller de la vanité, ils se montrent à nu ce qu'ils sont. Ils ont de la fierté, ce qui a manqué à presque toutes les autres époques. Ils avouent que la France a toujours été esclave, mais ils sont résolus à ne plus l'être. C'est absolument le contraire de ce que l'on a vu plus tard, quand les Français, par un faux point d'honneur et une érudition plus fausse encore, ont voulu tirer vanité de leur servitude passée. Alors ils ont démontré qu'ils ont été toujours plus ou moins libres, du moins que leur esclavage valait mieux que l'indépendance des autres. Ils ont découvert mille raisons de se glorifier même des époques où ils avaient été le plus abaissés ; à mesure qu'ils se vantaient ainsi du passé, ils acceptaient avec plus de complaisance la servitude dans le présent.

Bientôt les orateurs des assemblées commenteront ces paroles ingénues et ces premiers vœux de la France ; mais l'éloquence de Mirabeau lui-même ne surpassera pas la force native de ces grands textes, fournis par la conscience de toute une nation. Il faut remonter aux législateurs antiques pour trouver un pareil accent de la force des choses, car ces vœux sont bien plutôt des commandements; ils éclatent comme la trompette qui fait crouler les vieilles murailles.

D'un bout de la France à l'autre partent des échos qui se répondent :

Rennes : « Que la féodalité soit abolie ! »

Le Nivernais : « Les plaintes du peuple se sont longtemps perdues dans l'espace immense qui les sépare du trône. Voilà ce qui a perpétué jusqu'à nous la servitude dans laquelle ont gémi nos pères. »

Montfort-l'Amaury : « Que la Bastille soit démolie ! »

Saint-Sever : « Que la presse soit libre ! »

Quelquefois, un mot seul révèle le gouffre. Voici le paysan qui surgit de sa glèbe :

« Qu'il soit permis aux Français d'arracher les herbes dans leurs champs en tous temps ! »

Les vers de terre eux-mêmes relèvent la tête. Les serfs du mont Jura prennent une voix d'homme ; on les entend crier à leur tour :

« Si nous sommes des hommes, les lois doivent nous protéger comme eux. »

C'est là qu'on voit l'esprit français dans ses qualités éminentes : justesse, précision, sagacité, rapidité ; le remède partout appliqué au mal, sans sophisme et sans emphase. C'est un grand vaisseau échoué, où chacun travaille de sang-froid à réparer le dommage et sans crainte de la tempête. Que de lumière ! que de raison ! que de ressources infinies ! et ne dites pas que tout cela est l'œuvre de quelque grand homme inspiré ou d'une minorité d'intelligences choisies. Non, c'est la nation entière qui travaille à régénérer et sauver la nation.

Quand on s'en tient au tiers état, il y a une telle cohésion dans ses requêtes impérieuses, une si grande unité, que l'on ne voit pas comment il serait possible de résister à ces trompettes de Jéricho. Dans ces réclamations collectives, où trouver le germe des discussions futures? La bourgeoisie parle pour la glèbe ; à ce point de vue la Révolution semble aisée, tous les efforts allant au même but.

Mais il existe deux autres ordres, la noblesse et le clergé ; comment leurs projets s'accorderont-ils avec celui du tiers? Qui fera les concessions? Le problème ainsi posé, peut-il se résoudre par la science politique, sans le concours de la violence et du hasard? C'est ce qu'il s'agit de voir.

XI

VŒUX DU CLERGÉ ET DE LA NOBLESSE

Il est facile de voir, dans les cahiers du clergé et de la noblesse, qu'ils sont moins impatients de changements. Mais ils s'y prêtent, ils s'y confient ; chacun d'eux a quelque chose à exiger. D'ailleurs ces deux ordres ont été plus ou moins entraînés vers les tentations de l'avenir, par un esprit qui ne vient pas d'eux, qui les domine et les emporte sans qu'ils s'en rendent compte ; où le noble, le prêtre ne sont pas en jeu, reste l'homme. Celui-ci est emporté vers la raison et la justice par un souffle d'humanité auquel il se confie.

Que de vœux, qui sembleraient aujourd'hui démagogiques, émanaient de la noblesse !

Péronne, Montdidier et Roye : « Que les juges soient dorénavant nommés par le roi, sur la présentation du peuple.

« Que tous les membres des cours souveraines et autres tribunaux soient choisis au concours et sanctionnés par le roi. »

Quant à l'égalité devant la loi criminelle, qui l'a

mieux proclamée que la noblesse de Clermont en Beauvoisis : « Le crime étant un, il ne doit y avoir qu'une loi pour condamner les coupables ; de quelque rang et classe qu'ils soient, point d'exception pour les coupables. »

Alençon : « Que l'usage abusif des commissions en matière criminelle soit proscrit à jamais et sans restriction, et que tous juges ou autres qui accepteraient de pareilles commissions puissent être poursuivis comme prévaricateurs et coupables d'attentat à la liberté publique. »

Les trois ordres s'entendent pour demander les mêmes réformes civiles : unité de législation, suppression de la juridiction des intendants, publicité des tribunaux, égalité et adoucissement des peines, admission de tous aux emplois, répartition égale des impôts. Il n'est pas un seul des principes nouveaux de la société civile qui ne se retrouve à peu près dans les mêmes termes chez le prêtre, le noble ou le bourgeois.

A proprement parler, la noblesse ne se réserve que ses priviléges honorifiques, c'est-à-dire tout ce qu'elle a gardé. La différence tend si bien à s'effacer, que la noblesse d'Alençon demande à porter un cordon ou écharpe pour pouvoir se reconnaître.

Par ce qui vient d'être dit, on voit que les réformes matérielles et civiles naissaient d'elles-mêmes. Tout le monde y consentait dans les finances, les impôts, l'agriculture, le commerce. L'égalité devant la loi était à peu près acceptée. La Révolution sociale se faisait du consentement de tous. La noblesse et le clergé ne prétendaient pas s'y opposer ; pour faire passer dans la loi des vœux à peu près unanimes, il n'était pas besoin de si prodigieux efforts et d'une telle effusion de sang.

Supposez que la France, se connaissant mieux, se fût proposé dès l'origine ce qu'elle a obtenu, elle n'aurait pas eu besoin de la Révolution. En ramenant chaque chose à l'intérêt fiscal, en se proclamant égaux sous un maître, on eût écarté ce qui complique tout dans les choses humaines, la dignité, la sûreté personnelle, la fierté du citoyen, l'élément moral. On se serait épargné facilement des maux innombrables. Mais on voulut faire entrer l'âme dans les affaires ; on y fit entrer les tempêtes. Les Français se mirent en tête d'être libres ; la liberté apporta le glaive dans le monde. Le reste, ils l'auraient obtenu sans tirer l'épée.

Ce sont là des choses sur lesquelles on ne peut trop insister, puisque tant d'écrivains de nos jours ont découvert je ne sais où que les Français de 89 ne se souciaient pas de la liberté publique. C'est pour la liberté, et pour elle seule, que toutes les journées de la Révolution ont été faites, le sol ébranlé, les fleuves de sang versés. C'est pour elle et non pour autre chose que tant de millions d'hommes sont morts. Le progrès des droits civils ne demandait rien de pareil.

C'est elle qui brouilla tout, perdit tout. Les Français entrent en révolte contre la suite entière de leur histoire. Une génération se retourne contre le passé. Ces mille trois cents ans, comme on disait alors, se redressent contre elle avec fureur. Dès que la liberté se montra, toute l'ancienne histoire se souleva pour la repousser, la guerre fut dès lors au fond des choses. Dans cette lutte inégale, que deviendra la génération rebelle de 89 ? le danger ne la poussera-t-il pas au désespoir, le désespoir à la fureur ? et, dans cette confusion, le pouvoir absolu n'a-t-il pas toute chance de renaître de lui-même ? Déjà on eût pu pressentir que les Français ne recouvreraient la paix ou du moins son semblant, qu'en renonçant à cette ambition inconnue avant 89, c'est-à-dire à la chose même pour laquelle il faisaient une révolution.

Tout était facile dans l'ordre civil, tout parut impossible dans l'ordre politique ; la France se trouva avoir à vaincre la France. Jusque-là, la multitude s'était ralliée au pouvoir royal ; elle avait l'habitude de tout recevoir de ses mains ; elle se relève et veut se hausser au niveau de son maître ; voilà la guerre inévitable.

La constitution politique qu'il semble si facile

d'écrire sous la dictée des auteurs des cahiers, c'est-à-dire de tout le peuple, sera effacée à mesure qu'elle sera composée ; la postérité n'en connaîtra que l'ombre.

Ainsi tombent d'avance les subterfuges de la postérité, si elle prétend jamais concilier le pouvoir absolu et la Révolution, comme si la Révolution n'avait pas été faite pour abolir le pouvoir absolu !

Je veux faire une hypothèse étrange. Je suppose que le tiers état, en 89, se fût résigné à la dépendance et à l'égalité sous un maître, il eût trouvé l'appui de ce maître dans presque tous les cas. Et que pouvaient dès lors contre le tiers les deux autres ordres désarmés, souvent désunis, que leurs propres concessions entraînaient forcément à des concessions nouvelles ? Rien n'est plus vrai à ce point de vue, que de dire que les assemblées provinciales de Necker, en se développant, suffisaient à garantir l'avenir, tel que nous l'avons fait ou accepté. Les réformes civiles se seraient accomplies de concert avec la monarchie, qui en avait pris l'initiative.

Le malheur est que le tiers état ne se contenta pas de l'égalité sociale ; il prétendit sortir du néant et entrer dans la vie publique, non point en apparence, mais en réalité. Il voulut de plus une constitution véritable qui l'affranchît de tutelle ; il osa vouloir être libre, chose que personne n'avait prévue et qui passa bientôt pour un monstre. Dès lors tout devient obstacle, inimitié. Il se brouille avec le pouvoir absolu, son ancien allié, et il a contre lui la force accumulée des temps; il s'arme contre son histoire; il s'aliène la royauté, et celle-ci cherche ses appuis dans la noblesse et le clergé.

Alors on se sent embarqué sur des mers inconnues d'où personne n'est retourné. La tempête arrive de tous côtés. On se repent des vœux qu'on a faits contre soi-même. Chacun revient en toute hâte à sa nature, la noblesse au culte de la monarchie absolue, le clergé à l'intolérance. De tant de paroles de conciliation, il ne reste que la force des choses. Le peuple demeure seul; cet isolement l'exalte, et la guerre intestine et étrangère sort de ces mille vœux qui tous étaient pour la concorde.

La nature a mis un bandeau sur les yeux des nations, et cela est heureux. Elles ne s'imaginent pas combien elles simplifient leurs affaires quand elles renoncent à la liberté qui seule rend les choses difficiles en y faisant entrer la dignité humaine. Ne divulguons pas trop ce secret; si elles le savaient, elles se referaient toutes esclaves.

XII

VŒUX DES NON-CATHOLIQUES. — PREMIÈRE INCOMPATIBILITÉ

Dans ces vœux quels étaient les éléments incompatibles ? J'ose dire qu'ils se réduisaient à un seul, l'intolérance radicale du clergé. Ses cahiers s'ouvrent par des demandes d'oppression contre tous les non-catholiques. Le clergé se plaint de l'adoucissement apporté aux persécutions contre les réformés; il accuse l'édit de 87 de leur avoir accordé les droits civils et surtout le mariage. Il veut les maintenir au ban du genre humain; c'est la voix du moyen âge qui couvre la voix du monde moderne. Vous apercevez là une des difficultés immenses de la Révolution française; le clergé national maudit où les autres bénissent. Voilà les projets, les pensées qui se heurtent, les impossibilités qui naissent. Avant le combat, la haine.

Clergé de Paris : « Qu'il n'y ait qu'une religion dominante. »

Évreux : « Que la religion catholique, la seule véritable, soit la seule reçue en France. »

Metz : « Tous les ouvrages de librairie continueront d'être soumis à la censure. »

Mantes et Meulan : « Un comité ecclésiastique sera chargé de dénoncer légalement les ouvrages opposés à l'Église, et sur cette dénonciation, le ministère public procédera. »

Ainsi, déjà la menace, l'accusation, la violence contre la pensée. Une partie de la France parle au nom du moyen âge; une autre, au nom de la philosophie moderne. Quelle puissance pourra les accorder? la force. Mais qu'est-ce que la force dans les choses de l'esprit?

Un point diminuait pourtant la difficulté. Les non-catholiques avaient été si écrasés que leurs plaintes n'étaient plus entendues par personne. Dans tout le royaume, qui se souvient des *fugitifs* religionnaires? Il sort un faible murmure de la Rochelle, de Nîmes et des Cévennes si bien réduites au silence par les dragonnades; mais aucun écho ne le répète. Encore, dans ce murmure, vous ne pourriez distinguer la demande formelle d'un culte autorisé pour les protestants. Ce sont comme des membres disloqués par une torture séculaire, et d'où sort un tressaillement plutôt qu'une prière. Le moindre serf du mont Jura, comme nous l'avons vu, parlait alors plus haut que toutes ces vaillantes églises de la réforme. Ce n'est pas elles qui prétendront donner le moindre embarras aux trois ordres, d'où elles sont exclues. Pas même des vœux distincts. Elles n'oseraient parler en leur nom; il faut que leurs supplications passent par la bouche de leurs ennemis; car la persécution a supprimé jusqu'à l'embarras de la plainte, tant les longs supplices, les exils, les barbaries de tout genre ont exténué ou refoulé chez les opprimés le sentiment du droit.

Tout ce que l'on accordera de répit aux protestants sera reçu par eux, non comme une dette, mais comme une grâce; et il est de fait que les protestants se sont trouvés seuls muets, dans un moment où les pierres mêmes ont crié contre l'iniquité. Les bourreaux avaient bien fait leur œuvre; les supplices n'avaient pas été si impuissants que nous le prétendons aujourd'hui.

Par là, il faut avouer que les églises réformées, ainsi accablées, anéanties, ne purent aider en rien à la Révolution. Je montrerai plus loin que ce fut une de ses misères.

Que les protestants prennent garde de ne pas être ingrats! Il aurait fallu, disent-ils quelquefois, user en 89 de plus de ménagements envers le catholicisme. Y pensent-ils? Le premier de ces ménagements aurait dû être de les retenir sous l'ancienne oppression, puisque c'est là le point sur lequel les cahiers du clergé sont unanimes. Les protestants oublient aujourd'hui les proscriptions, la servitude, les supplices de leurs pères. Les hommes de la Révolution s'en sont souvenus, et ils se sont brouillés par là, dès le premier jour, avec le catholicisme. Est-ce aux protestants à les en accuser?

Au reste, sur presque tous les autres points, la vieille société se défaisait elle-même; il était impossible qu'elle durât, puisque les privilégiés condamnaient eux-mêmes leurs priviléges. Les immenses concessions qu'ils faisaient spontanément entraînaient celles auxquelles ils se refusaient encore.

Comment donc ces vœux, qui s'accordaient si bien en théorie sur tant d'objets, devinrent-ils des éléments de guerre, dès que les hommes furent en présence dans la Constituante? Comment la haine succéda-t-elle si vite à l'ardeur mutuelle de justice? Les mêmes hommes qui s'entendaient quand ils étaient loin les uns des autres, se déchirèrent dès qu'ils furent rassemblés. Sans doute que la vue réveilla chez eux le souvenir des inégalités séculaires; les petites causes de haine, imperceptibles lorsqu'ils étaient séparés, se grossirent et devinrent des incompatibilités absolues dès qu'ils se touchèrent.

Les nobles avaient imaginé un tiers état résigné, suppliant, reconnaissant; le tiers état, une noblesse de sages et de philosophes. L'imagination, l'illusion avaient joué un grand rôle dans ces premières espérances; le contact immédiat, la présence replacèrent chacun dans la réalité. On se vit, l'ancienne aversion reparut aussitôt. La dispute des ordres, sur le vote par tête, fit éclater toutes les haines; c'était déjà la guerre.

La royauté entre en cause. Jusqu'ici nous n'avons vu encore que des suppliants. Ils s'accordent sur beaucoup de points; mais comment seront-ils accueillis, dès le premier jour, par le pouvoir qu'ils tendent à dépouiller? Ce pouvoir, menacé par les vœux des uns et des autres, ne cherchera-t-il pas d'abord à les brouiller entre eux? La politique de désir va se rencontrer avec la seule force réellement organisée, la monarchie. Ici l'on sort des espérances, des souhaits, des chimères. L'histoire commence, et la lutte avec elle.

LIVRE DEUXIÈME

LES ÉTATS GÉNÉRAUX.

―

I

VUE GÉNÉRALE. — DE L'ACTION DES MASSES ET DE L'INDIVIDU DANS LA RÉVOLUTION

Si l'on recherche la part de l'individu et celle des masses dans la Révolution française, voici le résultat auquel on est conduit, et il s'applique à toutes les révolutions humaines.

D'abord, au milieu du silence, des ténèbres et de l'assujettissement de tous, on voit quelques hommes subitement éclairés d'une lumière qui semble sortir d'eux-mêmes. Ils sont comme les cimes de l'humanité, qui rayonnent sous un soleil invisible quand le reste de la terre est encore dans les ténèbres. Si ce petit nombre d'hommes disparaissait, la nuit seule s'étendrait sur tout un siècle. Otez du dix-huitième siècle Montesquieu, Voltaire, Rousseau, Buffon, Diderot, Turgot; et dites ce que devient alors l'esprit humain! Aux clartés de ce premier groupe, s'éclaire, s'échauffe, s'allume un groupe plus nombreux, mais qui n'est encore qu'une imperceptible fraction, au prix de la multitude; et ce sont ceux-là qui commencent à agir sur elle, à l'exciter, à la provoquer. Ils font descendre sur ce froid limon une partie du feu sacré qui les dévore. Longtemps, la foule en apparence inanimée résiste à toutes les excitations des esprits supérieurs. Elle ne peut s'échauffer d'un si noble feu et elle les désespère par son inertie ou son incapacité. C'est le temps des plaintes de Voltaire, des encyclopédistes, de d'Alembert, de Mably, de Mirabeau dans sa jeunesse, de La Fayette à la réunion des Notables. Tous ceux qui se sont hâtés s'indignent de la lenteur que les masses mettent à les suivre, ou même à les comprendre. Époque de 1770 à 1788.

Enfin une partie de la masse a ressenti l'effet de cette longue incubation du génie. On dirait qu'une âme a pénétré ce qui n'était auparavant qu'une inerte argile. Les secrets, les aspirations de quelques-uns, en devenant l'âme du plus grand nombre, lui apportent à la fois la chaleur, la vie, le mouvement, l'audace. C'est la foudre qui a allumé toute une forêt; et comme la masse a été lente à s'animer comme elle n'a d'abord suivi que de loin et en rampant ses hardis initiateurs, maintenant c'est elle qui les devance. Elle est enivrée de cet esprit si nouveau; elle ne peut se l'expliquer, ni le contredire, ni l'arrêter. Il l'emporte, et par delà toutes les barrières qu'avaient assignées ceux qui les premiers le lui ont révélé.

Les peuples dépassent alors leurs initiateurs en hardiesse. Les timides deviennent les téméraires et les téméraires deviennent les timides. De l'audace, de l'audace et encore de l'audace! Ce mot, prononcé d'abord par le chancelier Bacon, est retrouvé par Danton; il devient la devise de tout un peuple. 14 juillet, 20 juin, 10 août.

Quand des masses sont ainsi déchaînées, qui pourra désormais les arrêter? Sans doute elles parcourront la terre en trois pas, comme les dieux d'Homère. Mais c'est là une apparence trompeuse. Car si par l'effet d'un piége bien tendu ou par la lassitude qui s'empare des meilleurs, ou parce qu'ils se sont entre-tués, ceux qui conduisaient le peuple viennent à disparaître, alors voici l'étonnant spectacle auquel vous assistez, et c'est la fin de la Révolution.

Privés de ceux qui leur donnaient l'impulsion et la vie, les peuples déchaînés, devant lesquels la terre semblait trop petite, s'arrêtent.

C'est un fleuve privé de sa source, il s'épuise promptement. Un désespoir subit s'empare de la multitude. 10 germinal, 1er prairial.

Comme si les peuples n'avaient reçu qu'une vie empruntée, ils la perdent en perdant leurs anciens chefs. Cette matière incandescente se refroidit peu à peu, depuis qu'elle ne reçoit plus chaque jour les rayonnements des grandes âmes qu'elle a laissé périr. Et par degrés, elle retombe à l'état d'inertie d'où elle avait été tirée.

Dans ces moments, vous pouvez faire tout ce que vous voulez de cette matière refroidie. 18 fructidor, 18 brumaire.

L'âme semble l'avoir quittée, elle paraît morte. Et elle subit, en effet, toutes les conséquences de cet état, jusqu'à ce que de nouveaux individus surgissent qui lui communiquent avec leur propre énergie une vitalité nouvelle.

Cependant, ne croyez pas que ces masses, même en rentrant dans l'inertie, retombent dans l'état antérieur où la Révolution les a trouvées. Ce long travail sanglant n'a pas été inutile ; elles en ont subi l'empreinte, elles ont reçu une foule de germes maintenant invisibles, mais qui n'attendent que l'occasion d'éclore. En un mot, quoique semblables en apparence à ce qu'elles ont été, les masses du peuple sont à bien des égards tout le contraire Elles sont jetées dans un moule nouveau, il en sortira une société nouvelle.

C'est ainsi que dans les révolutions du globe il y en a qui semblent englouties. Presque tout ce qu'elles ont produit d'organisations vivantes a péri, et ce qui en reste a l'apparence d'un immense sépulcre. Vous croiriez à l'avortement d'un monde.

Mais ces époques, en périssant, ont laissé dans leurs ruines des germes de vie; des individus plus puissants ou plus favorisés ont survécu; et au premier réveil de la nature vivante, paraissent de nouveaux types d'organisation et des faunes nouvelles. Dans ce monde qui surgit, il y a les analogues et les représentants des organisations antérieures. Tout se lie au passé, et cependant presque tout est nouveau.

Dans les révolutions humaines telles que la Révolution française, la merveille de la vie sociale ne se développe pas autrement. Après le travail des passions et des choses, l'inertie, le sommeil. l'asservissement. Au premier aspect, les hommes peuvent se croire rejetés dans l'ancien moule, mais il a été brisé par une main toute-puissante, et rien ne peut le refaire. De là des formes imprévues, des esprits qui semblent n'avoir pas d'ancêtres, des organisations sociales, des œuvres sans tradition comme sans précédent, et, si j'osais le dire, une faune humaine presque entièrement nouvelle.

Après la chute de la Révolution, depuis le 18 brumaire, on revoit, il est vrai, des analogues et des représentants de tout le passé. Il semble que l'on est revenu au point de départ avant 89! Noblesse d'épée, hiérarchie, centralisation, intendants sous le nom de préfets, pouvoir absolu sous le nom de dictature perpétuelle. Les vieilles formes sociales et politiques reparaissent l'une après l'autre; plusieurs imaginent, espèrent, craignent un retour aveugle dans le moule du passé.

Mais c'est là une illusion de l'esprit. Le moule des choses humaines, aussitôt que brisé, a été recomposé sur un type différent; il n'appartient à personne de s'y opposer. Les organisations qui ont disparu une fois ne reparaissent plus. De la monarchie de Louis XIV à la monarchie de Napoléon, il y a aussi loin que de l'éléphant velu de Sibérie à l'éléphant de nos jours. Entre les uns et les autres, il y a un déluge.

Ces organismes sont séparés par une révolution, qui a changé les conditions de la vie, en descendant jusqu'aux entrailles du globe. Il ne dépend pas de l'homme de l'en extirper, quoi qu'il fasse.

Ainsi, quand l'espérance a disparu du cœur de l'homme, elle jaillit, de nouveau, du sein le plus profond de la terre.

II

LES SOCIÉTÉS POPULAIRES. — LES FRANÇAIS PUNIS
DES FAUTES DE LEURS PÈRES

Dans un pays toujours esclave, les livres n'eussent jamais suffi à réveiller les masses du peuple.

Après que les grands écrivains du dix-huitième siècle eurent achevé de paraître, la Révolution n'était accomplie que dans quelques esprits. Comment la faire descendre dans le cœur du plus grand nombre? la religion nationale, qui partout ailleurs a été le vrai moyen de populariser toute chose, était en France l'adversaire naturel des innovations.

Il fallut donc chercher une autre voie pour répandre la vie nouvelle. Jamais les livres ne produiront une révolution durable, si l'on n'y ajoute la parole publique. C'est elle seule qui porte et communique la vie.

L'orateur, le prédicateur, le missionnaire ne sont pas seulement les messagers des vérités qu'ils annoncent, ils en sont aussi les garants, les témoins. C'est par là qu'ils agissent sur la foule.

Si le seizième siècle n'avait eu que des écrivains et des livres, jamais il n'aurait enfanté la Réforme. Il fallut que les théologiens devinssent missionnaires. Les livres de Luther, de Calvin, de Zwingle firent des théologiens. Leur parole vivante, répétée, commentée par des orateurs émus, fit la révolution religieuse.

De même Montesquieu, Voltaire, Rousseau ne seraient jamais sortis d'une étroite enceinte, ils n'auraient jamais apparu sur la place publique, si la parole ne s'en fût mêlée. Ce qui remplaça dans la Révolution l'œuvre des missionnaires et des prédicateurs, ce furent les sociétés populaires. Là est un des caractères essentiels de cette Révolution ; elle s'éveilla, elle grandit, elle se développa avec les sociétés populaires ; elle tomba et disparut avec elles.

L'ignorance prodigieuse où l'ancien régime avait laissé la nation française eut pour première conséquence la nécessité et la domination des clubs, seule force par laquelle une pensée pût parvenir à l'oreille du peuple. De là ces sociétés devinrent l'âme même de la Révolution. Par l'effet naturel de l'ancienne centralisation, la société mère des Jacobins rayonna sur tout le territoire. Elle eut sur chaque point, ville ou village, une succursale obéissante qui répéta au même moment le mot d'ordre, l'instruction partie du centre.

La moindre de ces sociétés devint l'image parfaite de la société mère de Paris. Il y eut dans chacune d'elles un petit Danton ou un petit Robespierre, suivant la différence des époques. Ainsi les idées de la Révolution se répandirent d'échos en échos par des milliers de bouches. Ces principes, qui seraient restés lettre morte dans les livres, éclairèrent subitement une nuit de mille ans. Aucune puissance ne pouvait lutter avec ces sociétés. Elles s'imposèrent aux trois grandes assemblées législatives ; elles venaient à la barre, et c'étaient des ordres qu'elles donnaient. La pensée sortie du club des Jacobins circulait en quelques jours à travers toute la France, et revenait à Paris éclater dans la Législative et la Convention, comme un plébiscite irrévocable. Là fut le caractère peut-être le plus nouveau de la Révolution. C'est ce qui projeta ses idées avec la rapidité de l'éclair. Les provinces, si mornes il y avait à peine deux ans, furent illuminées du feu qui éclatait à Paris. Mais il en résulta aussi qu'il suffit de mettre fin à ce rayonnement électrique des clubs pour que tout changeât en quelques mois. Alors l'ancienne ignorance reparut ; et là encore les Français furent punis des fautes de leurs pères.

III

OUVERTURE DES ÉTATS GÉNÉRAUX

Trente ans après les événements dans lesquels il avait été témoin et acteur, on demandait à Cambon d'écrire des mémoires sur ce qu'il avait vu. — « Voici tout ce que je sais de la Révolution, répondit cet homme de tant de cœur et de sens. On avait allumé un grand phare dans la Constituante ; nous l'avons éteint dans la Législative. La nuit s'est faite, et, dans la Convention, nous avons tout tué, amis et ennemis [1]. »

Puis il ajoutait : — « Après cela, le jour a reparu et le monde a vu clair dans nos œuvres. »

Ces dernières paroles étaient un vœu qui n'a pas encore été accompli ; travaillons à ce qu'elles ne soient pas stériles.

Le 4 mai 1789, les douze cents députés de la France réunis à Versailles se rendirent en procession à l'église de Saint-Louis, où ils entendirent la messe. Déjà on pouvait voir combien ils ressemblaient peu à leurs ancêtres. En face des autels, ils

[1] Mémoires inédits de Baudot.

semblèrent n'attendre leur salut que d'eux-mêmes ; d'ailleurs tous inconnus les uns aux autres. Les plus ignorés ou les plus méprisés devaient être bientôt les plus redoutables.

Le lendemain, ils se revirent en présence du roi. Si la noblesse et le clergé affectaient, par le costume et les dehors, de paraître semblables en tout à ce qu'ils avaient été, le changement était grand dans le tiers. Ce n'étaient plus ces communes agenouillées de 1614, qui semblaient demander grâce au moment même où elles faisaient la loi. Tous sortirent de cette première rencontre persuadés qu'un monde nouveau, inconnu des ancêtres, s'annonçait avec éclat ; déjà le mot de Révolution eût pu être surpris dans la bouche de ceux qui en ignoraient le plus le sens. Pour avoir cette révélation du lendemain, il avait suffi aux uns et aux autres de s'être mesurés des yeux.

Depuis cette première heure, la crainte d'aller se perdre dans le gouffre du tiers état ne fit qu'augmenter dans la noblesse. Les hommes du tiers avaient pour eux le nombre ; ils avaient acquis l'audace avec l'orgueil. Que deviendrait la classe privilégiée si elle consentait à siéger, délibérer, voter pêle-mêle avec les communes? Outre la mésalliance, on courait au-devant d'une défaite certaine sur tous les points. C'était là un abîme d'où l'on ne sortirait plus.

Il fut donc résolu que la noblesse et le clergé se tiendraient à l'écart, chacun dans sa chambre particulière, jusqu'à ce que, par cette sorte de sécession, on eût lassé la patience des plébéiens. Car, sans doute, ceux-ci ne résisteraient pas à une telle épreuve. Avides surtout de bruit, de fumée, ils capituleraient bientôt, suivant leur inconsistance ordinaire. Une fois humiliés, il serait facile de les ramener à l'ancienne dépendance.

Si les événements ne dataient pas d'hier, on aurait peine à croire que ce système de temporisation ait pu être soutenu pendant près de deux mois, à l'entrée de la révolution la plus impétueuse qui fut jamais. Du 5 mai au 14 juin, on vit chaque ordre, renfermé dans son enceinte, s'obstiner à vaincre par la seule inertie. Tant que les communes se contentèrent d'inviter les deux autres ordres à se réunir à elles, leurs messages furent inutiles. Dans cette lutte d'inertie, elles eussent été infailliblement vaincues par des rivaux qui, depuis tant de siècles, avaient appris l'art de vivre sans rien faire.

Mais le 14 juin, après deux mois d'attente, quand déjà l'indignation, la colère éclataient autour de l'Assemblée, la patience du tiers état se lassa la première. Il fit un pas ; il sortit à jamais du cercle antique des formalités où les classes privilégiées croyaient l'avoir enfermé. Un homme prit sur lui cette témérité ; c'est Sieyès, dont l'esprit avait alors toutes les audaces, d'autant plus qu'il sentait que l'intelligence était invulnérable dans les premiers moments. Il y fut bien aidé par le comte de Mirabeau, qui, dès qu'il se leva, parut immortel.

Tout deux jetèrent dans le monde cette parole : qu'il n'était pas besoin d'attendre davantage la noblesse et le clergé, que le tiers état était à lui seul la nation, que l'Assemblée pour se constituer n'avait qu'à le vouloir. Cette pensée était déjà dans tous les hommes qui les écoutaient.

A ce moment la France nouvelle sortit véritablement de son néant. Un immense écho retentit ; il sembla que toute une nation répondait : Me voici !

Mais dans ce premier débrouillement, on n'osait encore prononcer le nom du peuple, tant il semblait frappé d'indignité. Les plus hardis avaient peine à y habituer leurs oreilles. Il fallut que Mirabeau lui ôtât sa rouille et sa souillure immémoriale. En attendant, on cherchait un nom à cette assemblée qui n'était encore qu'un fantôme. Sieyès proposa de l'appeler l'Assemblée nationale. Ce nom, qui évoquait la nation, était déjà la victoire.

Ce n'étaient pas là seulement des discussions ; c'étaient des actes, et les plus grands que l'on puisse imaginer. En quelques jours, le monde se trouva changé : le clergé et la noblesse, qui s'attendaient à des requêtes, des plaidoyers, virent tout à coup un peuple devant eux ; ils se sentirent vaincus. L'un après l'autre, secrètement attirés par la curiosité, ils se glissèrent sur le seuil du tiers état. D'abord, ils semblèrent seulement traverser la salle par groupes, étudier ou braver des adversaires ; puis ils affectèrent de s'asseoir à l'écart. Enfin, la force des choses ne permettant plus de jouer avec elle, ils cédèrent à l'évidence. Tous les ordres se trouvèrent réunis, non par l'effet d'une délibération formelle, mais par la nécessité qui voulait les mettre aux prises. Pour ceux des nobles et du clergé qui ne se réunirent pas, il n'y avait plus de place en France. Ils le sentirent, et ceux-là emigrèrent.

A voir ces premiers commencements des hommes du tiers, tant de fierté, tant de clairvoyance, de hardiesse et même de patience, il est impossible de ne pas croire qu'ils jetaient les fondements d'un État libre, fait pour durer des siècles. S'il y avait un vice intérieur dans leur renaissance, l'œil le plus perçant n'eût pu le discerner ; il était encore caché à toute la terre.

Seulement, il est certain que la question des ordres contenait celle de savoir s'il y avait une aristocratie en France. La noblesse, en exigeant le vote séparé, entrait dans le plan de la constitution anglaise. L'Assemblée Constituante, en repoussant cette distinction, anéantit le principe d'une pairie ; elle ôta toute analogie entre les formes du gouvernement français et celles du gouvernement britannique. Plus tard, Mirabeau, Mounier, les principaux Constitutionnels voudront rentrer dans l'imitation de l'Angleterre; il sera trop tard ; eux-mêmes ont fermé cette issue.

IV

LE PREMIER SERMENT

On éprouve aujourd'hui une grande pitié quand on voit ce que la cour opposait à ces résolutions. L'art de blesser, d'humilier, d'irriter sans vaincre, où pouvait-il aboutir? La royauté n'avait plus pour bouclier que l'étiquette.

Les paroles libérales de Louis XVI étaient contredites à chaque moment par les vaines provocations des gens de cour. Ils mettaient aux prises les cérémonies avec les passions qui grondaient dans tout un peuple.

Pour gagner quelques heures, la cour fait enlever les bancs de l'Assemblée, occuper l'enceinte par des ouvriers qui tapissaient les murs; et le prétexte était qu'il fallait décorer la salle pour recevoir le roi, à la séance du 22. Une nation venait de se lever, elle était sur le seuil; on pensait l'ajourner en fermant la porte de l'hôtel des États.

Mais à ces ruses puériles s'ajouta la menace. Des soldats repoussaient les députés à mesure qu'ils se présentaient. Les armes avaient tout occupé. Déjà une assemblée proscrite, repoussée par des soldats sur un prétexte ridicule qui cachait mal la haine. Cette Assemblée nationale, si fière la veille encore, fut aperçue errante, dispersée, sans abri, sans refuge, objet de risée et de mépris. Voilà à quoi avaient abouti ses superbes projets. La cour put du moins se repaître de ce spectacle. Qu'elle en réjouisse ses yeux ! Ce fut à proprement parler sa dernière fête, et celle-ci ne dura qu'un moment.

Cette violence déguisée ne devait servir qu'à montrer l'unanimité des six cents députés du tiers. Les uns, il est vrai, proposèrent de délibérer sur la place publique, d'autres sous les fenêtres du roi. Mais tous s'enthousiasmaient à l'idée qu'ils portaient en eux le droit partout où ils étaient rassemblés ; ils prenaient le peuple à témoin, comme en d'autres temps ils eussent invoqué le ciel.

Au milieu de cette effervescence, le président Bailly gardait mieux que personne la gravité dans l'enthousiasme ; il entraîne ses collègues vers une enceinte servant à un jeu de paume. L'indignité du lieu fit éclater les plus patients. Voilà donc ce que l'on avait à espérer de tant de promesses du roi ! Les états généraux ne dataient que d'hier : déjà ils étaient relégués comme un objet de dérision pour l'amusement des princes. A quels outrages fallait-il s'attendre, et que voulaient les *ennemis de la patrie?* Car le mot de patrie, si inconnu ou si oublié jusque-là, se retrouva à ce moment dans la bouche de Chapelier et de Mounier ; dès cette heure il reprit sa place dans la langue des Français.

On avait vu chez les gens de cour le plaisir d'humilier. La résolution de se soustraire à l'ancien abaissement entra dans tous les cœurs. De là le serment de ne pas se séparer que la constitution ne fût établie. Le lieu était absolument nu. Ces six cents hommes étaient debout, la main levée. On apporte une table, Bailly y monte, il reçoit l'un après l'autre le serment de chacun d'eux. Une seule voix s'y opposa ; celle-là servit à constater la pleine liberté des autres.

Premier serment d'être libre ! Combien de fois il sera répété ! mais jamais avec plus de sincérité et de force. La majesté, la sainteté de la parole jurée existait encore tout entière. Bientôt les serments useront les serments.

La simplicité des choses, des formes, des objets ajouta à la grandeur du moment. Les vides murailles s'illuminèrent; la liberté naquit dans la nudité du Jeu de paume comme l'Enfant-Dieu sur la paille de l'étable.

Ainsi chaque résistance de la cour donnait une

immense victoire à ses adversaires. De la veille au lendemain, la langue même changeait. D'un court moment d'humiliation était sortie cette nouveauté étrange, une constitution que l'on jurait d'établir : hardiesse qui faisait pâlir toutes les autres.

Ce n'était pas assez en une semaine d'avoir bravé les ordres privilégiés, assumé sur soi tout le pouvoir législatif; on avait couronné ces témérités par l'engagement de refaire une autre France que celle que l'on connaissait, et c'était là la réponse au maître des cérémonies M. de Brezé ! Qu'arriverait-il donc si le combat s'engageait sérieusement? si, au lieu des risibles stratagèmes employés par la cour, elle en appelait aux armes?

Cette marche foudroyante du tiers état déconcerte tous les projets. L'Assemblée sort invulnérable du Jeu de paume ; elle avait dépassé de loin les craintes même de ses ennemis.

Pourtant Louis XVI voulut tenter encore une fois ce que pourrait l'ancienne majesté soutenue de la présence des armes ; il vint en grande pompe à la séance du 23 juin. Au milieu d'un silence glacial il annule les résolutions prises le 17, comme si de telles choses s'abolissaient autrement que dans le sang ! On remarqua qu'il répétait souvent ces mots : Je veux, je veux, et cela ne servit qu'à montrer combien déjà il était impuissant.

L'appareil des armes déplut même à ses familiers; ils sentaient trop que l'on n'oserait s'en servir.

Quant au tiers état, la pompe, les armes, les injonctions, les caresses, tout passa sur lui comme une cérémonie vaine; il était tout entier à son serment. A la fin, le roi ordonne aux députés de se retirer dans leurs salles particulières. Le clergé, la noblesse obéirent, le tiers demeura seul; et cette révolte passive s'illustra de la facile docilité des autres.

On essaya encore de la voix du grand maître des cérémonies; dernier pouvoir qui protégeait le passé. Mirabeau fit la réponse que l'on sait[1]. Alors la révolte fut consommée; la honte retomba sur le roi. Le palais de Versailles s'humilia pour toujours devant le Jeu de paume.

Pourtant, c'est ici que commencent les dissentiments entre les hommes nouveaux. Personne n'ayant vu en France la liberté, elle fit peur à ses plus fervents amis, dès qu'elle apparut. Le premier qui s'effraya de ses œuvres fut Mounier, celui-là même qui avait proposé l'idée du serment. Peu de jours passèrent, il était déjà changé.

Mounier avait vu une ébauche de discussion dans le Dauphiné, il y avait applaudi. A peine

---

[1] « Allez dire à ceux qui vous envoient que nous sommes ici par la volonté du peuple, et que nous n'en sortirons que par la puissance des baïonnettes. » Il y a plusieurs autres versions de cette réponse.

cette ébauche se réalise dans la Constitutante, il s'indigne. Dès que le germe qu'il a semé devient arbre, il le renverse. Sitôt que la liberté n'est plus seulement une abstraction et qu'elle vit, Mounier s'épouvante. Il ne se rassurera que dans la servitude.

Dès le lendemain du serment du Jeu de paume, il s'en repent :

« Ce fatal serment, dit-il, était un attentat contre les droits du monarque. »

L'époque de 89 est déjà, pour lui, le retour à la *férocité des sauvages du Nord* de l'Amérique. Il épuise tout son vocabulaire d'injures contre la Constituante ; il date la terreur de l'ouverture même des états généraux. Quand les autres assemblées paraîtront, quand les échafauds se dresseront, Mounier restera muet. La langue lui manquera pour la Législative et la Convention. Il ne pourra suivre aucune gradation dans ses fureurs ; dès le premier pas il a outre-passé l'enfer.

C'est que la liberté était pour Mounier ce qu'elle a été presque toujours pour les hommes de sa condition ou de son naturel : un goût de l'esprit, un luxe, une notion laborieusement acquise. Elle n'était pas un instinct reçu des ancêtres, une nécessité, le principe même de la vie, *causa vivendi*.

Dès le lendemain ces hommes se plaignent d'avoir eu des illusions. Ils cèdent au premier mécompte. Quiconque fait de la liberté la condition de son existence passe bientôt auprès d'eux pour un obstiné, un esprit chimérique ou dangereux. C'est ce que l'on verra à tous les moments de cette histoire.

Mounier ouvrit le chemin et servit de modèle à la foule de ces hommes. Ils se font un système de liberté plus ou moins fictif; et si elle ne s'y enferme tout d'abord, si elle n'obéit pas à leur fantaisie, ils la condamnent, ils la maudissent et vont se reposer de ce travail dans le premier despotisme qu'ils rencontrent. L'auteur du serment du Jeu de paume devient l'un des premiers préfets de l'Empire.

Vous ne voulez pas copier purement et simplement l'Angleterre; rentrons donc dans l'esclavage : voilà le système.

On trace une utopie; tout ce qui est en dehors de ce cercle s'appelle aujourd'hui anarchie, et demain crime.

V

PRISE DE LA BASTILLE. — 14 juillet 1789

Cependant, du 23 juin au 11 juillet, ce fut une trêve. Le parti de la cour sembla avoir accepté sa défaite. Aux coups précipités du tiers, il cesse d'opposer aucune résistance visible. Mais un événement montra qu'il ne désespérait pas encore de reprendre par surprise tout ce qu'il avait perdu. La volonté défaillante de Louis XVI se raffermit pendant ces jours de silence ; il trouva, dans ce repos, une force apparente pour recommencer la lutte.

Le 11 au soir, il ose renvoyer du ministère Necker, devenu odieux par sa popularité et surtout parce qu'il semblait à lui seul avoir déchaîné le mal. D'ailleurs, c'était un témoin qu'il fallait écarter, dans les projets dont on se berçait encore. En même temps on faisait avec timidité cette chose hardie, ce qui en détruisait l'effet : Necker était renvoyé du royaume, et le roi le suppliait d'en garder le secret.

Ainsi, tandis que l'audace éclatait jusque dans

les actes de déférence de l'Assemblée, la timidité surnageait même dans les violences du monarque.

Une chose manquait encore à la Révolution, c'était de se personnifier dans un homme et dans un nom. La cour donna à la Révolution cet aliment nouveau. Personne ne savait alors quelle est là puissance d'un individu en qui le peuple résume, pour un moment, ses aspirations, ses ressentiments ou ses colères. Il n'est rien de tel pour allumer l'incendie ; les Français l'apprirent ce jour-là.

Necker banni, ce fut comme le bannissement de la patrie elle-même. Le 12 juillet, la nouvelle s'en répand vaguement, bientôt avec éclat ; et depuis ce moment, ce même Paris qui avait tremblé si longtemps sous un lieutenant de police et huit cents hommes de garde, s'éveille pour ne plus se rendormir. La Révolution, plus ou moins éparse jusque-là, se fait sa capitale. Versailles, qui avait tout absorbé, fut éclipsé. Ce fut d'abord l'ouvrage d'un inconnu, Camille Desmoulins, qui, au milieu de la foule, jette le premier cri dans le Palais-Royal : « Necker est renvoyé ! » Dès lors tout se précipite ; l'historien a peine à suivre les événements que cette nouvelle engendre.

C'était la première fois, ai-je dit, que les Français avaient pu concentrer leurs espérances dans un simple citoyen. Ils le firent avec une violence de passion qui nous étonne aujourd'hui. Mais, alors, aucun individu n'avait encore trompé l'attente publique. Pendant ce peu de jours les Français se donnèrent la joie d'aimer, de regretter, d'idolâtrer Necker, non pas tant à cause de sa valeur propre que parce qu'il était sorti le premier de l'ombre et de la foule des sujets. D'ailleurs, il était l'image de ce bien inconnu, la liberté. Plus tard, on verra, dans l'ordre civil, des popularités mieux établies, plus durables. Il ne s'en trouvera aucune qui soit plus universelle. La nouveauté y ajoutait la fascination.

Chaque heure devient féconde. Le 12, Paris prend la cocarde de Camille Desmoulins. Le prince de Lambesc, en retirant ses troupes, essaye une démonstration dans le jardin des Tuileries ; il indigne et il fuit. Le premier sang a coulé ; la bataille contre la royauté a commencé, d'instants en instants la crise augmente. Le 13, la garde nationale se forme. Enfin, le grand jour se lève, le 14 juillet. Tout Paris cherche des armes. La foule se rue aux Invalides, elle descend sous le dôme et en rapporte vingt-huit mille fusils.

Qui assigna un but à cette furie ? Qui nomma le premier la Bastille ? On croit que le comité des électeurs désigna d'abord cette forteresse. D'après cette version, c'est de l'Hôtel de Ville que serait sorti le premier acte de guerre. D'autres pensent que ce fut un mouvement spontané du peuple. Il est certain que de tous côtés arrivèrent, presque en même temps, des foules d'assaillants au pied des neuf immenses tours qui formaient la Bastille. L'idée d'emporter une semblable forteresse avec des sabres, des piques, des fusils, était plus extraordinaire que la réussite elle-même.

La place, il est vrai, n'était défendue que par deux compagnies d'invalides et un détachement de cinquante Suisses. Mais il y avait de vastes fossés, deux ponts-levis et une enceinte qui semblait ne pouvoir être réduite que par l'artillerie ou la famine. On tente de parlementer. Le gouverneur Delaunay ordonne d'abaisser le premier pont et reçoit une députation ; puis, craignant que ce ne fût un piége, et voyant la foule qui s'approchait, il fit tirer sur elle et relever le pont.

Dès lors le peuple entre en fureur. Une planche est jetée sur le fossé. Un homme intrépide y passe, c'est le clerc d'huissier Maillard ; il abat le pont et la foule le suit dans la première enceinte. Au milieu des cris et de la fumée, la garnison demande à capituler. Quelques-uns des insurgés entendent ces prières et y répondent. L'immense multitude ne les entend pas ou les repousse.

Delaunay, au désespoir, courait çà et là ; il menaçait de mettre le feu aux poudres. Ses soldats l'en empêchent. Le peuple, partout vainqueur, l'entoure et s'empare de lui. Il répétait en vain qu'il était couvert par la capitulation. Rien ne s'était passé conformément aux usages de la guerre. D'ailleurs, la foule, déchaînée pour la première fois, était hors d'état de se soumettre à une règle. Delaunay avait été entraîné jusque sur les degrés de l'Hôtel de Ville. Un homme du peuple le renverse, lui coupe la tête et la promène au haut d'une pique.

En fouillant son corps, on trouva une lettre du prévôt des marchands, Flesselles. La tête de Flesselles et celle du chef d'état-major de Lorme allèrent rejoindre au Palais-Royal celle de Delaunay. Ces féroces trophées disparurent bientôt dans l'allégresse que causa cette journée. Mais, chose singulière, celui qui en témoigna le plus d'horreur, ce fut un terroriste. Camille Desmoulins en plaisantait avec barbarie, quand déjà Saint-Just écrivait ces lignes :

« La faiblesse enfanta la cruauté ; je ne sache pas qu'on ait vu jamais, sinon chez des esclaves, le peuple porter la tête des plus odieux personnages au bout des lances, boire leur sang, leur arracher le cœur et le manger... Je l'ai vu dans Paris. J'ai entendu les cris de joie du peuple effréné qui se jouait avec des lambeaux de chair en criant : Vive la liberté ! »

Ainsi la victoire avait tout couvert aux yeux mêmes des plus modérés, quand, au loin, Saint-Just, encore ignoré, se souvenait de ces barbaries et les reprochait aux vainqueurs. Combien alors il était loin de penser au lendemain ! Le changement violent qui se faisait dans les choses se faisait aussi dans les hommes. Tous s'ignoraient au même degré. Aucun n'avait le pressentiment de l'homme qu'il portait en lui. Tel s'endormait clément et modéré, qui devait se réveiller inexorable et terroriste. Il y avait une température subite, extraordinaire, qui mûrissait les hommes et les choses.

Que signifie cette date, 14 juillet 1789? Ce jour-là, la Révolution attaqua le pouvoir absolu à la tête.

Les hommes du peuple n'étaient jamais emprisonnés à la Bastille ; c'était la prison réservée aux écrivains, la geôle de l'intelligence. Le premier mouvement de Paris avait été de renverser cette geôle, c'est-à-dire d'affranchir la pensée. Avénement de l'esprit, sécurité, dignité humaine, voilà ce que signifia cette première journée ; personne ne s'y trompa dans le monde.

Il admira ce peuple qui, poussé par un esprit supérieur, vengea comme une insulte personnelle toutes les injures faites à la raison. Depuis ce moment, la raison se sentit libre. Pas un penseur qui ne comprît qu'on avait combattu pour lui. C'est ce qui gagna à la Révolution le cœur de l'Europe. La prise de la Bastille fut pour tous la délivrance de l'esprit humain.

Une régénération qui commençait de si haut fut aperçue de toute la terre et parut être la Révolution universelle. Le genre humain fêta le 14 juillet. La Fayette envoie les clefs de la Bastille à Washington ; et le nouveau monde, pris à témoin, se fait le gardien des libertés conquises par l'ancien monde.

C'était trop peu d'avoir vengé en un moment les humiliations de l'Assemblée, châtié les menaces des généraux, les insolences des gens de cour, le renvoi d'un ministre aimé. La journée du 14 donna son vrai sens et son âme à la Révolution ; cette âme se trouva être la liberté. Personne ne comprenait alors que, sans elle, il pût y avoir un seul bien assuré ; c'était là le fond de tous les Français. Parmi ces vingt-cinq millions d'hommes, vous n'en eussiez pas trouvé un seul qui pensât que les droits civils, pour être sérieux, n'avaient pas besoin d'être garantis par les droits politiques, et que l'on pouvait faire deux parts de la vie, l'une libre et l'autre esclave.

VI

UN CONTRAT IMPOSSIBLE

Une journée comme le 14 juillet eût inévitablement produit dans la France telle que nous l'avons connue, un changement de dynastie ou de prince. Mais la France n'avait point encore conscience de ce qu'elle faisait. Le lendemain du 14 juillet 1789, l'idée ne vint à personne que Louis XVI avait été atteint dans le principe même de son autorité, et que désormais il lui était impossible de régner. C'est au peuple surtout qu'il eût fallu dire : Sire, ce n'est pas une *révolte*, c'est une *révolution !*

Au contraire, on s'obstina de tous côtés à laisser à Louis XVI la couronne, quand déjà on lui avait ôté la force de la porter. De cette ignorance résulta pour le prince et pour le peuple une situation où la force des choses se retourna perpétuellement contre l'un et l'autre. Dans ce nouveau contrat, impossible pour tous deux, devaient nécessairement s'engendrer les défiances, les soupçons, puis les meurtres et les supplices.

On aurait pu le voir clairement, le lendemain,

quand Louis XVI, sorti de Versailles, après avoir rappelé Necker, vint faire son entrée triomphale à Paris et à l'Hôtel de Ville sous la voûte des sabres et des piques entre-croisés sur sa tête. Première station dans la voie douloureuse ; où pouvait-elle aboutir qu'à la mort ?

Chacun jouait un personnage opposé à celui qu'il était réellement. Louis XVI dut se montrer radieux de ce que son autorité avait été brisée la veille ; il essayait, en effet, de sourire devant la haie des cent cinquante mille hommes armés de faulx, de piques, de fusils qui hérissaient son chemin. On dit que des larmes coulèrent de ses yeux quand il fallut monter sur ce pavois de douleur qu'on lui avait dressé sous les piques à l'Hôtel de Ville. Il essaya de parler ; le ressentiment, la colère, la honte étaient dans son cœur. Il balbutia ces mots : — « Mon peuple peut toujours compter sur mon amour. »

Cependant les canons gorgés de fleurs étaient à tous les débouchés sur son passage ; suivant le mot d'un contemporain, ils semblaient dire : « C'est un grand captif et non un roi qui entre dans sa capitale. »

A proprement parler, il ne fit que sanctionner sa défaite par le rétablissement de Necker, par la nomination de La Fayette et de Bailly, et il rentra à Versailles. Triste retour, plus triste encore que le départ. La couronne qu'on lui laissait dut lui apparaître comme une humiliation sans terme. On lui accordait justement ce qu'il lui fallait de force pour se dépouiller lui-même.

Le peuple était dans l'ivresse de la victoire. Mais le roi ne pouvait sincèrement accepter ce contrat. Il était infailliblement condamné à la ruse, si la violence devenait impossible. Effet nécessaire d'une victoire dont personne n'osait alors envisager les suites.

La nation resta à moitié chemin de sa conquête; elle se crut humaine et magnanime de ne pas déposséder le roi, et elle fut amenée à s'en faire un jouet. Louis XVI, rentré dans la chambre de Louis XIV, eut peine à se reconnaître; il ne trouvait plus en lui le roi.

Ses plus intimes partisans virent clairement que ce n'était plus là le souverain qu'ils avaient connu, et que cette ombre ne pouvait vivre. Le comte d'Artois, le prince de Condé sortent de France; ils emportent avec eux la monarchie légitime; ce fut le commencement de l'émigration.

Ainsi s'abusaient mutuellement le peuple et le prince; le premier imposant sa victoire comme une réconciliation, le second feignant de s'en réjouir. La science de l'avenir, cachée à tous les deux, devait à peine profiter à leurs plus proches descendants.

Après le 14 juillet commence un temps vide pour l'action. Le peuple était le maître ; le roi semblait résigné. Dans cet intervalle, les événements véritables furent les discours, les décrets, les lois de l'Assemblée.

VII

PROJETS DE LA COUR. — LA FORCE OUVERTE. — COMMENT EN 89 ON EUT PU VOIR 93

Un historien français est toujours obligé de se demander, en présence d'une assemblée libre, s'il n'était aucun moyen de la réduire ou de la disperser *à la française.* Cette question se pose surtout avec éclat au commencement des états généraux de 89.

Il faut s'entendre une fois sur l'énergie que l'on reproche tant à Louis XVI de n'avoir pas eue.

Dès les premiers jours, surtout depuis la question des ordres, il vit bien qu'il n'avait plus affaire au tiers état de 1614, et que celui de 89 voulait primer le clergé et la noblesse. Mais c'est à partir du 20 juin que l'alliance dut lui paraître absolument impossible, après que le tiers eut juré de donner une constitution à la France, c'est-à-dire de se soustraire à la tutelle de la royauté. Dès lors, c'était la guerre.

Louis XVI eût pu, sans doute, l'accepter ouvertement et tenter d'extirper le mal dans son principe. Ses conseillers durent lui proposer, et ils lui proposèrent en effet d'investir de troupes l'Assemblée, de la dissoudre, de se saisir des principaux membres, de les faire disparaître par l'exil ou par la mort. Qui sait ce qu'eût produit un coup d'éclat de ce genre, combien il eût raffermi ses partisans, effrayé la nation ? Ceux qui croient avoir acquis des lumières nouvelles sur le tempérament de la France n'hésiteront guère à croire que cette entreprise n'était pas impossible.

Par une rencontre heureuse, l'Assemblée était à Versailles, loin de l'appui du peuple, à la merci de la première force militaire qui mettrait la main sur elle. Le succès immédiat pouvait être considéré comme assuré. Dans une nation amoureuse avant tout du succès, ce commencement de victoire ne manquerait pas d'enchaîner les incertains. C'était presque tout de débuter avec audace ; et l'on n'eût pas manqué de répandre, selon la formule ordinaire de notre histoire, qu'une conspiration avait été découverte contre l'État, qu'il s'agissait de la prévenir et de sauver la société française menacée dans ses droits par une poignée d'ambitieux. On pouvait encore compter sur les troupes ; après une action de ce genre elles eussent été liées à jamais par la victoire.

L'expérience a appris qu'il n'y a dans un peuple qu'un certain nombre d'hommes décidés à tout braver plutôt qu'à subir le joug ; si vous mettez la main de fer sur eux, et si vous les déshonorez ou les extirpez, il reste une masse docile, complaisante, qui sourit à la force et à la violence.

Ces idées et d'autres de ce genre se sont certainement présentées à Louis XVI et à ses conseillers. Ce n'est pas sans intention que se formait le réseau de troupes autour de l'Assemblée et de Versailles ; les résolutions étaient prises. Mais pour qu'elles eussent eu une chance de réussite, il aurait fallu ne laisser aucun intervalle entre la menace et l'exécution ; c'est là que se trouve le mieux fondée l'accusation de faiblesse.

Il est juste pourtant de reconnaître que deux obstacles principaux nuisirent à ces projets : premièrement, la sagacité de l'Assemblée. En vain Louis XVI lui faisait insinuer qu'elle serait plus en sûreté à Noyon ou à Soissons. Ce piège ne pouvait réussir, quand, d'autre part, le désir d'intimider par la réunion des troupes était si évident. La force ouverte nuisait à la ruse ; il eût fallu choisir entre l'une ou l'autre, car il est des cas où elles s'embarrassent mutuellement. D'ailleurs, cette Assemblée, née d'hier, privée de toute expérience, vit de loin chacune des embûches qui lui étaient tendues. Sa clairvoyance, sa pénétration furent étonnantes.

Ces hommes si nouveaux, ces provinciaux débarqués la veille à Versailles, à peine entrés dans la vie publique, ont discerné tous les pièges que la cour a voulu leur tendre, et l'on peut dire que la facilité d'y tomber a augmenté chez nous avec l'expérience.

En voici, je pense, la raison. Dans l'Assemblée nationale, les facultés les plus hautes de l'homme étaient en éveil ; elles faisaient sentinelle et découvraient de loin l'horizon. Plus tard, les sentiments inférieurs, la cupidité, la peur, ont prévalu ; plus ils se sont développés, plus l'esprit s'est abaissé. Il n'a plus vu le danger réel qu'en le touchant. Puis les hommes ont appris que dans chaque situation ils conservent une valeur vénale ; ils se sont faits d'avance à tous les changements, sachant qu'il y a toujours moyen de servir avec avantage. Dès lors la duperie volontaire ou déguisée est devenue une des formes de l'habileté.

En second lieu, l'occasion d'agir ne se présente pour Louis XVI qu'entre le 4 mai et le 14 juillet. C'était là un intervalle trop court. Le temps manqua pour essayer de ruiner l'Assemblée dans l'esprit du peuple ; ce motif est celui qui excuse le mieux Louis XVI d'avoir laissé échapper la seule ombre de fortune qui lui restait encore.

Voilà un des côtés de la question. Mais que dire des chances contraires qui se présentaient en foule? La nouvelle de la dispersion de l'Assemblée de 1789 eût probablement soulevé la France jusqu'au dernier hameau. La terreur établie dans Versailles n'eût pu être répandue sur tout le territoire. Les troupes n'étaient ni assez sûres, ni assez nombreuses.

D'ailleurs, on **est** presque certain de se tromper, si l'on juge la France de 89 par la France que nous avons connue. Ce sont comme deux peuples absolument différents. Au sortir d'une servitude immémoriale, la France s'est trouvée subitement armée d'une fierté d'âme, d'une magnanimité que rien ne laissait présager. Chose étrange ! c'est le seul peuple qui ait perdu, dans la liberté, la dignité qu'il avait rapportée de l'esclavage.

Par tout cela, vous pouvez induire que l'énergie de Louis XVI n'eût servi qu'à le détruire plus tôt. 89 eût montré 93.

VIII

LES PARTIS DANS LA CONSTITUANTE

Malgré le mouvement de générosité qui emportait la minorité de la noblesse, ce furent des hommes nouveaux, sans passé, qui se firent les défenseurs les plus acharnés des priviléges.

Cazalès avait l'éloquence de la robe, bien plutôt que celle d'une noblesse de race ou d'épée. Ce n'était pas la fierté froide d'une aristocratie antique qui s'appuie sur elle-même, mais le ressentiment d'une noblesse croulante qui s'appuie sur un trône croulant.

Jamais le désir ne perça, chez les privilégiés, de ressaisir la vieille indépendance politique ; ils n'aspirèrent pas à gouverner ; ils ne disputèrent pas le pouvoir au tiers état, pour s'en emparer ; ils semblaient plaider pour un client absent, la royauté. De là, la fierté était plus dans le ton que dans la pensée. Si les nobles eussent revendiqué pour eux l'ancien droit de commander, ils auraient pu s'élever à une hauteur qui leur manqua toujours. Avocats de la monarchie, ils laissèrent aux communes l'occasion de parler seuls en maîtres. Il eût été beau de voir ce qu'eût produit la hauteur de langage d'un duc de Saint-Simon, au milieu de la poussière des petits députés de bailliage. Mais ce ton-là ne se trouve pas une seule fois dans les discours des nobles. Ils furent souvent habiles, embarrassants, brillants, tout, excepté patriciens. Les grands manquèrent essentiellement à la Constituante, comme s'ils eussent cessé d'exister.

On le vit assez par un autre de leurs principaux orateurs, l'abbé Maury. Jamais esprit moins noble. Pétulant, bouillant, incapable de se dominer, il était peuple en tout, jusque dans ses déclamations contre le peuple. Sa foi était celle d'une cour athée qui, pour défendre ses intérêts matériels, se retranche précipitamment dans l'Eglise qu'elle a si longtemps reniée. D'ailleurs, à la manière des plaideurs, jamais déconcerté, jamais à bout de raisons, parce qu'elles lui étaient également bonnes et qu'il n'avait pas besoin de se respecter lui-même; insolent, impudent, faisant de toute convoitise une question religieuse, à la manière des byzantins ; il fut le premier qui demanda à la liberté le droit d'étouffer la liberté. L'Assemblée constituante sut écraser ce sophisme ; mais le sophisme a survécu. Il reparaîtra plus tard, il menacera de tout absorber ; l'honneur de l'avoir fait entrer dans notre vie publique appartient à l'abbé Maury.

Tels furent les principaux orateurs de la noblesse et du clergé. On peut en nommer d'autres, mais dans aucun ne s'est retrouvé l'accent de l'aristocratie. Elle avait conservé les manières, l'élégance, tout l'extérieur du gentilhomme, excepté la parole aristocratique. Depuis des siècles, ce ton-là avait disparu de la France, le courtisan ayant extirpé le patricien.

En face du parti des privilégiés s'élevait le parti des constitutionnels; avec des nuances diverses, il comprenait l'immense majorité, depuis Malouet, Clermont-Tonnerre, jusqu'à la grande légion des Sieyès, des Thouret, des Chapelier. C'est parmi eux que se dressait Mirabeau qui les comprenait dans son vaste domaine, et les tenait tous plus ou moins rassemblés dans l'orage. Souvent ils se séparaient; mais alors, quand il était besoin, Mirabeau faisait entendre cette voix à laquelle obéissaient même ses ennemis personnels, et tous se rangeaient autour de lui dans le moment de crise.

Par delà cette masse soumise, se montraient des impatients. C'étaient les deux Lameth et Barnave; ils marquaient alors l'extrême de l'espérance et de l'ambition populaire. Au delà de ces bornes commençaient à peine à paraître, confondus dans la même obscurité, une trentaine d'inconnus dont nul ne savait la pensée. On les soupçonnait seulement d'être en dehors du possible. C'étaient

Pétion, Rœderer, Buzot, d'autres encore plus ignorés s'ils se peut ; enfin au plus loin, et au plus bas de l'horizon, le plus inconnu, Robespierre, comme un grain imperceptible qui annonce la tempête. Tous pourtant étaient royalistes. Au delà il n'y avait personne.

Le parti de la noblesse et du clergé fit à l'Assemblée une sorte d'obligation chevaleresque de se dissoudre pour mieux assurer la liberté de la nation. Mais ce piége misérable, que nous avons vu réussir auprès d'assemblées sans caractère, fut démasqué par les constituants dès les premiers mots. L'enthousiasme du bien leur tenait lieu d'expérience.

Quand la noblesse vit que tout était perdu pour elle et que sa ruse n'avait trompé personne, elle affecta de rire. C'est ainsi que se termina pour elle la lutte oratoire. Un long, interminable ricanement commença, dernière arme des vieux pouvoirs qui se retirent devant la force des choses. Depuis ce moment, on a trouvé fréquemment chez les Français l'éloquence des hauts fonctionnaires. Quant à l'accent de l'éloquence patricienne, quoi qu'on ait pu essayer, il n'en n'est resté aucun vestige.

La majesté de la parole avait passé, sans retour, avec Mirabeau, du côté des communes.

LIVRE TROISIÈME

VERSAILLES

I

5 ET 6 OCTOBRE 1789

Les meurtres de Berthier et de Foulon, malgré les supplications de La Fayette et de Bailly, et comme entre leurs mains, avaient montré qu'eux aussi n'avaient qu'un pouvoir apparent. Ils semblaient commander ; c'était à condition de plaire toujours.

Ces barbaries ne venaient pas seulement de ce que les classes incultes entraient en scène. Mais sous la surface polie du dix-huitième siécle se retrouvèrent tout vivants les maillotins, les cabochiens du quatorzième siècle. L'homme du moyen âge avait été conservé par la servitude. Il reparut déchaîné ; il épouvanta par les armes et la furie d'une autre époque.

Cependant près de deux mois de répit avaient

été donnés à la cour depuis la prise de la Bastille. Dans les premiers temps la joie était si vive parmi les vainqueurs qu'ils parvinrent à se figurer qu'elle était partagée par le vaincu lui-même. Telle est l'illusion des sentiments excessifs. Nous avons peine à croire que ce qui comble nos vœux puisse être un malheur pour d'autres.

La vérité, néanmoins, se faisait jour. Déjà le bruit se répandait que le roi se préparait à fuir. On désignait la citadelle de Metz comme le refuge qu'il se réservait ; avec l'inexpérience que j'aurai plus tard à constater dans la pratique des Révolutions, on croyait que la monarchie retrouverait, dans cette fuite, le pouvoir absolu qui lui avait échappé.

Une crainte secrète traversait les esprits. La fausse idée que le prince était un otage et que ce serait tout perdre que de s'en dessaisir envahissait les plus hardis. Mais personne encore n'avait formellement entrepris d'arracher le roi et l'Assemblée à Versailles et de les transporter à Paris, sous la main ou la garde du peuple.

Il faut voir comment cette résolution, qui n'était d'abord dans la volonté d'aucun chef, naquit, sans réflexion, sans propos délibéré, d'un mouvement qui d'abord avait un but tout différent. C'est une de ces journées où paraît le mieux la force secrète de la Révolution, indépendamment des projets concertés par les individus.

L'inspiration la plus aveugle, la détresse physique en décida ; pour mieux montrer qu'il ne s'agissait pas d'un plan conçu d'avance, ce furent les femmes qui firent les journées des 5 et 6 octobre.

La presse ne savait quel conseil donner; il n'y avait point encore de ces chefs reconnus qui devaient plus tard *organiser* les insurrections. Pris de la fièvre et du délire, Marat demandait en vain un *tribun*. Ses fureurs étaient alors sans échos. Danton, président des Cordeliers, ignorait sa puissance. La Révolution populaire n'avait pas encore de tête.

Ce fut le cri de la famine qui mit fin aux incertitudes; et, comme dans toutes les occasions de ce genre où l'imagination tient une si grande place, les femmes se montrèrent longtemps seules, au milieu de l'étonnement et de l'inertie des hommes. Sept ou huit mille d'entre elles étaient rassemblées le matin du 5 octobre.

Quel était leur chef? elles n'en avaient pas, à moins que l'on ne donne ce nom à mademoiselle Théroigne de Méricourt que le bruit public, plus que ses actions, fit la seule héroïne de ces journées. Les uns disent qu'on l'aperçut, dès le matin, traînée en triomphe sur un canon; les autres, qu'elle surgit, on ne sait comment, sur la place de Versailles. Quoi qu'il en soit, Théroigne de Méricourt n'était pas la Bacchante que l'on se représente ordinairement. La plume noire de son chapeau la signalait de loin plus que sa figure. Petite, la taille bien prise dans sa robe d'amazone, les traits mesquins, agréables pourtant, le teint couleur de la *poire rousselet*, elle ne semblait pas faite pour représenter les colères du peuple. Car elle parlait à voix basse, en confidence, sans aucune des audaces de l'orateur de la place publique. Elle allait s'insinuant à l'oreille de chacun, et paraissait confier à tous un grand secret [1]. Peut-être était-ce là sa puissance. Ce n'est pas la beauté qui agit sur la foule. C'est l'extraordinaire.

Cette armée de femmes voulait d'abord exciter les hommes à la révolte par la honte. Elles répétaient, à grands cris, que c'était à elles à donner l'exemple du courage à ceux qui en manquaient. Elles investissent l'Hôtel de Ville, s'arment de tout ce qu'elles rencontrent sous leur mains, fusils, sabres, piques, et montent sur des canons. Dans cet équipage, elles prennent la route de Versailles.

Mais, comme si ce n'eût été là qu'une démonstration pour taxer les hommes de lâcheté, ou peut-être par un prompt changement d'humeur, elles déposent les armes avec autant de promptitude qu'elles s'en étaient chargées. Pour cela, il suffit du conseil de Maillard qu'elles consentirent à mettre à leur tête : « Les supplications, leur avait-

[1] Mémoires inédits de Marc-Antoine Baudot, conventionnel.

il dit, faisaient leur force irrésistible; d'ailleurs, elles allaient être suivies de huit cents hommes bien armés qui, au besoin, exécuteraient leurs arrêts. Pour elles, il leur suffirait de prier ou de menacer. » Et il se donna pour leur chef. Elles l'acceptèrent.

Dans ce long trajet de Paris à Versailles, sous la pluie et dans la boue, l'irritation ne fit qu'augmenter. Elle était au comble lorsqu'on approcha du but. Maillard fut effrayé lui-même de cette invasion de sauterelles affamées qu'il traînait après lui. Il les rangea sur trois lignes et leur proposa d'entonner toutes ensemble le *Vive Henri IV*. Ce chant trompa un moment l'impatience et la faim. Il alla porter au loin la peur dans le château; tant il y avait de menaces et de colères dans ce refrain de l'ancien amour du peuple pour le roi.

On était arrivé aux portes de l'Assemblée. Quinze à vingt femmes seulement y entrèrent; les autres furent retenues par le respect. Parmi celles qui passèrent le seuil, une femme portait un tambour de basque, et le faisait résonner par intervalles. Mais aucune n'osa parler. Elles restèrent interdites à la vue de ces orateurs qui étaient alors en si grand honneur dans le peuple entier, et qu'elles ne connaissaient que par la renommée.

Il fallut encore que Maillard parlât pour elles. Il le fit avec audace. C'était la première fois qu'un orateur populaire se trouvait en présence de l'Assemblée. Il parla comme à des égaux, ce qui donna à penser, même aux plus indulgents. D'ailleurs, rien, dans sa harangue, ne marquait encore le projet que l'on devait exécuter le lendemain. Il ne s'agissait toujours que d'apaiser la faim du peuple. Le président Mounier, suivi d'une députation de cinq femmes, porte à Louis XVI ces paroles qui n'étaient encore que des supplications.

A la vue de Louis XVI, une émotion extraordinaire saisit ces femmes. Il y avait parmi elles une jeune ouvrière en sculpture, Louison Chabry ; elle s'évanouit. Revenue à elle, la seule chose qu'elle demanda fut de baiser la main du roi. Le roi l'embrassa. Toutes sortirent enthousiasmées ; les cœurs n'étaient point endurcis. Ils allaient et revenaient, en un moment, de la haine à l'amour, mais la moindre circonstance pouvait faire prévaloir la haine.

Les huit cents hommes armés, qui marchaient derrière les femmes comme l'exécution derrière la menace, étaient arrivés à leur tour, grossis de tous ceux qu'ils avaient entraînés sur le chemin. Ils s'étaient arrêtés sur la place, en face des gardes du corps, du régiment de Flandres et des gardes suisses, tous rangés en bataille.

La nuit était venue, la faim augmentait. Entre des hommes ennemis déclarés, il était impossible que l'on restât en présence sans collision. D'abord, c'est par la persuasion que l'on essaya de vaincre. Théroigne de Méricourt allait de rang en rang chuchoter devant le régiment de Flandres, et le régiment céda aux caresses. Mais les gardes du corps ne pouvaient être enlevés par ce moyen. On dit qu'un homme du peuple les brava dans leurs rangs et que ce fut le commencement d'une lutte inévitable.

Les gardes sabrèrent; le peuple répondit par des coups de fusil. La milice de Versailles y joignit sa mousqueterie. Si les troupes du roi n'étaient rentrées dans leurs casernes, rien ne pouvait empêcher la mêlée de devenir générale. Maître du terrain, le peuple allume des feux et dévore un des chevaux restés morts sur la place.

A la lueur tremblotante de ces feux, premier bivouac de la Révolution, l'effroi remplissait le château. Tantôt, on voulait résister, tantôt on parlait de s'éloigner et même on l'essaya; comme toujours, l'incertitude augmentant avec le péril, on ne sut ni s'abstenir, ni combattre. On se résolut à attendre ; déjà il était trop tard pour fuir.

Dans l'Assemblée, les femmes avaient cherché un refuge sur les bancs des députés contre les ténèbres et les armes. Quelques vivres insuffisants leur avaient été distribués, et elles mangeaient en s'endormant. L'une d'elles occupait le fauteuil du président. Mounier rentre ; il annonce avec solennité que le roi a accepté la déclaration des droits de l'homme et les articles constitutionnels. On espérait que ces paroles calmeraient la foule.

Elle n'en éprouva aucune joie, soit qu'elle comprît qu'une pareille acceptation sous la menace et l'épouvante, parmi les spectres de cette nuit d'angoisse, ne pouvait être sincère, soit que l'extrême besoin physique empêchât toute autre pensée. Les femmes recommencèrent à crier : « Du pain! du pain! Pas tant de longs discours. » Importuné de ces clameurs, Mirabeau sortit de son silence et répondit par quelque rude reproche. Les femmes reconnurent le tribun à sa voix; elles se turent et applaudirent. Le peuple alors se laissait encore régir par le frein de la parole.

II

LE ROI A PARIS

Pendant que ces choses se passaient à Versailles, l'exemple des femmes avait d'abord étonné, puis entraîné Paris. Des milliers d'hommes s'entassaient autour de l'Hôtel de Ville, au bruit du tocsin. Ils erraient, ils tourbillonnaient sur eux-mêmes, incertains dans leurs projets comme dans leurs mouvements. La seule résolution à laquelle ils paraissent s'arrêter était de suivre les bandes du matin ; plus leur détermination était obscure, plus elle semblait effrayante. Le cri Versailles ! Versailles ! sortait de toutes les bouches. Les uns ajoutaient : « Du pain et la fin des affaires ! » (car parmi ces impatiens il y avait déjà des fatigués). D'autres, en bien petit nombre, parlaient de déposer le roi.

Mais dans ce tourbillon de rumeurs, de paroles, de cris qui se croisaient et s'étouffaient mutuellement, le seul projet dont il ne fut jamais question fut celui qui allait se réaliser le lendemain, de ramener le roi à Paris. Les foules agissent avant de penser. Elles se précipitent avec une ardeur incroyable là où elles n'ont pas dessein d'arriver. Jamais cela ne parut plus évident qu'à ce moment. Paris était un essaim qui s'agitait sur lui-même et fourmillait, attendant que sa résolution fût formée et que le vent l'emportât.

Le général La Fayette, à cheval, sur la place de Grève, au milieu de cet essaim d'hommes, ne savait lui-même ce qu'il fallait désirer. Tantôt il s'obstinait à rester, tantôt il croyait nécessaire de suivre le mouvement avec la garde nationale pour le régler. Le corps municipal vint au secours de son indécision et lui ordonna de partir. L'armée de La Fayette s'ébranle : elle aussi prend le chemin de Versailles.

Qu'allait-elle y faire? elle ne le savait pas encore. Seulement, quoiqu'elle ne fût organisée que de la veille, elle avait déjà un esprit plus concentré que la masse ordinaire des citoyens. Son indignation contre les gardes du corps, qui avaient foulé aux pieds la cocarde, excitait dans les rangs un désir de vengeance que le général chercha à prévenir. Sachant combien le serment est chose sacrée en de pareils moments de crise, La Fayette usa avec sagesse de ce moyen de lier ses soldats. Il les arrêta plusieurs fois et leur fit répéter le même serment à la loi et au roi.

Les feux qui le précédaient sur la route annonçaient de loin sa marche. Il arrive à minuit, et, devançant ses troupes, il court au château, seul de sa personne, parmi ses plus implacables ennemis. — Voilà Cromwell qui entre! dit un courtisan. — Non, messieurs, interrompit La Fayette, Cromwell ne serait pas entré seul. Et il passa chez le roi.

L'armée de La Fayette eût dû bivouaquer autour du château. Peut-être son général craignait-il de n'en pas être assez maître. Il parut plus prudent de la disperser dans la ville, après qu'elle eut occupé tous les postes, excepté ceux des jardins et de l'intérieur du palais. Car, comment se fier, pendant le sommeil et jusqu'au seuil de la chambre royale, à des hommes nouveaux, inconnus, que l'on avait tant de raison de croire ennemis?

La famille royale ne voulut s'en fier qu'à ses gardes fidèles; elle relégua dans les postes éloignés les soldats de La Fayette, joignant ainsi une aversion profonde aux apparences d'une confiance entière. Et pouvait-il en être autrement? Toute l'histoire de Louis XVI est là! En chaque occasion, il abandonne l'extérieur à la Révolution victorieuse; mais il réserve le foyer à la contre-révolution.

Chose incroyable! dans ce palais déjà assiégé, où la crainte devait tenir tout le monde debout, on dormit. La reine, qui se savait menacée par chacune de ces piques, se coucha. Elle n'avait pas encore appris à braver la fatigue et à écouter le tocsin pendant des nuits entières. On ne se défiait pas alors assez les uns des autres. Le roi, pleinement rassuré, fait refuser sa porte au général. Le palais redevint désert. Tout fit silence comme après la lassitude d'un jour de fête. Le jour commençait à paraître, il était six heures.

C'était le moment où Versailles était plongé dans le plus profond repos. Une troupe d'hommes armés, qui peut-être simula une patrouille, se glisse dans le château par une des portes de la chapelle. Sans doute ils s'étaient excités les uns les autres contre la reine, pendant cette nuit où seuls ils ne dormirent pas. Les gardes du corps, qui s'opposent à leur passage, sont refoulés; deux sont frappés à mort; leurs têtes, mises au haut des piques, vont partout réveiller la foule. Les assaillants pénètrent jusque dans l'appartement de la reine. Au cri des gardes, elle avait pu s'élancer de son lit et fuir chez le roi. Ses ennemis allaient l'y poursuivre, quand enfin un bataillon de la garde nationale, le sergent-major Hoche en tête, arrive pour la protéger.

Le danger n'avait été éloigné que pour un moment. Par toutes les issues débouche la foule armée, dans la cour de marbre, sous la fenêtre du roi; et dans le lointain, les têtes des deux gardes, portées sur les piques, marquaient déjà le chemin de Paris. Dans cette longue nuit, la foule avait enfin appris qu'elle était la maîtresse; elle venait résolue, non plus seulement à demander du pain, mais à commander en souveraine. Un député de la Commune avait apporté le vœu que le roi vînt habiter les Tuileries. Ce vœu, dans la bouche du peuple, devient un ordre; il se hâte de le signifier par le cri répété : « Le roi à Paris! »

Le roi comprit que ce n'était plus là une prière et qu'il fallait obéir. Il parut sur le balcon et promit d'aller à Paris, mais « avec sa femme et ses enfants. »

Oser montrer la reine à ceux qui avaient voulu la tuer! Là était le péril, elle le sentait, elle aurait voulu s'y dérober. Elle prit par la main le dauphin et s'avança près de la fenêtre : « Point d'enfant! » crie la foule, en la couchant en joue. La reine reconduisit son enfant dans l'intérieur du palais, elle hésitait à reparaître. « Eh bien! madame, venez avec moi, lui dit La Fayette. — Quoi! seule sur le balcon! N'avez-vous pas vu les signes qu'ils m'ont faits? — Oui, madame, allons-y. » Elle reparut alors au bord du balcon, à côté du général La Fayette. Il savait comment on parle à la foule; il prit la main de la reine et la baisa. Les assassins mêmes furent touchés; la foule aussi est femme, elle s'attendrit, et cria : « Vive le général ! Vive la reine ! »

« Dès ce moment, ajoute La Fayette dans son récit, la paix fut faite. »

Mais quelle paix que celle où l'humiliation, la terreur, la haine, la soif de vengeance sont toutes d'un côté, et le triomphe et l'orgueil de l'autre ? Est-ce sagesse d'espérer que l'on tienne cette trêve ? Combien les hommes alors savaient mal haïr ! En ce point, du moins, nous l'emportons sur nos pères.

Le moment était venu de quitter Versailles. En sortant du palais, le roi vit bien qu'il n'y rentrerait jamais. Tant qu'il avait été retiré dans la demeure de Louis XIV, il y avait été protégé par l'antiquité et une ombre de respect. Mais, à cet instant, ses ancêtres parurent l'abandonner. Il n'y avait plus aucun intermédiaire entre la colère du peuple et lui. Le cortége de ses aïeux ne le suivit pas au delà du palais Il sortit seul et se livra.

Déjà, en effet, sa captivité ne pouvait se dissimuler, même sous les adulations, car il y entrait trop de pitié.

Le peuple marchait en avant, impatient d'annoncer sa victoire ; et, selon les habitudes des foules, il s'arrêtait fréquemment pour la raconter ou pour en jouir davantage. Après lui venait la garde nationale obéissante et même respectueuse, parce que tous ses désirs avaient été des ordres.

Enfin, le roi, la reine, leurs enfants suivaient silencieusement, se dérobant, au fond de leur voiture, à la joie de la multitude, à ses chansons, à son ivresse. « Voilà le boulanger, la boulangère et le petit mitron » répétaient mille voix autour d'eux. Et ce langage, dont le peuple voulait faire une caresse, disait à chaque pas qu'il ne restait plus rien de l'ancien roi.

La reine en frémissait; elle aussi s'efforçait de sourire, mais les forces lui manquaient; elle aurait désiré s'épargner la fin du triomphe jusqu'à l'Hôtel de Ville et s'arrêter aux Tuileries. On lui répondit qu'il serait trop périlleux pour elle de se séparer du cortége; elle dut continuer à garder jusqu'au bout un air de fête et de sérénité.

Il faisait nuit quand on arriva à l'Hôtel de Ville. Bailly présenta ces mêmes clefs qu'on avait présentées à Henri IV, et il ajouta qu'aujourd'hui, c'est Paris qui avait reconquis son roi. Le roi répondit, mais le mot de confiance expira sur sur ses lèvres. La reine s'en aperçut; elle releva ce mot qui était si loin du cœur et insista : — « Répétez, monsieur Bailly, que le roi a dit avec confiance. » Bailly répéta avec grâce la parole que tout contredisait. On applaudit pourtant ; le roi et la reine rentrèrent enfin dans le palais des Tuileries. Nu, abandonné depuis deux règnes, ce palais leur sembla une prison. C'en était une en effet.

Ainsi finirent ces journées des 5 et 6 octobre 1789. Un vague instinct sourd les commença ; le dénoûment se fit sans avoir été annoncé ni voulu d'avance par personne. La Révolution, ai-je dit, n'avait pas encore de chefs ; mais ces têtes se formaient. Bientôt il ne se fera plus un mouvement qu'elles ne l'aient préparé.

Pendant que Paris était dans la joie de son triomphe, la famille royale se voyait dans le gouffre ; et c'est là, néanmoins, ce que les hommes du temps appelèrent des journées de concorde. Que la multitude se soit endormie dans cette illusion, cela n'étonne pas. Mais que cet aveuglement ait été partagé par les hommes les plus clairvoyants, tels que Mirabeau, voilà ce qui me surprendra toujours. Peut-être plusieurs affectèrent-ils d'espérer une chose qu'ils sentaient impossible. Ce fut là le plus petit nombre. Presque tous pensèrent que l'alliance entre le roi et la constitution venait d'être scellée, parce qu'il y avait eu des acclamations, des sourires sous les piques et sous le dais. Comme si de pareilles injures pouvaient être effacées jamais ! Comme si l'irruption dans le château, la foule ameutée sous le balcon, et les lentes stations de Versailles à Paris, et ces menaces et ces affreuses caresses, et cette entrée funèbre dans

les Tuileries, et cette solitude, cet abandon, et
ces têtes coupées pour avant-garde de la royauté
captive, comme si ces spectacles et ce long supplice des yeux et de l'âme pouvaient être oubliés !
Comme s'il appartenait à une constitution écrite
d'abolir la nature humaine ! Comme si les rois
et les reines n'avaient point de mémoire des of-
fenses, et qu'ils n'eussent ni yeux ni oreilles pour
voir ce qui les touche !

Un oubli si complet de la nature humaine ne
peut s'expliquer que par le manque absolu d'expérience de la vie publique. On n'avait pas vu
encore de rois et de reines pleurer ! On croyait que
leurs larmes se sèchent aussi vite que les larmes
du peuple. Le peuple de Paris se sentait capable
d'oublier ou de pardonner les injures du passé,
si elles étaient corrigées ; il crut que Louis XVI
et Marie-Antoinette pouvaient de même oublier les
injures présentes. Cette erreur contre nature devait coûter cher à tout le monde.

Après les 5 et 6 octobre, il n'y avait plus d'alliance ni de réconciliation possible ; il eût fallu
avoir l'énergie de se séparer de l'ancienne
dynastie ; et que de sang n'eût-on pas épargné !
Mais une si longue habitude de vivre ensemble ne
put être rompue en un seul jour. On aima mieux
traîner cette chaîne de ressentiments et de soupçons toujours renaissants. On espérait encore se

réconcilier ! On croyait à l'oubli, au pardon, à la magnanimité, à tout ce que nous avons désappris. Les nations ont leurs faiblesses comme les individus ; à mesure que l'on commençait à connaître la cause de son mal, on se refusait plus obstinément à la détruire.

Nous savons aujourd'hui que, pour passer d'un ancien ordre de choses à un nouveau, il faut changer l'ancienne dynastie, ou au moins la personne du prince, surtout lorsqu'il a été trop offensé. Cette vérité d'expérience était repoussée en 89 par tout le parti constitutionnel : Mounier, Malouet, Necker, Lally. Ils s'obstinèrent à laisser le vieux fer dans la plaie ; elle s'envenima. Rien n'a plus contribué à ensanglanter la Révolution.

Si, après les journées de 1830, les Français se fussent obstinés à maintenir Charles X et la branche aînée sur le trône, qui peut dire à quel degré les ressentiments, les désirs de représailles eussent pu être portés, et jusqu'où serait allée l'inimitié de la nation et du prince ?

Aujourd'hui, quand le prince a été humilié et offensé, la nation fait divorce ; les haines ne s'amoncellent plus sur une seule tête. La tragédie s'arrête avant le dernier acte.

En 89, La Fayette, partisan enthousiaste de la royauté constitutionnelle, s'acharne personnellement contre le duc d'Orléans, le seul homme qui eût pu la réaliser au moins pour un temps. Mirabeau seul sembla voir le remède quand il disait : « Qu'importe que ce soit Louis XVI ou Louis XVII ! » Mais ce mot-là fut d'abord dénoncé comme un crime.

III

LOUIS XVI AUX TUILERIES. — UNE QUESTION INSOLUBLE

Lors même qu'aucun témoin n'eût dévoilé ce qui se passait dans l'intérieur des Tuileries, il n'eût pas été difficile de deviner les sentiments de Louis XVI et de Marie-Antoinette. Dès le premier instant, ils se sentirent prisonniers.

Le dénûment de ce château inhabité, la difficulté d'en sortir, la contrainte à chaque pas et la rumeur de cette ville ennemie, tout leur était odieux; comme il était naturel, à peine entrés dans cette captivité, ils ne songèrent plus qu'à y échapper. Dès lors s'invétéra chez eux la volonté de ne voir dans les événements hostiles qu'une tempête passagère, sous laquelle il fallait un moment courber la tête, en attendant l'occasion de tout dompter; car ils ne doutaient pas alors qu'ils ne pussent y réussir.

Peut-être le roi, par lassitude ou inertie, eût consenti pour un moment à capituler avec la Révolution; mais cette âme molle était soutenue et aiguillonnée par les indignations de la reine. Fille de Marie-Thérèse, sœur de l'Empereur, elle ne transigea pas un instant, au fond du cœur, avec des nouveautés qui lui paraissaient autant d'outrages. Toujours prête à croire à des forces qu'elle ne possédait pas, elle appelait le combat, la violence. Et quand les choses lui résistaient, ses larmes arrivaient comme la suprême autorité, mais jamais devant ses adversaires. C'était dans le secret et l'intimité qu'elle usait de cette puissance. Ses ennemis ne lui virent qu'un front assuré et dédaigneux.

C'est pour cela sans doute que la haine des révolutionnaires contre elle fut si envenimée. Ils ne cessèrent de voir dans Marie-Antoinette une ennemie personnelle, et la foule l'exécra comme une rivale de puissance et d'orgueil. On sentait qu'en elle était le point de résistance qui ne pouvait être vaincu.

De ce mélange de violence refoulée dans Marie-Antoinette et d'inertie dans Louis XVI, sortit un système de stratagèmes et de ruses plus périlleux à la Révolution que la guerre ouverte.

La première loi des révolutions avait été méconnue par tous, quand, après avoir fait du roi un ennemi, on s'était obstiné à le faire régner. Voici les premiers résultats qui s'ensuivirent ; ils devaient être funestes à tous.

Les chefs du **parti constitutionnel** s'étaient donné

un problème insoluble, bientôt ils désespérèrent de le résoudre ; il ne leur resta qu'à s'enfuir de France, laissant le roi seul au milieu d'adversaires déclarés.

Une partie de la noblesse le tint pour parjure ; il le fut bientôt pour le tiers.

Plus l'Assemblée nationale avait de raison de soupçonner Louis XVI, plus elle s'arma contre la royauté dans la constitution. On fit des lois pour un avenir que l'on croyait durable; et ces lois étaient le plus souvent une marque d'hostilité personnelle contre Louis XVI.

D'autre part, à mesure que l'Assemblée diminuait la royauté, Louis XVI sentait son aversion augmenter pour la constitution. Quand celle-ci fut terminée, il se trouva qu'elle était exécrable à celui qui devait la mettre en pratique.

On avait fait une constitution royaliste pour un roi à qui il était impossible de l'accepter autrement que comme une couronne d'épines. Il courba la tête ; mais il se promit de la relever et de rejeter ce diadème, dès qu'il serait le plus fort.

Telle était la situation dans laquelle on entrait. L'œuvre ne pouvait vivre un seul jour. Sans voir clairement d'où venait le mal, la nation eut l'instinct de cette impossibilité. Voilà pourquoi elle se détacha de la constitution dès qu'on l'eut achevée.

LIVRE QUATRIÈME

RÉVOLUTION CIVILE

1

NUIT DU 4 AOUT

C'est un fait incroyable que la facilité avec laquelle se consomma, dans une nuit, ce qu'on peut appeler la Révolution matérielle et sociale. Les choses s'écroulèrent d'elles-mêmes.

Sans doute, les menaces des provinces, l'effervescence, l'insurrection d'une partie des campagnes, les châteaux pillés ou brûlés, furent l'occasion de renonciations volontaires; mais ils n'en furent que l'occasion. A quelque moment qu'on eût posé la question des réformes matérielles, elle eût été résolue de même. Et ne croyez pas que l'enthousiasme de tous les ordres ne fût ici qu'un accident. Il naquit, au contraire, de la conviction profonde que le moment était venu de mettre fin à l'ancien régime dans tout ce qui était privilége, inégalité civile.

Car, ce qu'il ne faut pas oublier, c'est qu'il n'y eut besoin d'aucune discussion. Pas un orateur n'eut à combattre un adversaire, excepté sur la dîme que le clergé essaya un moment de défendre ; tant la force des choses entraînait les esprits ; à proprement parler, elle combattit seule.

Si les Français n'eussent voulu que la rénovation matérielle et l'égalité civile, la Révolution se trouvait terminée le 5 août 1789.

Il n'y avait plus besoin d'assemblées ni de sacrifices d'aucun genre, bien moins encore de batailles à livrer ; car ce n'est pas pour la restitution des priviléges abandonnés dans la nuit du 4 août, que se seraient levés les rois d'Europe.

Mais si la noblesse, le clergé, la royauté crurent que cette nation serait soudainement calmée et rassasiée par la satisfaction donnée aux besoins matériels, ils se trompèrent. Il y avait dans cette nation une soif d'indépendance, de liberté politique, qui troubla tous les calculs. En effet, malgré les immenses concessions de la nuit du 4 août, le résultat fut presque nul dans l'opinion.

Ceux qui avaient cru apprivoiser le cerbère par le gâteau de miel, s'abusèrent. Il y avait une autre faim qui dévorait alors la France. Soit que la conquête subite des droits civils parût depuis longtemps inévitable, soit qu'elle semblât à peine un bien tant que les libertés n'y étaient pas ajoutées, les esprits n'en furent pas frappés. On eût dit qu'il n'avaient rien obtenu. Cette conquête n'excita ni surprise ni joie dans la nation, tant ces biens paraissaient encore mal assurés à qui ne possédait pas autre chose.

Eux seuls devaient durer; eux seuls devaient surnager dans tous les naufrages, et l'on n'en ressentait aucun bonheur. La liberté manquant, tout le reste semblait manquer encore.

Ainsi, après la facilité avec laquelle s'accomplit la Révolution dans les droits civils, ce que j'admire le plus est le peu d'impression qu'elle fit dans les esprits; et je pense que ce sera l'éternel honneur de ces générations, que la conquête rapide des avantages matériels ne les ait pas satisfaites davantage. Les hommes de 89 tinrent pour nuls tous les biens acquis, aussi longtemps que la liberté n'y fut pas jointe. Aucun peuple ne montra sur cela un sentiment si vif, si entier; c'est pourquoi les fautes de ces générations leur seront pardonnées, tellement avides de dignité morale, d'existence politique, qu'elles crurent n'avoir rien obtenu tant qu'il leur resta à obtenir la vie publique. Elles prirent à la lettre ce mot si souvent répété par les écrivains : « que tous les biens sont nuls sans la liberté. » Cette vérité fut l'âme de ces générations; c'est aussi par là qu'elles se séparent entièrement des générations qui ont suivi et qui semblent avoir contracté avec un autre esprit un tempérament non-seulement différent, mais opposé.

Car, tandis que les hommes de 89 vivaient sur ce principe, que la liberté est l'origine de tout, on a vu leur postérité se fonder sur cette autre maxime, que les avantages matériels sont la seule chose à considérer, et que là où ils existent, la liberté est inutile ou périlleuse. Manières d'envisager la vie humaine si diamétralement contraires et si inconciliables, que l'on a peine à concevoir que le même peuple a pu passer de l'une à l'autre à soixante ans d'intervalle. Cette contradiction serait même incompréhensible, si l'on ne savait aussi combien un peuple peut dégénérer promptement et devenir méconnaissable dès qu'il a renoncé aux principes sur lesquels il avait entrepris de se régénérer. Il n'y a pas de changement, dans la nature, si rapide que celui-là.

Au reste, si l'impression de la nation fut faible après la nuit du 4 août, il en fut tout autrement de la cour et des ordres privilégiés. Ils venaient de faire, les uns avec enthousiasme, les autres avec réflexion, le sacrifice de leurs priviléges. Eux-mêmes avait porté le marteau à l'édifice de l'ancien régime. Ils avaient livré leurs dépouilles au tiers état.

Sans doute, à ce prix, ils allaient obtenir la paix si chèrement achetée. Privés de leurs avantages pécuniaires, on les laisserait jouir au moins de tout le reste ; et la réconciliation serait faite entre l'ancienne France et la nouvelle.

Voilà ce que pensaient en secret les ordres privilégiés. Et au contraire, leurs sacrifices ne contentaient personne. Sans parler de reconnaissance, c'est à peine s'ils excitaient l'attention. Les esprits, les désirs, les passions étaient déjà emportés loin de là. Que voulait donc cette nation, qui ne se laissait pas apprivoiser par de semblables concessions? Où s'arrêterait-elle, si tant de ruines volontaires mises sous ses pieds n'arrêtaient pas un seul moment son char? C'était donc en vain que l'on avait abandonné en quelques heures les inégalités, les priviléges, les richesses, les honneurs qu'on avait reçus de ses ancêtres. Le peuple venait d'acquérir en une nuit ce que la noblesse avait eu peine à acquérir en dix siècles ; et il n'était pas assouvi ! Quelle était donc cette soif étrange ? N'était-ce pas le besoin de tout dévorer ? Bientôt, sans doute, après s'être dépouillé de ses priviléges, il faudra se dépouiller encore même du droit commun ; on ne laissera pas la noblesse jouir même de l'égalité.

Je ne puis douter que cette indifférence de la nation sur les faits accomplis dans la nuit du 4 août n'ait répandu une grande terreur dans l'esprit de la noblesse ; car, puisque ses sacrifices visibles, appréciables, ne lui étaient comptés pour rien, elle se trouvait jetée dans l'inconnu sans savoir ce qu'il fallait faire pour en sortir. Si l'on veut être juste envers elle, il faut reconnaître que cette indifférence dut apparaître à plusieurs comme une ingratitude. Ce qui surtout dut naître dans les esprits, c'est le sentiment que la réconciliation que l'on avait cru faite entre la France ancienne et la France nouvelle était au contraire chose impossible. Et comme rien n'endurcit les hommes et ne les sépare plus que ce qu'ils appellent un bienfait méconnu, la noblesse et le tiers se trouvèrent infiniment plus séparés le lendemain de la nuit du 4 août qu'ils ne l'étaient la veille.

Ce fut là un premier changement dans le tempérament de la Révolution, et une de ses époques fondamentales sur laquelle les historiens ont trop peu insisté.

Depuis ce moment, la noblesse désespéra de se concilier la Révolution ; et, naturellement, ceux qui avaient montré le plus d'enthousiasme dans l'abandon de leurs priviléges, devinrent les plus hostiles dès qu'ils aperçurent que leur renoncement se tournait contre eux-mêmes. Ils furent tentés de reprocher au tiers état son ingratitude ; le tiers état les accusa d'une magnanimité intéressée. Ainsi, des deux côtés, l'admirable élan de la nuit du 4 août se tourna en reproches, en ressentiments et bientôt en accusations.

Jusque-là les nobles s'étaient contentés de craindre la Révolution. La plupart commencèrent dès lors à la haïr sans retour.

Au reste, il ne fallut que l'échange de quelques messages et le ton résolu de l'Assemblée pour vaincre la répugnance du roi et le décider à sanctionner les arrêtés de la nuit du 4 août. C'était, ai-je dit, toute la Révolution matérielle et sociale. Elle était consommée le 21 septembre 1789. Dès lors, le Code civil eût pu être rédigé sous Louis XVI tout aussi bien que sous Napoléon ; d'autant mieux, qu'il n'est pas une seule ligne dans ce Code qui puisse gêner le pouvoir absolu. C'est sous un maître qu'il a été rédigé ; il l'eût été mieux en 1789 qu'en 1804. Mirabeau eût remplacé Cambacérès.

On a beau dire que la suppression de tous les priviléges ne fut qu'une surprise : ce fut l'effet de la nécessité, et cette déclaration, une fois faite, devint irrévocable.

Par où l'on voit encore que les difficultés de la Révolution n'étaient pas dans les questions d'ordre civil. Celles-ci se dénouaient par la force même des choses ; la nuit du 4 août en est la preuve irréfragable.

Dès que les hommes se virent en présence les uns des autres, le vieil édifice des priviléges civils tomba en poussière, sans que personne y mît la main. Ni objections, ni discussions. Corvées, droits seigneuriaux, cens, dîmes disparurent au premier souffle. Et il ne faut pas dire que ce fut là seulement un stratagème, car de pareilles renonciations sont prises immédiatement au sérieux par les peuples. En matière de droits féodaux et de dîmes, ils savent du moins retenir entre leurs dents ce qui leur a été une fois abandonné.

Cette nuit du 4 août a été le plus souvent mal représentée. Elle est en réalité la conséquence forcée des cahiers, et cette partie de la Révolution qui se faisait d'elle-même par le concours de tous. La grande puissance de nivellement qui poussait de loin la société française, et que rien ne pouvait arrêter, eut alors son dénoûment. Resta le problème de la liberté, c'est-à-dire la difficulté tout entière.

C'est pour n'avoir pas vu ce travail de nivellement, que tant d'historiens se sont mépris sur les résultats de cette nuit. Il ne fallait plus qu'une occasion : les choses se précipitèrent d'elles-mêmes.

Point d'efforts, point de résistance ; le sentiment de l'irrésistible, de l'irrévocable ; l'ancien régime que tous désespèrent également de défendre et qui s'évanouit dans l'ombre ; un enfantement sans douleurs et sans cris ; puis une aurore inconnue qui se lève après ces ténèbres fécondes, voilà la nuit du 4 août, Pas une voix ne s'éleva pour retenir l'inégalité civile. Il y eut l'unanimité que la nécessité impose. Les hommes constatèrent la ruine plutôt qu'ils ne la firent.

II

A QUELLES CONDITIONS LES NOBLES RENONCÈRENT A LEURS TITRES

Ce sont MM. de Montmorency, de Noailles qui vinrent d'eux-mêmes proposer l'abolition des titres de noblesse. Nul doute que, dans ce moment d'enthousiasme, ils ne fussent parfaitement sincères. L'avenir s'ouvrait de tous côtés ; il renoncèrent à dater du moyen âge, parce qu'ils pensèrent que la nation entrerait avec transport dans cet esprit d'égalité et qu'en perdant un titre féodal, ils pourraient au moins acquérir le titre de citoyens.

Ce sacrifice, il est vrai, ne dura pas ; la magnanimité prit ainsi une apparence de légèreté ou de duplicité. Mais la faute n'en fut pas à eux seuls. Quelques années plus tard, quand on vit cette même nation accueillir la création d'une nouvelle noblesse et se précipiter à la recherche de nouveaux titres, cela rendit nécessairement leur lustre aux anciens ; il n'est pas étonnant que ceux qui les possédaient s'en soient souvenus, dans un temps où il ne pouvait plus y avoir de citoyens. Les anciens barons durent reparaitre, rien de plus juste. La seule chose surprenante, c'est que l'on ait pu faire admettre aux Français que l'on créait de nouveaux nobles par amour du nivellement, et que, pour favoriser l'égalité, il fallait à tout prix faire revivre l'inégalité.

Sorte de contradiction ou de non-sens, qui s'ajoute au grand nombre de ceux que j'ai déjà relevés dans la tradition française, et que le pouvoir absolu a introduits dans l'ancien régime et dans le nouveau ; car c'est l'essence de ce pouvoir de faire entrer non-seulement dans les choses, mais encore dans les esprits, tout ce qui lui est profitable. Ces sortes de maximes font partie aujourd'hui de la conscience publique. Il est bien tard pour essayer de les en arracher. Ce sont les médailles frappées d'âge en âge par le despotisme ancien et nouveau qui les a déposées et gravées dans l'esprit des Français. Car chez nous il s'est donné la peine de persuader ; il s'est fait pour cela des sophismes héréditaires. Ailleurs il s'est contenté de dominer franchement et simplement.

Soyons équitables. Quand la noblesse fit les grands sacrifices du 4 août 89 et du 21 juin 90, elle crut naturellement les faire à la liberté. Telle était la condition, la clause manifeste. Mais abandonner ses priviléges de vanité pour édifier la vanité des autres ; sacrifier ses prérogatives pour le plaisir d'être esclaves en compagnie de tous, c'est là une idée qui n'a jamais pu entrer dans l'esprit d'un homme. Otez l'esprit de liberté, les sacrifices de la Révolution, de quelque côté qu'ils viennent, peuple, bourgeoisie, noblesse, sont incompréhensibles ; cette époque entière n'a plus de sens.

En un mot, les nobles avaient accepté l'égalité à condition d'avoir la liberté, chose aussi nouvelle pour eux que pour le peuple. Mais quand la liberté disparut et que la nation retourna en un jour à son ancienne servitude, il est naturel que les nobles aient voulu se distinguer de la masse servile. Le moyen le plus simple fut de reprendre leurs titres, leurs armoiries. La perte de la liberté amena ainsi nécessairement la perte de l'égalité.

Au moment où j'écris ces lignes, le czar vient de faire franchir à la Russie sa nuit du 4 août. D'un trait de plume, sans qu'il y ait eu une goutte de sang versé, il a émancipé les serfs, appauvri les riches, enrichi les pauvres, rendu les paysans propriétaires, et cela n'a pas diminué son pouvoir absolu ; au contraire, il l'a augmenté. Par où l'on voit à nu que les révolutions civiles, même les plus radicales, n'ont rien de commun avec la liberté ; il ne faut pas croire que les premières mènent nécessairement à l'autre.

Quand le progrès matériel s'accomplit par un despote, c'est un bail quasi-perpétuel de servitude ; car tous ceux qui ont acquis quelque chose croient que le despotisme est leur meilleur garant.

Tous les éléments de la civilisation renfermée dans la notion du bien-être peuvent se développer par la vertu seule du temps. Mais ce qu'il y a de plus noble en nous, la liberté, échappe à cette nécessité aveugle. Pour y atteindre, il faut de l'âme, du courage, du caractère; là où ils manquent, l'éternité même ne pourrait produire un atome libre.

Ce qu'elle peut faire par elle-même, ce sont de joyeux esclaves, heureux de n'être rien. Voilà la félicité telle que les hommes l'ont connue et adorée dans le Bas-Empire. C'est celle qui est toujours entre leurs mains. *Felicitas temporum.*

Il est certain que, dans un siècle, les hommes seront mieux nourris, mieux couverts, mieux vêtus, plus facilement transportés. Ils posséderont, à n'en pas douter, ce qu'ils appellent une meilleure vie animale. A moins d'un cataclysme, rien n'empêchera ce progrès. Mais cette chose divine, la dignité, compagne de la liberté, il faut qu'ils la méritent pour la posséder. C'est folie de croire qu'elle les visitera, sans qu'ils fassent un pas vers elle.

III

LA RÉVOLUTION TERRITORIALE [1]

Changer la face du territoire, effacer jusqu'au nom des provinces, y substituer arbitrairement quatre-vingt-trois départements, semblait le comble de l'audace. Mirabeau lui-même pensait qu'un pareil bouleversement ne se ferait pas sans arracher des cris aux pierres, et qu'il serait nécessaire de tenir plus de compte des anciens liens historiques. Mirabeau se trompait.

Il ne fallut à l'Assemblée qu'un décret pour effacer les provinces, œuvre des siècles. Elle ne trouva dans toute la France qu'une table rase, où elle put se jouer des souvenirs, des traditions, sans rencontrer un seul obstacle, comme si la France n'avait eu aucun passé.

La Constituante put trancher impunément des membres qui paraissaient morts.

Les choses de la nature, les montagnes et les fleuves, donnèrent des noms nouveaux aux délimitations nouvelles. Et l'histoire, telle qu'elle avait

[1] Janvier 1790.

été écrite sur le territoire en traits qui semblaient ineffaçables, disparut en un moment à tous les yeux.

Ce changement, en apparence le plus grand de tous et qui paraissait au-dessus des forces humaines, s'accomplit non-seulement en un instant, mais encore sans rencontrer aucune difficulté. Les provinces s'évanouirent et n'excitèrent aucun regret.

Nul déchirement, nulle douleur en se séparant, tant les Français avaient pris en haine leur propre histoire. Pourquoi eût-on regretté les anciennes divisions territoriales? On avait tant souffert dans ces vieilles limites! Elles ne rappelaient qu'oppression, inimitié, rivalités au profit d'un maître. D'ailleurs la monarchie de l'ancien régime, en les foulant toutes également aux pieds, les avait toutes réduites en poussière. Nulle d'entre elles ne conservait un seul droit vivant. La mémoire même en était extirpée. Ces corps sans âme pouvaient donc aisément se rapprocher, se fondre, se dissoudre dans un même moule; argile inerte que l'Assemblée nationale pétrit à son gré pour en composer la figure de la France nouvelle.

L'Assemblée en fit quatre-vingt-trois départements; elle aurait pu tout aussi bien en faire cent ou cent vingt, comme le demandait Mirabeau. La matière patiente eût également obéi à l'artiste.

Ce qui dans d'autres peuples a été à peine possible par des invasions, des exterminations séculaires, des cataclysmes qui avaient aboli la géographie historique, avec la mémoire des races humaines, n'exigea en France qu'un arrêté de quelques lignes.

Dans la Grèce moderne, l'anéantissement d'une partie des peuples indigènes, le silence, le désert, la barbarie n'ont pu réussir à extirper entièrement les premiers linéaments de la configuration historique de la Grèce, dont la Messénie, l'Arcadie, l'Argolide, gardent encore aujourd'hui au moins une ombre.

De même en Italie. L'ancien dessin de l'histoire italienne a été maintenu en dépit de tous les autres changements ; encore aujourd'hui il y a une Lombardie, une Vénétie, une Toscane ; par où l'on voit que la Péninsule a conservé sa forme dans le travail des temps. Il en faut dire autant de l'Espagne, qui a encore une Castille, une Catalogne, une Andalousie ; car, chez ces peuples, aucune haine ne s'attache à leur passé national ; nul n'a cherché à l'effacer jusque dans les lignes et les diversités naturelles ou artificielles du territoire.

Deux choses opérèrent ce prodige chez les Français : premièrement le désir, qu'aucun peuple n'eut au même degré, de s'unir étroitement ; de se pénétrer, d'une frontière à l'autre, de n'avoir partout qu'un cœur et une âme ; et ce fut là une des inspirations sacrées de la Révolution. Deuxièmement, ce désir de se fondre en un seul corps trouva une singulière facilité dans le délabrement et la ruine morale où la royauté avait conduit les provinces.

Mais ici il ne faut pas tant se hâter d'applaudir, et nos historiens, qui ont félicité la royauté d'avoir préparé l'union par l'anéantissement de la vie provinciale, sont contredits par l'expérience et par la raison; car celle-ci nous apprend qu'il n'est jamais bon pour un peuple qu'une de ses forces vitales soit extirpée; nous savons d'autre part que le mal a produit le mal, et non le bien.

Si, en effet, il a été plus facile à la Constituante de rapprocher des membres morts, son but était néanmoins de leur rendre la vie morale et politique. Voilà ce qu'elle a voulu et dû vouloir. Mais c'est là aussi ce qui lui a été impossible; et nous verrons bientôt qu'une des causes de calamité pour la Révolution est venue précisément de ce que les provinces, n'ayant pu se ranimer instantanément à la vie publique, sont restées à la merci de la capitale, où tout a dû se concentrer.

Ainsi cette Révolution immense n'a eu qu'un seul foyer; celui-là éteint, tous les autres devaient l'être à la fois; un certain équilibre, dont ne peuvent se passer les peuples même dans leurs plus grandes ivresses, a presque toujours manqué; le colosse à la tête prodigieuse a gardé des pieds d'argile.

Le mal que l'ancien régime avait fait aux provinces en les exténuant est donc resté le mal; il n'a pu être corrigé par les combinaisons et le scalpel de la Constituante. Aujourd'hui même, après soixante-dix ans, je ne saurais dire encore si ces membres refroidis pendant des siècles ont commencé réellement de revivre!

IV

SI LA DESTRUCTION DES LIBERTÉS PROVINCIALES DANS L'ANCIEN RÉGIME A PRÉPARÉ LES LIBERTÉS NOUVELLES

Voici un point constant dans notre ancienne histoire. A mesure que de nouvelles provinces étaient annexées à la France par la conquête ou par les traités, elles perdaient leurs anciens droits et n'en acquéraient pas de nouveaux. En vain réclament-elles des libertés qui leur ont été assurées par les capitulations, elles ne peuvent en retenir même une ombre. Tout au plus obtiennent-elles que leurs droits seront *suspendus*, et non abolis. Mais cette différence se réduisait à un mot, puisque les garanties une fois suspendues ne reparaissaient jamais.

Après quelques murmures, les peuples ainsi fraudés se taisaient, soit que l'avantage d'être attachés à un grand pays ne leur semblât pas être acheté trop cher par l'abandon de leurs anciens droits, soit que l'exemple de la soumission et de la servitude des autres fût contagieux et parût la seule règle légitime. Chose singulière, on ne pouvait faire partie de la France qu'en se voyant réduit à une condition très-voisine de l'esclavage ; pourtant on consentait à cet échange ; on s'y prêtait sans doute aussi parce qu'on se sentait associé à de grandes destinées et que l'avenir devait tout réparer au centuple.

Je n'ai fait qu'entrer dans l'histoire de la Révolution ; déjà je marche au milieu des sophismes accoutumés qui s'entre-croisent pour me fermer la route.

J'ai vu presque tous nos historiens applaudir à la destruction des libertés provinciales dans l'ancien régime. Il était bon, suivant eux, que tout fût réduit en poussière ; cela devait rendre plus facile la tâche de la Révolution.

Ce sophisme, je suis obligé de le contredire dès les premiers pas, puisqu'au contraire la province qui se souvint en 88 et 89 de ses libertés locales fut la première qui donna naissance à la Révolution. C'est en évoquant le souvenir de ses assemblées locales, de ses droits historiques, que le Dauphiné donna l'exemple de la résistance contre l'ancien régime. C'est par là qu'il fournit un premier levier à l'opinion nouvelle ; il fit plus : il donna une forme, une règle que toute la France suivit. La petite assemblée provinciale de Vizille fut le germe de l'Assemblée nationale. Ce premier groupe attira un moment tous les yeux ; il fallait un embryon qui en se développant pût devenir la Révolution. Les états du Dauphiné, plongeant profondément dans le passé, furent le germe. Tant il est vrai que la liberté ne peut se passer d'ancêtres. Si l'on parvenait à effacer la mémoire, on étoufferait l'avenir.

V

ABOLITION[1] DES PARLEMENTS ET DU RÉGIME DES INTENDANTS

Je ne pourrai jamais assez redire, et la postérité ne voudra jamais croire avec quelle rapidité l'ancien régime a croulé, dès qu'on y a porté la main dans la Constituante. Il ne s'est pas trouvé un défenseur de l'ancienne organisation territoriale, administrative ou judiciaire. La royauté, la noblesse, le clergé ont assisté à ces écroulements, sans s'y opposer par une seule parole. La carte du territoire est refaite : nul ne s'en étonne; c'est Louis XVI qui dessine de sa main la géographie nouvelle de la France.

De même, qui eût jamais pensé que ces vieux parlements, qui avaient rempli notre histoire de leurs débats, de leurs ambitions, de leurs plaintes, de leurs dominations ambiguës, fussent renversés un jour sans trouver dans les trois ordres une seule voix pour les défendre ou pour les regretter? Pourtant il en fut ainsi. On ne leur fit pas même leur procès. Dès qu'il s'agit d'eux, ils disparurent à la

[1] Mars, avril, mai 1790.

première parole de Thouret, rapporteur de la loi sur l'organisation judiciaire ; la question ne se posa jamais si l'on devait en conserver même une ombre.

Un an auparavant, on eût dit qu'ils étaient inséparables de l'idée de justice en France, tant leurs racines étaient profondes dans le passé, tant leurs prétentions étaient invétérées ; et, au premier souffle, ils s'évanouirent sans que jamais personne ait entrepris seulement de leur adoucir la chute. Deux ou trois parlements de province, celui de Bordeaux par exemple, essayèrent de refuser d'enregistrer la loi qui les anéantissait ; cette protestation, aussitôt retirée par la peur, parut odieuse et ridicule ; elle ne servit qu'à montrer l'unanimité de la France à vouloir les détruire.

J'en dis autant de l'organisation administrative. La royauté ne trouva pas un mot pour défendre le régime et la centralisation des intendants. Ceux-ci furent condamnés dès qu'on eut rappelé leur nom ; une telle unanimité sur ces matières donne une grande majesté aux délibérations de la Constituante, en tout ce qui touche à l'organisation civile. On croit assister aux discussions d'un corps savant ; cependant l'orage gronde à la porte. Sur chacun de ces points fondamentaux, il semble que la parole même de la civilisation s'impose à tous ; les uns la subissent par entraînement, les autres par nécessité ou par un sentiment d'équité ; car il ne faut pas méconnaître, dans l'ordre de la noblesse, ceux que la philosophie ou une générosité naturelle avait gagnés aux intérêts même de leurs adversaires. Une chose est constante, tous paraissaient s'unir dans l'évidence.

Parmi tant d'hommes de loi qui formaient la représentation du tiers à la Constituante, il n'y en eut pas un seul qui eût seulement l'idée de représenter ce qui avait été l'âme des légistes dans l'ancien régime, c'est-à-dire l'émanation de tous les pouvoirs, du pouvoir royal.

Là fut la vraie Révolution ; elle était au fond même des esprits.

Il est frappant en effet que, dans une si nombreuse assemblée d'hommes de loi, le tempérament français parut entièrement changé ; car il ne se trouva personne pour soutenir les vieilles idées dont s'étaient nourris pendant tant de siècles les juristes, et qui avaient été le fléau de l'esprit français, je veux dire : les théories du Bas-Empire sur le pouvoir.

Si donc l'on me demandait en quoi le changement fut le plus grand de 89 à 91, je n'hésiterais pas à dire que ce fut dans cette rupture absolue des hommes nouveaux avec la tradition byzantine et impériale, qui depuis Charles V jusqu'à Louis XVI avait été la tradition constante de l'ancien régime.

Là je saisis l'esprit même de la Révolution. Le principe byzantin sur lequel les légistes, d'accord avec la royauté, avaient assis l'ancienne société, ce principe qu'une fausse érudition et un jugement altéré, chez nos historiens, ont rétabli de nos jours, s'effaça de toutes les lois, grâce à l'œuvre de la Constituante. Elle y procéda avec une sûreté, une unanimité, une force invincible, qui ôtait jusqu'à l'idée d'une résistance.

A mesure que ces principes byzantins étaient extirpés de notre organisation (et tout le monde alors y concourait), l'esprit moderne apparaissait de lui-même sous cette rouille empruntée. Les discussions de la Constituante sur ces points n'étaient jamais des combats. La lutte ne pouvait s'engager sur ce terrain. Il n'y avait entre les orateurs que des questions de nuance. Quant au principe nouveau, il n'était jamais mis en doute.

Mirabeau, La Fayette, Thouret, Rabaud Saint-Étienne, Chapelier, Target, Duport, Sieyès, Tronchet, furent les pères de la liberté, tous unanimes en ceci, qu'ils crurent que les Français la voulaient ; et s'il est vrai qu'ils se sont trompés, qui n'aurait été trompé comme eux ? qui ne se serait fié à la vérité de tant de démonstrations nationales, à la durée de tant de serments, à la sincérité de tant de promesses, à la sûreté de la parole de vingt-six millions d'hommes ? Si ce fut une illusion, avouons qu'il n'y en eut pas dans le monde de plus excusable; et si ce fut un piége tendu par une nation à quelques-uns, avouons que la gloire est pour ceux qui se sont laissé abuser, et qu'ils ont gagné à cette embûche une mémoire immortelle. Ah ! qui oserait se plaindre jamais de souffrir pour la liberté, quand ceux qui ont voulu la fonder ont payé si cher leur crédulité!

VI

OÙ ÉTAIT LA DIFFICULTÉ DANS LA RÉVOLUTION ?

Ainsi tout était facile, tout s'accomplissait de soi-même, tant que l'on ne touchait pas au pouvoir. Les choses, les lieux, les souvenirs, les intérêts, les priviléges, les parentés et les hostilités de race, les idiomes même, tout cédait. La Révolution était faite. Mais le jour où l'on voulut la liberté politique tout changea, et l'on sembla se mesurer avec l impossible. Alors naquirent les tempêtes. On parut s'insurger contre la nature des choses.

La difficulté dans les affaires humaines n'est pas le côté matériel ; il se développe, pour ainsi dire, inévitablement par une force cachée ; je ne vois pas qu'à aucune époque, l'homme ait eu besoin de s'armer de tant de tonnerres pour s'élever d'un degré dans la richesse ou dans le bien-être. Du moins n'y a-t-il pas de révolution dans le monde qui ait été entreprise pour cette seule conquête.

Mais qu'il en coûte pour faire avancer l'homme d'un seul pas dans l'ordre moral ! Là est vraiment l'obstacle. Si vous prenez l'une après l'autre toutes les révolutions, vous verrez que les plus grandes se sont proposé de changer l'homme intérieur.

Déplacer les choses n'est pas ce qu'il y a de plus malaisé ; mais déplacer les sentiments, en acquérir de nouveaux, s'enrichir dans les choses invisibles, là est le problème. Un sentiment non encore éprouvé, une manière nouvelle de considérer la vie, c'est pour cela qu'il a fallu franchir des torrents de sang.

« Voulez-vous donc savoir si une révolution a réussi ou non, ce ne sont pas les choses qu'il faut regarder, c'est l'homme ; car c'est pour lui que la révolution a été faite. Si vous trouvez qu'il n'a pas été transformé au dedans, que son intérieur n'a pas été modifié, dites hardiment de cette révolution qu'elle n'est pas achevée ou qu'il y a été infidèle.

Il n'est rien au monde sur quoi les Français se fassent plus d'illusion que sur ceci : ils voient les choses changées autour d'eux, et ils en concluent que les principes fondamentaux de leur Révolution ont acquis une pleine victoire. En cela, ils se contentent trop aisément.

La vérité est que le développement matériel s'accomplit par une sorte de végétation à laquelle rien ne peut s'opposer. Les choses se transforment, elles se déplacent par la vertu seule du temps. Par exemple, il y avait déjà avant la Révolution une foule de petits propriétaires. Selon Necker, le tiers des terres leur appartenait. Aucune puissance n'était en état de s'opposer dans la division de la propriété à cette progression. Elle s'accomplissait en dépit de tous les événements, par la seule raison que ce mouvement avait commencé en dehors de la politique ; il fut accéléré par la Révolution, mais il n'était pas besoin de la Révolution pour autoriser ce qui s'était préparé sans elle.

C'est sans doute pour cela que les amis de la liberté, en France, font quelquefois si aisément des aveux désespérés. L'un d'eux regrette que la Révolution ne se soit pas accomplie au nom du pouvoir absolu. Il pense qu'un despote eût été moins destructeur de l'esprit de liberté que ne l'a été le génie de la nation elle-même. On ne peut guère faire une déclaration qui ressemble mieux à une satire [1].

Un autre esprit non moins indépendant [2] conclut qu'il vaudrait mieux pour nous être encore à la veille de 89, et qu'ainsi la Révolution n'a servi qu'à créer de nouveaux obstacles à la liberté.

C'est aller trop loin dans le désespoir. Gardons-nous-en autant que de l'infatuation. Il suffira de

---

[1] « J'incline à croire qu'accomplie par un despote la Révolution nous eût laissés peut-être moins impropres à devenir un jour une nation libre que faite au nom de la souveraineté du peuple et par lui. » Tocqueville, *l'Ancien Régime et la Révolution*.

[2] Jean Reynaud, *Vie de Merlin de Thionville*, p. 132.

dire, pour être vrai, qu'en retranchant les grandes crises de la Révolution, voici les résultats que l'on ne pouvait manquer d'obtenir par l'efficacité seule du temps, puisqu'ils étaient dans les vœux de tous : égalité de l'impôt, accession de tous aux emplois, la propriété de plus en plus divisée, la noblesse réduite à des priviléges honorifiques, la liberté de conscience, des assemblées à certains intervalles.

En se bornant à ces vœux, il n'était pas besoin de tant de prodiges. Ce sont précisément les résultats auxquels ont été réduits les Français après quatre-vingts ans. Il n'y avait qu'à laisser faire les assemblées provinciales de 87. Elles eussent donné, sans tant de fracas, le droit civil sans le droit politique.

Cazalès se plaignait qu'il n'eût fallu que *trois quarts d'heure* pour changer de fond en comble le droit civil des Français. Rien n'est plus vrai. Le 24 février 1790, il avait suffi à la Constituante de quelques instants pour décréter l'égalité de partage dans les successions, ce qui était toute la révolution civile. Le droit d'aînesse avait été aboli, le même jour, sans une seule protestation de la noblesse.

Le principe absolu de l'égalité une fois consacré, restait à y conformer le droit de tester ; on attendit jusqu'en avril 1791 ; l'impatience était calmée, depuis que le fond de la question était résolu. Un discours de Mirabeau fut apporté le 2 avril 91 et lu dans l'Assemblée, peu d'heures après sa mort; ce discours parut comme le testament de ce grand esprit; et il eût écarté toutes les objections, s'il en était resté. Mais il n'y en avait pas; le tombeau de Mirabeau fut la pierre angulaire de la Révolution civile.

Ainsi, l'égalité dans les successions, cette âme de nos lois civiles, qui à elle seule referait la France nouvelle, si celle-ci pouvait être extirpée, fut plutôt proclamée par Tronchet que discutée. Nul obstacle sérieux. Elle entra, comme la nécessité même, dans nos codes; si j'en juge par le silence d'acquiescement de la noblesse (en 1790), il n'est pas prouvé qu'elle n'y fût aussi bien disposée que la bourgeoisie. Les *trois quarts d'heure* de Cazalès avaient effacé l'œuvre du moyen âge.

Tant il est vrai qu'il faut toujours en revenir à ceci : les questions de religion et de politique, c'est-à-dire de liberté, ont seules déchaîné les orages; c'est pour elles seules que le sang a coulé, c'est pour elles que les hommes ont enduré cent fois pis que la mort.

Lors donc que les Français oublient si aisément la liberté, il supplicient une seconde fois ceux qui sont morts pour elle.

LIVRE CINQUIÈME

LA RELIGION

1

UNE LACUNE LAISSÉE PAR MONTESQUIEU

Voulez-vous voir combien le génie d'un grand homme, s'il manque en un point, laisse de vide dans la postérité ? Considérez Montesquieu. Seul, peut-être, il eût pu éclairer les hommes du dix-huitième siècle sur les rapports de la religion et de la politique. N'ayant pas tourné son esprit de ce côté, il s'en est suivi une lacune que rien jusqu'ici n'a comblée. Après tant de livres, tout est encore nouveau sur cette matière.

Ce défaut dans la conception de Montesquieu a pris surtout d'immenses proportions dans la Révolution française. Personne n'étant orienté, quand on en vint aux questions de ce genre, il fallut s'y engager sans guides, sans conseillers, et nécessairement à l'aveugle. De là d'inextricables labyrinthes, et point de fil conducteur. Nous n'en sommes pas sortis.

Essayons de poser quelques jalons dans une route où la nation française a failli périr, faute d'avoir été précédée par ses guides naturels, les écrivains du dix-huitième siècle. J'ai déjà éprouvé combien il est difficile de toucher à ces cendres brûlantes ; il est presque impossible d'y faire un pas, si l'on n'y est aidé par la bonne foi du lecteur.

La tolérance est l'esprit même de nos temps ; c'est l'idée sans laquelle la société moderne ne peut se concevoir. Mais comment y arriver en 89 ?

Les hommes ne s'élèvent pas du premier coup à l'idée de la liberté des cultes. C'est au contraire la dernière égalité à laquelle ils atteignent ; souvent, ceux qui ont commencé par là n'en ont eu que le mot.

Il y a deux manières de résoudre les questions religieuses : ou l'interdiction, ou la liberté. La Révolution n'a employé ni l'un ni l'autre de ces moyens.

Les révolutionnaires proscrivaient, en fait, les cultes, et ils gardaient, en théorie, la tolérance ; ce qui leur ôtait à la fois l'avantage que les modernes tirent de la tolérance, et l'avantage que les anciens ont tiré de la proscription.

L'idée qui prévaut de nos jours dans les esprits et qui est la véritable, la séparation de l'Église et de l'État, était celle dont on était le plus loin en 1789. La déclaration de Mirabeau et des constituants que le catholicisme est la religion nationale, que ce serait un crime de supposer un moment le contraire, excluait tout d'abord la pensée de séparer l'État et la religion.

Dès lors, on se trouva jeté dans les contradictions et les impossibilités. Chaque pas ne servait qu'à éloigner du but. Exemple mémorable qu'en certains cas l'homme n'atteint la vérité qu'après avoir épuisé le faux.

II

UN PEUPLE PEUT-IL VIVRE SANS RELIGION ET SANS PHILOSOPHIE ?
PROFESSION DE FOI DU VICAIRE SAVOYARD

Tous les changements qui avaient éclaté chez d'autres peuples étaient le développement d'une certaine institution du passé. La Révolution d'Angleterre s'appuie sur l'Église anglicane ; celle des États-Unis, sur les traditions presbytériennes ; celle de Hollande, sur la foi nouvelle dans le calvinisme ; ainsi des autres. En France, la Révolution ne peut être le développement ni de la royauté, ni de l'Église. Ne pouvant adapter l'édifice nouveau à aucune des pièces importantes de l'édifice ancien, il s'agit de chercher une base qui n'ait rien de commun avec la tradition. Là est la grandeur, la sublimité, et en même temps le péril de la Révolution française.

Comme l'ancienne Église ne fournissait la base d'aucune des innovations, on se trouva par la force des choses contraint de chercher ce fondement dans la philosophie. Pour la première fois dans le monde, la philosophie dut tenir lieu d'institution, de croyance et d'archives. Elle avait jusque-là fécondé, remué quelques rares esprits dans la solitude ; il fallait qu'elle descendît sur la place publique, qu'elle devînt l'âme même, ou plutôt l'Égérie d'un peuple

Par ce peu de mots, on voit déjà combien tout était nouveau, et quelle expérience inouïe allait se faire sur une nation.

Il fallait que la philosophie transformât l'ancienne religion, ou que la philosophie devînt elle-même la religion du peuple nouveau. Mais que de questions naissent aussitôt ! Un système d'idées pures peut-il servir d'aliment à un peuple ? La vérité toute nue, supposé qu'on l'eût trouvée, peut-elle véritablement suffire aux multitudes ? Cela s'est-il vu ou se verra-t-il jamais ?

Après avoir rencontré de telles questions, par lesquelles s'ouvre la Révolution française, le plus grand malheur serait de ne pas même les pressentir ; c'est ce qui arriva.

On a dit que l'époque où la vérité philosophique apparaît aux peuples marque en même temps leur décadence. Chez les anciens, la raison d'une chose si extraordinaire n'est pas difficile à trouver. Quand la vérité apparut dans les écoles, elle dégoûta le peuple de ses idolâtries. Il comprit assez la vérité pour sentir ce qu'il y avait de faux dans ses croyances, et ne tarda pas à en avoir honte et à les abandonner. Dans ce sens, il est très-exact de dire que Socrate et Platon, pour avoir rencontré un dieu meilleur, ont corrompu le paganisme et avec lui le monde antique ; car la plupart des hommes qui s'étaient dégoûtés de leur ancien culte ne purent s'élever à la région pure des idées. Ils se trouvèrent privés de religion, sans avoir acquis aucune philosophie, ce qui est la pire condition où l'homme se puisse imaginer ; par là s'explique la décadence du monde antique. Il s'était assez affranchi de l'erreur pour la quitter, il ne s'était pas assez épris de la vérité pour l'épouser.

C'est là ce qu'on voit encore de nos jours, chez les peuplades sauvages auxquelles on présente, avec le christianisme, un système et un ordre supérieur à celui qu'ils ont jamais pu concevoir. Cet ordre nouveau les trouble, ils ne peuvent y atteindre ; mais ils en voient assez pour perdre la foi qu'ils avaient mise en leurs fétiches ; dès lors, incapables également de rester dans l'ordre ancien et d'entrer dans le nouveau, il ne leur reste qu'à désespérer et à mourir.

Ainsi, la grande expérience qu'allait tenter pour l'espèce humaine le peuple français se réduisait à ses termes : puisque le renouvellement de l'ordre moral ne naissait pas des croyances, cette régénération s'accomplira-t-elle par les seules idées ? La philosophie deviendra-t-elle une religion pour le peuple ? Franchira-t-il sans trouble, sans défaillance, l'immense intervalle qui sépare la foi de ses pères et les conceptions des philosophes ? Le chemin que ceux-ci ont eu tant de peine à parcourir en plusieurs siècles, le peuple le fera-t-il en un jour ? Il l'a du moins tenté ; ce sera là éternellement la marque souveraine de la Révolution française.

Au fond, toutes ces questions étaient renfermées dans celles-ci : 1re La France peut-elle changer de religion ? 2e Quelle religion la France peut-elle adopter ? 3e Les Français peuvent-ils vivre en corps de peuple sans aucune religion ?

Un des signes étranges de ces temps, c'est qu'aucune de ces questions, qui contenaient pourtant en substance tout l'avenir, n'ait été ouvertement posée par le dix-huitième siècle. Un seul écrivain, J.-J. Rousseau, a abordé cet ordre d'idées dans la *Profession de foi du vicaire savoyard*. Il semble qu'il avait en lui ce qui était nécessaire pour donner un *Credo* à la Révolution. Ses paroles étaient acceptées presque sans examen ; il inspirait la foi, plutôt que la persuasion. Aucun philosophe n'avait exercé à ce point l'autorité du prêtre. A cela, ajoutez une considération qui frappe. La *Profession de foi du vicaire savoyard* contient en germe les principes qui constituent l'Unitarisme en Amérique ; nulle différence essentielle entre le livre du philosophe et la croyance religieuse d'une partie des États-Unis. Comment le même fonds d'idées qui a produit une religion de l'autre côté de l'Océan, et qui s'y concilie avec la société nouvelle, comment ces mêmes idées, produites avec l'éloquence, l'autorité d'un philosophe prêtre, sont-elles restées à peu près stériles parmi nous ? Je vois de ce côté de l'eau un livre pour lequel tout le monde se passionne et qui ne produit qu'un enthousiasme stérile, et de l'autre côté, les mêmes pensées, sans art ni séduction, enfanter un système religieux qui grandit et s'étend à vue d'œil.

Pourquoi cette différence ?

Je crois en trouver la raison dans les conclusions mêmes du *vicaire savoyard* :

« Dans l'incertitude où nous sommes, c'est une inexcusable présomption de professer une autre religion que celle où l'on est né. »

Ainsi, point de révolution religieuse, point de changement dans le culte établi, voilà la pensée que Rousseau lègue à la Révolution politique qu'il prépare. Chacun doit demeurer dans le système où le hasard l'a placé.

Mais, s'il n'y a point de changement dans l'Église établie, comment concilier cela avec ces idées si nouvelles, avec cet esprit de bouleversement que le vicaire savoyard vient de montrer dans son discours ? Comment allier une *profession de foi* si inouïe dans l'Église, ou, pour mieux dire, une telle révolte avec le maintien de l'ancienne Église?

Dans la réponse à cette question est le secret que je cherche : — « Autrefois, je disais la messe avec la légèreté qu'on met à la longue aux choses les plus graves, quand on les fait trop souvent ; depuis mes nouveaux principes, je la célèbre avec plus de vénération... Je suis avec soin tous les rites, je récite attentivement, je m'applique à n'omettre jamais ni le moindre mot, ni la moindre cérémonie... Je prononce avec respect les mots sacramentels, et je donne à leur effet toute la foi qui dépend de moi... J'ai longtemps ambitionné l'honneur d'être curé ; je l'ambitionne encore, mais je ne l'espère plus. Mon bon ami, je ne trouve rien de si beau que d'être curé... Je pense que solliciter quelqu'un de quitter la religion où il est né, c'est le solliciter de mal faire, et par conséquent mal faire soi-même. »

Un curé qui dit la messe sans croire ni à l'Évangile, ni à l'Église, ni à la papauté, ni à la tradition, ni même à la divinité de Jésus, et qui se contente de laisser penser qu'il y croit, voilà donc l'idéal de réformation que J.-J. Rousseau propose à la Révolution qui le suit ! Que tout cela est artificiel et cède à la première épreuve ! Faire croire que l'on croit, c'est le point de départ ; d'ailleurs, aucun changement extérieur; l'idée protestante dans la machine catholique. Comme s'il n'y avait aucun rapport entre les idées et les rites! entre les sentiments et les signes, entre les croyances et les formes!

Cette chimère d'un curé catholique qui célèbre avec plus de ferveur tous les rites catholiques depuis qu'il a cessé d'y croire, et qui avec cela reste l'homme de bien par excellence, appartient à un romancier plutôt qu'à un législateur. Au point de vue de la morale, quelle étrange conscience de garder un masque toute sa vie! et au point de vue de la politique, quelle idée fausse de s'imaginer qu'on puisse bouleverser l'intérieur des choses sans rien changer au dehors! Comme si en laissant la surface, l'habit, la cérémonie au vieux culte, on ne lui laissait pas ce qu'il y a d'essentiel pour le plus grand nombre, et avec la surface le moyen de regagner le fond!

Tout ébranler, pour ne rien changer dans l'ordre moral, telle est la conclusion du vicaire savoyard, projet chimérique s'il en fut jamais au monde.

Qu'arrivera-t-il si, au lieu d'un individu, c'est une nation, une Révolution qui s'embarque sur cette idée romanesque?

Outre la contradiction dans laquelle on jetait l'esprit humain et la duplicité qui en naissait naturellement, il y avait une impossibilité qu'il suffit de signaler pour la démontrer. En admettant qu'il se trouvât des individus pour jouer le rôle étrange du prêtre qui ne croit pas à l'autel, n'est-il pas visible que l'influence sociale de ces individus eût été nulle en comparaison de celle de l'institution qui restait inébranlable? Qu'importe à la marche générale des choses qu'un homme, un curé de campagne, dans le secret de son cœur, admette des interprétations nouvelles, s'il ne dit rien de clair sur ces interprétations, si l'Église à laquelle il reste soumis maintient les anciens dogmes dans leur forme immuable? Qu'est-ce que cette voix isolée, tout intérieure, en comparaison de la voix éclatante et de l'autorité visible de la tradition sacerdotale?

Si le *prêtre nouveau* ne dit rien de ses croyances nouvelles, qui en profitera, qui les connaîtra seulement? S'il les enveloppe, s'il les déguise sous les rites anciens, s'il proclame à tout moment sa soumission, comment le peuple, *ces hommes simples*, pourront-ils découvrir une révolution cachée sous ce déguisement antique? Comment comprendront-ils que ce *vicaire* idéal donne à chaque mot un démenti à son Église, quand il ne change rien aux rites, aux paroles, aux signes qu'elle a institués? Il leur faudrait pour cela une divination prophétique; car le plus grand mystère de cette forme nouvelle de religion serait le prêtre qui voudrait l'établir.

Voilà donc une révolution religieuse qui s'accomplirait sans que personne en eût conscience! Un malentendu éternel en serait le fond. Le peuple, en voyant les anciennes cérémonies, les anciens sacrements, resterait persuadé que l'ancien dogme est conservé. Le prêtre seul aurait le secret des changements qu'il y apporte dans son for intérieur; il n'aurait fait de révolution que pour lui-même; le reste du monde n'en saurait rien.

Ainsi, un immense trouble jeté dans la conscience humaine, et, en résultat, nulle innovation véritable. Je vois sur les traces du vicaire savoyard toutes les croyances minées, tous les dogmes ébranlés, un immense bouleversement de la tradition. Ce que le vicaire savoyard touche de ses mains, il le renverse jusque dans le fond des abimes. Ce ne sont partout que ruines du vieux culte; la terre même chancelle et s'entr'ouvre à chaque pas; les livres, les institutions disparaissent les uns après les autres. A mesure que je suis ce guide, ce révélateur de l'esprit nouveau, les croyances, les traditions, les monuments s'évanouissent comme l'ombre; et lorsqu'au sortir de ce pèlerinage à travers tant de débris, je crois atteindre un ciel nouveau, lorsque j'espère, sinon embrasser l'avenir, du moins avoir franchi le passé, qu'arrive-t-il? Le vicaire savoyard m'a ramené au seuil de la vieille Église; il me fait rentrer dans ce cercle du moyen âge que je croyais avoir franchi pour toujours! Et tant d'efforts pour en sortir, tant d'angoisses, tant de témérités, une si longue sueur de sang, tout cela se trouve inutile; il faut revenir après mon guide dans la cité des morts. Je me vois de nouveau au point de départ, scellé, enseveli dans l'ancienne lettre que je n'ai pas brisée, mais plus misérable, plus triste qu'auparavant. Tel le prisonnier qui, après avoir essayé vainement de franchir la dernière barrière, rentre à pas lents, la tête baissée, le désespoir au cœur, dans son cachot.

III

QUE DEVIENDRAIT UN PEUPLE QUI ADOPTERAIT LA PROFESSION DE FOI DU VICAIRE SAVOYARD ?

Par là, je commence à pressentir ce que deviendrait une révolution qui s'engagerait aveuglément sur les pas du vicaire savoyard et qui ferait de sa profession de foi le livre de la loi. J'imagine qu'elle montrerait d'abord une extrême audace; elle regarderait avec mépris chacune des révolutions passées; et sur cela le genre humain croirait qu'elle ne laissera rien debout sur la terre. Ce peuple aurait des moments où il semble peser dans ses mains Dieu lui-même. On dirait alors que toutes les choses célestes restent suspendues en attendant le jugement de la place publique. Un oui ou un non qui sortira de la bouche de ces hommes décidera la question; ils jouent à croix ou pile l'éternité; et la nature se tait jusqu'à ce que le jeu finisse.

Ce peuple entasserait dans le monde visible autant de ruines que le vicaire savoyard dans le monde invisible. Mais, comme le vicaire savoyard, le moment vient où il chancelle; il se trouble, une partie des ruines qu'il a faites se relèvent derrière lui. Il ne sait plus s'il ne faut pas rebâtir ce qu'il a démoli. Aucun de ses pas n'est irrévocable. Après avoir étonné le monde de ses audaces, il peut fort bien l'étonner de sa timidité; pour conclure, il n'est point impossible qu'après avoir parcouru, comme le vicaire savoyard, les champs illimités de l'avenir, il ne revienne comme lui tristement, humblement, s'asseoir dans la cité des morts.

Pour cela, que faudrait-il? Qu'avec le prêtre de Rousseau, on allât se persuader qu'il suffit, pour renverser l'ordre moral, de changer les individus sans toucher à l'institution. Car l'esprit des individus passe, l'esprit de l'institution demeure. Si l'idée de changer le monde par l'influence du *bon prêtre*, sans rien changer à l'Église, entre dans la tête des chefs de la Révolution, tout leur semblera d'abord très-facile. Ils croiront avoir fait une découverte dans l'humanité; ils s'épargneront les grandes difficultés qu'ont rencontrées les hommes avant eux. Rien ne paraîtra plus aisé que la régénération sociale, tout le monde y prêtera d'abord les mains. Qui voudrait s'opposer à une régénération philosophique et religieuse, si elle n'oblige pas à un seul changement dans la vie extérieure et ne doit déplacer ni un rite, ni une cérémonie? Mais cette facilité apparente ne tarderait pas à tromper l'univers. On réputera la révolution faite lorsqu'elle ne sera pas même commencée.

A mesure que les difficultés paraîtront, les uns arriveront incontinent au découragement, les autres à la fureur. Comme personne ne sera préparé à la lutte, les coups le plus souvent tomberont au hasard. Tout sera frappé, déraciné, excepté la cause première du mal.

C'est-à-dire que cette révolution ne sera pas orientée, ou plutôt elle le sera sur un écueil. Il lui manquera une de ces idées simples et suprêmes qui illuminent les ténèbres. Rousseau n'a fait luire qu'un flambeau incertain ; on jugera la révolution sociale aisée, parce qu'on aura éludé la révolution religieuse. A force de vouloir rendre cette régénération facile, on la rendra presque impossible.

Autre dogme du vicaire savoyard : « Je regarde toutes les religions particulières comme autant d'institutions salutaires. Je les crois toutes bonnes quand on y sert Dieu convenablement. »

C'est là une des idées qui s'empareront le mieux des esprits et qui, se glissant dans le génie des plus intrépides novateurs, ôteront jusqu'au désir même d'une réforme religieuse.

Il est évident que, si cette conclusion de Rousseau eût été la loi de l'humanité, aucun changement profond, irrévocable, ne se serait jamais accompli sur la terre. Le christianisme, jugeant le paganisme chose salutaire, excellente, se serait bien gardé de prétendre à le remplacer.

La Réforme au seizième siècle, usant du même principe, n'aurait pas même conçu la pensée d'enlever le monde au catholicisme. Mais les religions et les formes qui enveloppent l'idée de Dieu étant toutes réputées égales, il n'y aurait aucune raison pour que l'une se substituât jamais à l'autre; ce qui condamne le monde et l'histoire à une immobilité absolue.

Je vois dans cette profession de foi Jupiter consacré par le Christ, l'augure par l'apôtre, le pape par Luther; ou plutôt aucune de ces différences dans la conception religieuse, qui marquent autant de nouvelles époques dans le monde civil, ne se serait rencontrée.

La pensée humaine, au lieu de graviter vers la lumière dans la région des vérités éternelles, aurait commencé par l'indifférence et s'y serait assoupie. Si toutes les idées sont égales, pourquoi abandonnerais-je l'une pour embrasser l'autre?

Pourquoi abjurer Jupiter et les autres dieux?

Il suffirait, en les conservant, d'adopter l'interprétation secrète de Platon ou de Julien. Pourquoi sortir du moyen âge? Pourquoi au seizième siècle se séparer de la papauté? Pourquoi tenter des formes nouvelles? C'est assez, en conservant les anciennes, d'y appliquer en secret un autre esprit.

Voilà donc toutes les révolutions condamnées dans le passé? J'admire qu'en même temps que le vicaire savoyard déchaine les puissances intérieures qui poussent au changement, il condamne la terre à une immobilité éternelle, et je crois découvrir ici la cause de tant de stérilité au milieu d'efforts si magnanimes. Rousseau jette dans les fondements de la Révolution française une idée fausse. Or ces idées peuvent ébranler le globe, mais il n'y a que la vérité qui germe.

Les Français, n'ayant pu accepter les avantages de la révolution religieuse du seizième siècle, ont été entraînés à les nier. Étrangers à la réforme, ils en ont conclu que le protestantisme qu'ils avaient repoussé n'était en rien supérieur au catholicisme qu'ils avaient gardé ; par là, à combien de fausses vues n'ont-ils pas été entraînés dans la théorie et la pratique des grandes affaires !

Un écrivain, de nos jours, semblait fait pour tout éclairer d'une lumière sereine, impartiale ; l'auteur de la *Démocratie en Amérique* n'a pu cependant s'affranchir de cet étroit horizon où la pensée française est encore à moitié emprisonnée, en dépit des coups répétés de l'expérience ; il dit d'une manière générale que la liberté des États-Unis est due à la religion. Mais quelle religion ? Sont-elles donc toutes égales ? ont-elles toutes le même génie, le même caractère ? est-ce donc la théocratie romaine qui a fait les États-Unis ? Combien cette pensée confuse d'un homme si judicieux a ajouté encore au trouble des intelligences sur le point d'où dépendent tous les autres ! En confondant, brouillant le tempérament des religions, il lui a été impossible de s'expliquer pourquoi, à mesure que le catholicisme augmente dans une nation, la liberté y diminue. Au lieu d'en chercher la cause, il n'a pu témoigner que sa surprise [1].

Mettre toutes les religions, tous les cultes, toutes les conceptions de la vie infinie sur le même plan [2], c'est une erreur de perspective dans la représentation idéale du temps. Nulle erreur n'est plus enracinée dans l'esprit des Français. Souvenez-vous de ces peintres du moyen âge, qui jetaient pêle-mêle sur le même plan les divers objets de leur tableau ; l'homme, la maison, l'arbre, l'océan, se superposaient l'un à l'autre ; il en sortait une confusion inextricable où l'harmonie ne pouvait naître. Il n'y avait ni intervalle, ni proportion réglée entre les choses ; quoique belles, prises individuellement, elles semblaient jetées au hasard, et se combattre l'une l'autre. Aucune ne paraissait avoir trouvé sa vraie place ; elles se disputaient, dans une sorte de chaos, l'air, l'ombre, le jour. Des milliers d'années auraient pu se passer ainsi, sans

---

[1] M. de Tocqueville, *Lettres*.

[2] Je demandais à une femme ce qu'elle pensait de la musique de *la Favorite*. — « Mon Dieu ! monsieur, toutes les musiques se ressemblent. » Ne faisons pas de cette réponse notre dernier mot de l'histoire religieuse.

que le point véritable de l'art, c'est-à-dire l'harmonie, fût trouvé. A la fin, quelqu'un imagina d'établir une différence profonde entre les plans des objets; il créa la perspective, et tout rentra dans l'ordre ; depuis ce moment l'art moderne est accompli. Quel service rendrait aux hommes celui qui établirait la perspective vraie dans la représentation des idées et des croyances ! Il consommerait l'art social, il mettrait l'ordre dans les esprits. Je l'ai du moins tenté ; j'y ai employé la moitié de ma vie.

Comment, au reste, la Révolution française n'aurait-elle pas adopté J.-J. Rousseau pour son législateur? Il est lui-même à cette Révolution ce que le germe est à l'arbre. Il la représente d'avance et la personnifie, autant qu'un individu peut représenter un système social.

Celui qui pénétrerait dans le fond et les replis de la vie de J.-J. Rousseau, y verrait comme enveloppée l'histoire de la Révolution française dans le bien et le mal ; il lui lègue non-seulement ses idées, mais son tempérament. Cet ouvrier d'abord timide, tant qu'il est inconnu, puis orgueilleux, ombrageux, dès qu'il entre dans la gloire, n'est-ce pas l'avant-coureur du peuple émancipé? Il professe que tout est bien dans l'homme ; il finit par trouver le genre humain suspect. Philanthrope, il s'avance chaque jour vers une misanthropie implacable.

Il est étranger et il n'en représente que mieux une Révolution qui s'arme contre toutes les traditions. Son livre de la loi, le *Contrat social*, ne relève d'aucun temps, d'aucune expérience ; géométrie sociale, sorte de mathématiques civiles pour un peuple à qui l'histoire se montre en ennemie.

Rousseau se croit trahi par tous les siens ; pas un ami qu'il n'immole à son idole, le soupçon. Je commence à craindre que la Révolution, qui se modèle sur lui, ne lui emprunte ce génie ; j'ai peur qu'elle n'immole aussi ses amis les plus sûrs à cette même divinité inexorable.

Rousseau s'est perdu dans une vision de complots ténébreux où sa raison chancelle. Que sera-ce des hommes et des factions qui le prendront pour guide ? Partis de l'idée d'une innocence absolue qui n'est nulle part, n'arriveront-ils pas, en se croyant trompés, à une misanthropie universelle ? C'est leur idée fausse qui les trompe ; ils se figureront que c'est une conspiration des hommes et des choses.

Enfin, j'aperçois dans les dernières œuvres de Rousseau une théorie qui m'effraye plus encore, sur la vérité et le mensonge ; il admet une foule de cas où il est permis de frauder la vérité pour *l'embellir*. Quelle porte il ouvre par là à la déclamation !

Quoi donc ! la parole ingénue, n'est-ce pas là

tout l'homme ? la vérité, n'est-ce plus la beauté ? la simplicité n'est-elle plus la condition et l'ornement du vrai ? L'art d'écrire, de parler aux hommes, suppose-t-il une alliance avec le faux ? Voilà un ordre nouveau dans lequel j'entre pour la première fois.

Au moment d'ouvrir les portes de l'avenir, il me semblait que la parole humaine devait se retremper dans l'inflexible sincérité. Au contraire, je découvre une certaine complaisance pour le faux. Si cette complaisance est dans le maître, que deviendra-t-elle dans les disciples ? Vérité, ornements, artifices, sophismes, que la pente est glissante ! et que serait l'avenir s'il n'en faisait plus la différence !

IV

LA CONSTITUANTE ET L'ÉGLISE

La grandeur de la Constituante et de la génération mêlée à son œuvre, c'est de penser que la Révolution qui sortira de tant d'efforts sera non pas bornée à un peuple, mais universelle. On se sent invincible, parce que l'on agit dans l'intérêt, non-seulement de la France, mais du monde. La Constituante revendique, avant les droits des Français, les droits de l'homme. Cette idée éclate dans chaque parole; elle est l'âme de toute une génération. Y est-on resté fidèle?

De ce caractère d'universalité il suivait nécessairement que la Révolution française devait résumer les révolutions précédentes et réunir les conquêtes morales que l'homme moderne avait accomplies. Par exemple, si d'autres peuples s'étaient affranchis, depuis des siècles, du joug spirituel du moyen âge, il semblait impossible que la nation française restât en arrière de ces peuples, au moment même où elle proclamait une ère nouvelle pour l'univers. Puisque Luther a affranchi de la servitude de Rome la moitié du monde, sans doute le premier acte du nouveau peuple émancipateur sera de briser ce qui reste de cette servitude.

Voilà une nécessité réclamée par la logique. Car le bon sens, la raison, refusent de concevoir que la grande nation, appelée à renouveler la terre, montre moins d'audace et de courage dans l'ordre moral qu'un moine saxon du seizième siècle.

Le moyen âge, à moitié vaincu il y a trois siècles, va achever de disparaître ; et le signe de cette défaite sera la chute de la primauté du pape, dans lequel survit le moyen âge. C'est ce que la raison demande pour que la Révolution annoncée ait le caractère d'universalité et de durée qu'on lui accorde d'avance.

Comment supposer, après l'immense discussion du dix-huitième siècle, que la Constituante, qui la résume, laisse subsister dans sa plénitude de puissance l'institution fondamentale de l'ancien régime religieux ? Apparemment, si l'exemple de Luther n'emporte pas les courages, l'esprit des philosophes, s'ajoutant à cet exemple, décidera les plus timides. On ne verra pas cette contradiction monstrueuse d'un peuple qui appelle le monde à un ordre nouveau et qui, dans le même temps, s'ensevelit dans l'Église par laquelle subsistent tous les ordres anciens.

A cela se joint une raison particulière pour que la nation française achève, dans sa Révolution, l'œuvre commencée contre les formes religieuses du moyen âge par la réformation et la philosophie. L'autorité absolue du pouvoir spirituel de Rome est le sceau éternisé de la soumission des peuples au génie romain. S'il est vrai que l'âme de la France se réveille, elle rompra le lien qui, depuis la conquête latine, l'attache, en esclave, au Capitole. Si la Révolution française doit émanciper le fond indigène de la nation, celle-ci échappera au joug de Rome. S'en affranchir n'est pas seulement pour la France une satisfaction de l'esprit, un progrès dans l'échelle morale ; c'est encore le signe qu'une race d'hommes vient d'échapper à la servitude séculaire d'une conquête étrangère. La vieille Gaule s'émancipe avec la France. Elle brise l'anneau de César qui survit dans le pape.

C'est là justement ce que craignaient le plus les ennemis de cette Révolution ; ils voient, ils croient voir l'ancienne Église en ruine ; déjà ils la pleurent d'avance. L'idée ne vient à aucun d'eux qu'un pareil torrent soit déchaîné de si loin pour s'arrêter et reculer dès qu'ils lui feront signe. Ils se souviennent que d'anciennes religions ont cédé aux décrets des empereurs chrétiens ; et ils frémissent à l'idée que la borne du monde spirituel puisse encore une fois être changée.

Car avec cette limite changera tout le reste. Le moyen âge étant franchi, qui retiendra désormais l'humanité? qui l'empêchera de s'élancer vers un ordre nouveau? Il faut donc désespérer du passé? La Révolution française devient ce qu'elle a promis d'être, universelle. Les esprits se dilatent ; une ère véritablement nouvelle commence ; l'horizon s'ouvre pour des cieux nouveaux, et chacun sait que la fuite vers le passé est impossible. L'Église, qui était comme la substance de ces siècles éteints, ne dominant plus, les hommes prennent le parti d'être de leur temps. Chaque jour amène son résultat, et il s'éloigne toujours davantage du point de départ.

Les acclamations qui ont salué l'avénement de cette révolution ne cesseront pas ; et les hommes, ayant rejeté l'ancien esprit, ne le verront pas renaître sous d'autres formes. Ils ne risqueront pas de tourner dans un cercle éternel qui ramène sous des noms nouveaux la servitude ancienne. Mais ayant agi conformément aux lois de la raison, ils jouiront de la paix et de la lumière croissante qui convient à des êtres raisonnables.

Voilà ce que la logique toute seule faisait craindre ou espérer de la Révolution française. De cette région des idées, descendons à l'histoire.

V

CHUTES ET CONTRADICTIONS

Il y a aujourd'hui soixante-quinze ans que la Révolution française a proclamé la liberté avec les droits de l'homme. Des flots de sang ont été versés pour cette conquête à travers toute l'Europe. Des assemblées immortelles ont acclamé, fortifié, constitué l'une après l'autre ces droits nouveaux. Deux millions d'hommes sont morts pour cette cause. Tout ce que la nature humaine renferme d'énergie, de puissance, y a été dépensé. On ne verra jamais dans le grand nombre, ni plus de dévouement, ni plus de vertus publiques. Rien n'a manqué de ce qui fait réussir les affaires humaines : orateurs, capitaines, magistrats. Tout le monde a prodigué ce qu'il possédait ; les mères ont donné leurs fils, les fils ont donné leur sang. La victoire, non plus, n'a pas manqué ; car tous ceux qui ont attaqué cette révolution ont péri sans l'ébranler. Et après ces victoires accumulées au dedans et au dehors, après que ces immenses assemblées ont passé avec le bruit que font la puissance, le génie, la gloire ; après ce fracas d'une société qui tombe et d'une autre qui s'élève, si je jette les yeux autour de moi pour voir le résultat politique de tant d'efforts magnanimes ; si je cherche l'écho vivant de tant de paroles de flamme, de tant d'acclamations triomphales ; si je me détourne pour contempler à loisir les libertés acquises par tant de gigantesques travaux ; si je veux mesurer l'arbre dans sa croissance, après avoir vu le germe semé dans le sillon, si... mais non, je n'achève pas; la plume me tombe des mains.

Dans ce silence, tout me déconcerte; des contradictions si étonnantes, des commencements si héroïques, des promesses si magnanimes et de tels mécomptes, comment les accorder ? Encore si ces chutes n'étaient arrivées qu'une fois! mais on en peut compter plusieurs de ce genre en un demi-siècle. Elles ne sont donc pas un accident, mais un élément de notre société nouvelle. Quelle en est la cause ?

Qu'étaient-ce que ces assemblées qui ont préparé de telles méprises ? Quelle était la force, la vérité des conceptions de nos pères ?

Aussi longtemps que j'ai vécu dans l'attente de leurs promesses, j'ai pu me déguiser à moi-même leurs erreurs. Mais dans la chute commune, ils sont entraînés aussi bien que moi. Je suis contraint de les considérer de près, sans prestige et sans voile. L'expérience nous ramène à la vérité historique.

Ces hommes n'auraient-ils si vaillamment disputé entre eux que de chimères ? Se seraient-ils égorgés pour des songes ? Voilà ce qu'une postérité que je ne sais comment nommer m'oblige de demander. Le plus grand mal que nous ayons fait au monde est de permettre que cette question soit possible.

Chutes et contradictions. Je dois en chercher les causes dans la Révolution elle-même ; et il faut que je trouve des raisons assez profondes pour qu'elles se mêlent à tout, puisque évidemment ce n'est ni par un détail, ni par surprise, que des effets si extraordinaires sont produits. Voyons donc quel a été le principe efficace de servitude que nos pères ont laissé dans la Révolution française ; ici je crains de rencontrer les mêmes préjugés aussi ardents chez les amis que chez les ennemis de la Révolution.

VI

COMMENT SE SONT FAITES LES RÉVOLUTIONS RELIGIEUSES DANS LES TEMPS MODERNES [1]

Je n'ai pas à accuser ou à louer le principe théologique de ces révolutions. Je demande seulement à montrer comment elles se sont opérées, car il est certain que l'on a jeté un faux voile sur leur histoire ; et c'est cette histoire qu'il s'agit de comparer à la nôtre.

Tout le monde dut croire que l'Assemblée constituante avait réalisé les conquêtes et la pensée suprême du siècle, lorsqu'elle proclama la liberté de conscience, dans les termes suivants : « La constitution garantit à tout homme le droit d'exercer le culte religieux auquel il est attaché. »

Dès ce moment, plusieurs pensèrent que la Révolution était achevée ; une liberté si haute, qui était l'âme même de l'époque, dut nécessairement paraître le gage assuré de toutes les libertés futures. Que restait-il à faire après cela, sinon à

---

[1] Dans ce chapitre, je rétablis l'histoire de la Religion avant la Révolution française. Raconter le passé, est-ce en faire la condition de l'avenir ?

laisser ce principe s'épandre sans obstacle? Il était la lumière et la vie ; il éclairerait toute intelligence, comme le Verbe nouveau. Il vaincrait par sa seule présence les anciennes ténèbres ; il transformerait la religion nationale ; et déjà les plus hardis pensaient qu'au seul contact de la liberté allaient s'évanouir des croyances que l'on jugeait mortes. Illusion éternelle des gens de lettres ! Ils voyaient l'irréconciliable inimitié de l'Église et de la philosophie disparaître dans une tolérance mutuelle !

Comment est-il arrivé que ce principe magnanime, qu'il faudrait être insensé pour ne pas accepter, n'ait point produit ce que le dix-huitième siècle en attendait ? Comment le passé, que l'on croyait dépossédé pour toujours, a-t-il repris si vite autorité ?

Éblouis par l'idée seule de la liberté des cultes, les écrivains du dix-huitième siècle n'avaient jamais réfléchi sur ce que ce principe contient et sur ce qu'il ne contient pas. Il leur semblait suffire pour organiser le chaos ; ils lui prêtaient une force active de régénération qui devait en quelques jours renouveler le monde.

Voici à cet égard ce que l'histoire et l'expérience m'ont enseigné par de dures leçons.

Ne vous figurez pas que vous fassiez dans un État un changement profond, par cela seul que vous y proclamez la liberté des cultes, car il n'est rien de plus facile que de réduire cette merveille à n'être qu'un mot ; et les gouvernements ont bien tort de s'en effrayer. Laissez les mots, voyez la chose. Elle ne change presque en rien le tempérament religieux d'une nation.

Chez un peuple où tout le monde a la même croyance, et où personne n'a l'idée d'en changer, donner la liberté des croyances, c'est véritablement ne rien donner du tout !

Établissez la liberté de conscience à la Mecque, à Tunis, au Japon, vous aurez établi un admirable principe, avec la presque certitude qu'il n'aura prochainement aucune conséquence sociale.

Si Luther et Calvin se fussent contentés d'établir la liberté des cultes sans rien ajouter, il n'y aurait jamais eu l'ombre d'une révolution religieuse au seizième siècle.

Qu'ont-ils donc fait ? Le voici. Après avoir condamné les anciennes institutions religieuses, ils en ont admis d'autres sur lesquelles ils ont bâti des sociétés nouvelles ; et c'est après que les peuples ont contracté ce tempérament nouveau, que la porte a été rouverte plus tard à l'ancien culte, qui, par la désuétude, avait cessé de se faire craindre. Telle est la loi des grandes révolutions religieuses qui se sont établies dans le monde.

C'est ainsi, et non autrement, que l'Angleterre, les États Scandinaves, la Hollande, la Suisse, les

États-Unis, et tous les peuples enfants de la Réforme, ont pu contracter une âme nouvelle. Tous, sans exception, ont tenu l'ancienne religion pour ennemie, ou du moins l'ont voilée et éloignée, aussi longtemps que cela a été nécessaire pour imprimer d'autres habitudes morales, un autre esprit à la nation. Quand enfin le vieux culte eut perdu sa puissance par l'oubli et par le goût des nouveautés, alors les États régénérés lui accordèrent une liberté qui n'avait plus de péril. Car il reparaissait en étranger ; ombre atténuée de ce qu'il avait été. La nation était trop fortement engagée pour revenir à son point de départ. On rendit ses droits au vieil esprit quand il lui fut impossible d'en faire usage pour ressaisir l'autorité.

Voilà comment toutes les sociétés qui ont rompu avec le passé ont réussi à changer non pas seulement leurs dehors, mais leur esprit, seule révolution, à vrai dire, qui mérite ce nom.

Aujourd'hui, nous voyons l'Angleterre, la Hollande, les États-Unis s'ouvrir de nouveau au catholicisme, sans perdre pour cela en quoi que ce soit le tempérament de la Réforme. Le grain, semé en terre, a produit la plante qu'il devait produire ; elle n'a plus rien à craindre du voisinage des autres. Sa nature est fixée, elle ne changera pas. Au contraire, vous trouverez que toutes les fois que l'on s'est contenté, à l'origine d'une révolution, d'établir la concurrence des cultes, l'ancien est resté le maître ; il a continué de donner sa forme à la société. La domination absolue ne lui a été ôtée qu'en apparence.

J'ai montré les principes des ancienne révolutions ; voulez-vous voir maintenant, en un seul trait, combien la Révolution française est jetée dans un autre moule que celles qui l'ont précédée ? Ce sera pour elle la preuve d'une grande aspiration morale dès le point de départ ; en même temps ce but si élevé, n'ayant pu être atteint de premier bond, expliquera une partie de la chute.

La différence entre la Réforme et 89 est celle-ci : en matière religieuse, la Révolution française a commencé par où toutes les autres ont fini. Son premier mot a été « tolérance ». Il avait été le dernier des révolutions antérieures.

Mais comme en France l'Église nationale résistait absolument à ce principe, voici ce qui s'en est suivi. Il a été impossible aux hommes de la Révolution de greffer l'idée nouvelle sur le vieil arbre ; quand ils ont cru, dès le premier pas, cueillir le fruit nouveau de l'humanité, ils n'ont cueilli que le fruit amer du passé, et ils ont rejeté toute vie religieuse comme également empoisonnée ; ce qui a mis une contradiction absolue entre leurs pensées de tolérance et leurs actes d'oppression. C'est pour cela que le monde se soulève si aisément contre ces souvenirs. Nos pères n'ont pu tenir leurs promesses ; chacun s'est cru joué dans sa part de ciel et d'immortalité.

Dans la loi, liberté des cultes; dans la réalité, interdiction de tous les cultes. D'où il est résulté que, sans pouvoir s'appuyer d'aucune Église, la Révolution les a eues toutes également contre soi; et, ce qui est le comble, on n'a eu ni la paix féconde que donne la tolérance, ni la paix muette que procure l'interdiction de l'ennemi ; mais une guerre stérile, acharnée, interminable, atroce, celle de Vendée, où nul ne pouvait être ni vainqueur ni vaincu. En effet, après les exterminations, le monde religieux se trouva peu changé.

Pour moi, je ne puis me lasser d'envisager ce résultat : tandis que les révolutions du seizième siècle ont émancipé des institutions religieuses du moyen âge la moitié de l'Europe, il a été impossible à la grande, à l'invincible Révolution française d'affranchir de ces mêmes institutions un seul village.

Quoi donc! est-ce un tort à l'homme de se proposer d'emblée un but magnanime? Est-il coupable d'aspirer dès le premier pas à ce qu'il y a de plus grand, à ce qui doit nécessairement l'emporter comme souveraine équité ? Faut-il s'étonner de le voir ployer si tôt, chez nous, sous ce fardeau de vérités sociales, quand ailleurs les peuples ne s'en sont chargés que de siècle en siècle, successivement et à de longs intervalles ? Doit-il être puni d'avoir voulu être juste trop tôt ? Cette ambition de justice était-elle si condamnable ? Je ne fais ici que toucher ce point; il reviendra assez fréquemment et s'expliquera dans la suite de cette histoire.

Quand une religion a donné son tempérament a un État ou à un peuple, vous pouvez ouvrir la porte à des religions étrangères; celles-ci ne parviennent pas à changer le tempérament que le peuple a reçu. La France, la Belgique, depuis 1789, ont donné entrée chez elles au protestantisme; le fond des croyances n'en a pas été changé d'une manière appréciable. Toutes les fois que le catholicisme a voulu y mesurer ses forces, il a pu s'assurer que la liberté des cultes, si elle ne lui a rien donné, ne lui a rien ôté.

En matière de liberté des croyances, nous avons conquis surtout l'apparence et l'ombre, comme en presque tout le reste. Il ne serait pas possible d'établir chez nous le régime des Églises libres, indépendantes du gouvernement, comme en Suisse, en Amérique. Le protestantisme, contrarié chez nous dans ses voies naturelles, tend à s'y dénaturer en devenant, au lieu d'une religion d'examen, une religion d'autorité.

De tout cela, gardez-vous de conclure que la liberté des cultes est sans importance; dites seulement que cette importance n'est pas celle qu'on suppose, et que surtout elle peut aisément être réduite à rien. C'est la plus magnifique des paroles; ce peut être aussi la plus vide.

Que signifiait cette parole toute seule, pour la France de 1789? Le droit imprescriptible de ne pas sortir du cercle de ses anciennes formes religieuses, et, par une conséquence rigoureuse, le droit de faire une révolution qui, ne changeant rien à l'ordre spirituel établi, ramènerait presque infailliblement, sous d'autres noms, le principe constituant de l'ancien ordre politique.

Pourquoi la révolution d'Angleterre a-t-elle réussi? J'ai déjà répondu : parce qu'elle a été consacrée par la révolution religieuse. En effet, la nation anglaise a cette garantie, que l'on ne peut revenir en deçà de la Réforme et retomber dans le catholicisme jacobite. De là, sa confiance, sa sûreté, son calme au milieu de la lutte des partis. Il y a un point acquis, une certitude, une ancre, un port; cela n'a pu exister en France. Nous n'avons pu fixer un point moral pour nous empêcher de retourner aux abîmes.

Les Français, a-t-on dit, ont des sensations, et

pas de principes. J'ai montré que cela vient, non de leur légèreté, mais de ce qu'il leur a été absolument impossible de fonder leurs principes politiques sur leurs croyances nationales, ou de les concilier; de là, leurs idées sont toujours suspendues à la merci de chaque vicissitude ou de chaque imagination. Ont-ils bâti sur le sable?

Quel pays avait reçu de plus beaux dons? Qu'en a-t-il fait?

VII

**ESSAI DE RÉVOLUTION RELIGIEUSE
PAR LES CONSTITUANTS.
NOVATEURS QUI N'OSENT S'AVOUER**

Le grand empereur catholique Théodose fit mettre aux voix dans le sénat de Rome, en sa présence, quel Dieu il fallait adorer, le Christ ou Jupiter. Le sénat donna la majorité des voix au Christ ; il fut proclamé le vrai Dieu, et les écrivains ecclésiastiques ont tous applaudi à l'empereur, qui d'un scrutin fit sortir le Dieu de l'Évangile. La Constituante, en mettant aux voix l'organisation de l'Église, imita de bien loin le scrutin de Théodose ; mais ce qui avait été applaudi par les saints dans le prince, parut exécrable dans les tribuns.

Dès que l'on arrive à l'Assemblée constituante, il est un point sur lequel tous nos écrivains sont d'accord pour la blâmer : elle a eu tort de toucher à la question de la religion. La constitution civile du clergé, c'est la grande faute, disent-ils ; tous unanimes à condamner un premier effort entrepris pour mettre d'accord l'ancienne religion et la société nouvelle.

Que fallait-il donc ? Voici la réponse ordinaire :

Il fallait que la grande Révolution passât, sans que l'Église s'en aperçût ; que tous les rapports fussent changés, sans que la religion, qui est la réunion et l'âme de tous les rapports, eût à souffrir d'aucun de ces changements ; il fallait, par exemple, ôter au culte les actes civils, sans que le culte en sût rien ; que la nation fût régénérée sans que la religion, qui est la conscience morale d'une nation, en fût instruite ; renouveler toutes les lois, sans que la religion, qui est la substance même des lois, en reçût la moindre atteinte ; il fallait que l'innovation s'accomplît sans que le génie du passé eût le moindre soupçon qu'il entrât quelque chose de nouveau dans le monde.

Quoi de plus ? Il fallait que le cercle devînt carré sans pouvoir sans douter ; il fallait que toutes les propriétés de la courbe fussent changées, sans que l'équation générale de cette courbe fût modifiée en quoi que ce soit.

Ces idées font aujourd'hui partie du domaine public. C'est par elles que nous avons péri, d'ailleurs prêts à périr encore par la même raison et de la même manière ; le temps, à cet égard, ne nous ayant rien appris. Tel est, sur ce problème fondamental, notre philosophie. On n'y peut rien changer. Pourtant, voyons, examinons.

Vous reprochez à la Constituante d'avoir voulu, avec Mirabeau, *coordonner* la religion avec la vie publique. Mais cette autre utopie qui est la nôtre, et qui veut qu'il n'y ait aucun rapport entre ce que l'on croit et ce que l'on fait, ne s'est-elle pas trouvée aussi ruineuse et cent fois plus impossible que la première?

Il était réservé à nos temps d'imaginer que l'âme humaine n'entre pour rien dans l'action politique, que le même homme peut être poussé religieusement dans un sens, politiquement dans un autre, et qu'il n'y a aucun inconvénient à cette destruction radicale de la conscience humaine.

Avant que Mirabeau eût été enlacé dans le piége qu'il croyait tendre, cette haute raison, abandonnée à elle-même, avait rendu un jugement opposé sur la question. Quand il portait la Révolution dans sa tete, sans l'abaisser ni devant la cour ni devant l'Assemblée, il avait parfaitement compris qu'il n'y avait pas de révolution si l'on ne domptait l'ancienne Église. Il écrit ces mots au roi lui-même : « Si l'Assemblée nationale s'occupe du célibat des prêtres et détruit cette discipline barbare que le gouvernement n'a pas le plus léger intérêt à soutenir, les esprits, même faibles, ne pourront oser concevoir de craintes sur la disposition nationale des biens ecclésiastiques. » Dans cette vaste intelligence, alors livrée à sa droiture naturelle, le premier pas à faire était l'anéantissement du principe de la caste dans la religion nationale. Cette brèche faite dans l'Église, c'était la porte par laquelle entraient naturellement toutes les réformes. L'esprit logique de Mirabeau ne comprenait pas alors que l'on entreprît de révolutionner la société sans révolutionner l'Église.

Il fallut bien rabattre de cette hauteur d'idées, sitôt qu'on s'adressa à l'Assemblée constituante; et la proposition fameuse du prêtre dom Guerle donna à l'esprit du dix-huitième siècle une belle occasion de se renier.

On sait que cette proposition consistait à déclarer religion de l'État la religion catholique et romaine.

Quelle fut à cette question la réponse de la Révolution?

L'occasion était bien choisie pour se déclarer.

De quel mépris souverain le dix-huitième siècle, rassemblé dans la Constituante, ne va-t-il pas accueillir la pensée du chartreux! Pense-t-on inaugurer l'ère nouvelle en se mettant à la suite d'une Église que la moitié de l'Europe a déjà rejetée, il y a trois siècles? Veut-on faire une révolution au profit de l'avenir, ou ne veut on qu'acclamer le passé? Cette Église que l'on propose de reconnaître pour chef, c'est l'ennemi commun. La raison de tout le siècle l'a cent fois condamnée, et si les hommes se réunissent aujourd'hui, c'est pour rejeter ensemble ce qu'ils ont déjà repoussé individuellement. La Révolution, qui vient fermer le moyen âge, commence par fermer l'Église du moyen âge.

Si la langue eût été sincère, voilà ce que le dix-huitième siècle eût répondu par la gauche de l'Assemblée constituante. Mais les discours furent bien différents de la vérité. Surpris, déconcertés par la question, qui n'était rien autre chose que la Révolution, c'est en se reniant, en se démentant, que les novateurs répondent. Ils veulent éluder la question, et ils ne voient pas qu'il éludent la Révolution elle-même.

Pourquoi, disent-ils, déclarer religion d'État l'Église du moyen âge? Qui oserait lui nier ce droit? Proclame-t-on la lumière, la géométrie? Mirabeau va plus loin. Affirmer que la nation est inféodée au catholicisme, c'est supposer qu'il puisse en être autrement. Ainsi ils refusent de proclamer leur servitude, non parce qu'elle leur est odieuse, mais au contraire par respect pour cette servitude qu'il ne convient pas de mettre en doute.

On peut dire que, dès ce premier pas, la Révolution française a donné sa mesure. Qui eût cru que, sous ces dehors si audacieux, il y eût tant de timidité cachée? Hardi contre tous, excepté contre l'ennemi, toutes les fois que cet ennemi se lèvera, l'esprit de la Révolution répétera la scène de la Constituante et du chartreux dom Guerle. On s'humilie, on s'abaisse, on croit tromper le passé qu'on encense; déjà l'on est pris dans son piège.

Voyez la discussion sur la constitution civile!

Comme il est évident que le dix-huitième siècle en se parjurant a perdu déjà toute sa supériorité ! S'il eût osé sortir de l'Église, il l'eût dominée de toute la hauteur de l'humanité moderne. Mais non ! il dit ce qu'il ne pense pas ; il feint d'adorer ce qu'il ne croit pas. Triste spectacle que des novateurs qui n'osent s'avouer. Aussi la force est-elle revenue avec l'audace aux adversaires. Ils sentent que la Révolution a peur d'être de son siècle, et qu'en entrant par la porte basse du moyen âge, elle risque d'y rester égarée.

On voit dès l'origine une révolution magnanime, faute d'audace d'esprit, enlacée dans des fils d'araignée, discuter scolastiquement sur la scolastique, et, comme cela ne pouvait manquer d'arriver, humiliée et bafouée sur le terrain où elle descend. Ce qu'elle croit, elle n'ose le dire. Ce qu'elle ne croit pas, elle le proclame.

Il est certain que la Constituante essaya de faire une petite réforme dans l'Église ; mais elle s'en défendait, et elle prit ce parti moyen : sortir de la tradition sans en avoir l'air. Quelle force pouvait-il y avoir dans une situation si fausse ? L'abbé Maury répondait avec ironie : « Attendez la réponse du pape ! » L'Assemblée était obligée de se taire.

Dès que l'on se mit à subtiliser, on fut battu. Si le seizième siècle l'eût pris sur ce ton-là, il n'eût pas gagné une paroisse. Un novateur commande, impose, foudroie, il ne disserte pas.

Il est impossible de faire une révolution religieuse sans l'avouer. Vous pouvez faire passer une loi politique sous une couleur opposée ; mais, dans les choses religieuses, il faut risquer le tout. On ne change pas l'ancien culte sans qu'il y paraisse. On ne déplace pas un dieu sans que cela fasse du bruit.

Je remarque avec étonnement que les mêmes hommes qui en appelaient dans tout le reste à un droit antérieur, primitif, n'ont jamais fait appel à la conscience originelle, ni au droit d'examen en matière de foi. Vouloir revenir aux temps apostoliques et ne pas oser interpréter soi-même les écritures, quelle contradiction ! Mirabeau invoque la parole de Jésus-Christ comme eût pu faire un Zwingle. Il oppose cette parole aux traditions du sacerdoce ; pourtant, il ne va jamais jusqu'à réclamer pour la conscience du peuple le droit d'examiner les croyances. Il condamne le passé sans prétendre le juger. Aussi ne put-il sortir du réseau historique où il se laissa envelopper dès les premiers pas. Le géant est enlacé des fils d'araignée de l'érudition théologique. Robespierre et les autres se turent.

Au lieu de la négation solennelle qui était dans toutes les bouches, c'est pitié de voir la société régénérée trébucher dès les premiers pas dans une question de *démarcation diocésaine*. Mirabeau épilogue sur les quatre articles qu'il n'a pas lus. Il prend un masque de dévotion ridicule ; ses adversaires, qui d'abord se croyaient perdus, se prennent déjà à rire. Dans une discussion qui devait être si solennelle, faute de vérité, de sincérité, la Révolution est aux abois dès les premiers mots ; son grand orateur, gourmandé, chapitré, réduit au silence par l'aigre fausset de l'abbé Maury, est obligé de s'avouer vaincu. L'abbé Maury peut impunément lui adresser ces paroles : « Il est donc vrai que, selon M. Mirabeau, chaque évêque est un évêque universel ? Je ne l'ai donc pas calomnié ! Je lui ai donc bien répondu. Vous devez regarder le silence de M. Mirabeau comme un témoignage d'approbation. »

Cela était vrai, car voilà où était tombée dès les premiers mots la question posée par tout le siècle. Quel symptôme de voir la Révolution française, dans son premier choc, se lier et s'humilier ainsi ! Avec la pensée de régénérer le monde, elle craint de briser avec le moyen âge. Que pourront toutes les violences extérieures, toutes les fureurs amassées pour compenser cette timidité d'esprit ? C'est là le défaut de la cuirasse de cette révolution. Mirabeau et les autres n'ont pas osé prononcer une seule fois contre la papauté, contre l'Église du moyen âge, la condamnation que la terre avait entendue il y avait trois siècles.

O Jean Huss! ô Luther! Zwingle! Savonarole! Arnaud de Bresse! humbles moines! pauvres solitaires! rendez le courage à ces tribuns déchaînés! Où sont vos foudres, vos colères? Ce que vous avez affronté tout seuls, du fond de vos cellules, quand le monde était contre vous, les hommes du peuple, environnés de la force, de l'amour d'une nation, n'osent pas même l'imaginer, trois ou quatre siècles après vous! Ils prétendent tout changer, et le courage leur manque pour abattre ce que vous avez déraciné. Comment donc, si faibles, si abandonnés, avez-vous pu déclarer si vaillamment la guerre au vieil esprit, que ceux-ci s'effrayent même de dénoncer?

Au contraire, ils flattent, ils encensent, ils adorent ce qu'ils méprisent. Comment, si applaudis, sont-ils en même temps si impuissants dans tout l'éclat de la puissance?

Où est le secret de votre force? Où est le secret de leur faiblesse? Si le grand Mirabeau et les hommes qui l'entourent, et les encyclopédistes, et les constituants, sont trop timides pour marcher sur vos pas, prêtez votre force à ceux qui vont les suivre!

VIII

QUE LES MÉTHODES LITTÉRAIRES NE VALENT RIEN APPLIQUÉES AUX RÉVOLUTIONS

Après le tribun, voyons la place publique. Mirabeau est commenté par Camille Desmoulins. Voilà un esprit audacieux, emporté, téméraire, qu'aucune tradition ne gouverne. Sans doute il va tomber dans l'extrême opposé, et tout compromettre par une hardiesse sans bornes ?

Si l'homme d'État a été retenu jusqu'à la faiblesse, qui empêchera ce libre écrivain de prononcer la parole du siècle ? On assure qu'il est le disciple, l'écho de Voltaire ; à ce titre, il est seulement à craindre qu'il veuille emporter d'un coup, non-seulement l'Église romaine, mais encore toutes les Églises réformées, et ruiner ainsi le christianisme tout entier.

Écoutez la déclaration de ce téméraire, la voici : « Je vous l'ai déjà dit, mes très-chers frères, ne dirait-on pas qu'on supprime quelques sacrements, comme ont fait Luther et Calvin ? Rien de tout cela ; pas une procession, pas un pain bénit de supprimé... Eh bien ! l'Assemblée nationale n'a pas seulement retranché un *Alleluia.* »

Et ailleurs, sur un ton plus sérieux : « Il n'est question que d'une simple démarcation de territoire. On ne peut prétexter nulle atteinte à la doctrine, nulle innovation dans le dogme. »

Vous commencez à voir que ce qui avait été, sous l'ancien régime, une tactique de style chez Voltaire, devient une tactique de parti chez les révolutionnaires. On s'engage à ne rien changer, à ne rien innover. Et qui veut-on tromper ainsi ? Tout le monde. On débute par se tromper soi-même. Avouons que ce n'est pas par ce frivole subterfuge que les grands changements irrévocables se sont accomplis dans le monde.

La Révolution ici se défie du peuple, ou plutôt elle se défie d'elle-même. Le moindre moine du seizième siècle a montré à cet égard plus de génie d'innovation. Où pouvait aboutir ce stratagème ? Espérait-on faire quitter au peuple l'ancienne religion sans qu'il s'en aperçût ? ou, si l'on croyait le peuple incapable d'accepter un changement dans l'ordre moral, quelle foi avait-on dans la Révolution ? Il fallait donc la faire triompher à l'insu du peuple, comme à l'insu du roi. Que de conséquences ce superficiel manége n'a-t-il pas entraînées !

Si vous y regardez de plus près, vous verrez que cet art évasif de Camille Desmoulins est devenu comme une des habitudes de l'esprit français dans toutes les circonstances analogues. On dissimule le manque d'audace véritable sous l'ironie ; et pour n'avoir pas à attaquer un adversaire, on se persuade qu'il est à mépriser. Camille Desmoulins croyait par ces détours suivre fidèlement l'exemple de Voltaire. Il est certain qu'il ne suivait que la lettre et non l'esprit de son maître. Quand Voltaire écrivait dans l'ancien régime et en face de la Bastille, sans aucune pensée de révolution immédiate, il s'enveloppait de mille détours ingénieux ; ces détours n'empêchaient pas sa pensée de se glisser et d'éclater dans les intelligences, et c'est à cela seulement qu'il pouvait prétendre. Mais quand, après la discussion purement philosophique, vint le moment de l'action, quand les disciples de Voltaire, affranchis de toute entrave et appelés à écrire leurs pensées dans la loi, conservèrent le même esprit, les mêmes détours, les mêmes stratagèmes que le grand écrivain dans les liens de l'ancien régime, ce fut, il faut le reconnaitre, une étrange duperie ; et ce même esprit littéraire que j'admirais tout à l'heure semble bien petit dans les grandes affaires.

La méthode de Voltaire, excellente dans les livres, devint une calamité dès qu'elle fut transportée par les écrivains, les journalistes, les orateurs dans la politique. On vit là encore une fois combien il est ruineux de prendre une méthode littéraire pour une méthode de révolution. Rien de plus opposé que ces choses ; ce qui est audace et génie d'invention dans l'écrivain, n'est plus que faiblesse, impuissance dans le législateur. Quand on affiche dans la loi le plus grand respect pour une institution, c'est une pensée bien légère de se figurer que par quelques réticences on ruinera cette institution. La loi reste ; c'est le législateur qui est pris dans l'embûche.

Religion, établissements surannés, force accumulée du passé, on ne triomphe pas de ces choses par un triomphe oblique. Tout l'esprit de Camille Desmoulins tombe à faux dans ces grandes matières. Il se croit très-habile, très-fin, très-rusé en contrefaisant la dévotion, il se prend à chaque pas dans sa subtile trame.

L'esprit de Voltaire vous séduit, parce qu'il est encore dans les liens de l'ennemi et qu'il trouve cependant mille moyens de parvenir jusqu'à vous. Ce même esprit dans Camille Desmoulins, lorsque la liberté est entière et qu'il s'agit, non plus de se défendre contre le passé, mais bien de le détruire, n'est plus que puérilité. Faire d'immenses concessions de langage à ce que l'on méprise le plus, célébrer en pleine révolution ce dont on se moque en secret, donner par les mots satisfaction aux institutions que l'on voudrait anéantir, cela montre une grande ignorance des hommes, que les mots conduisent bien plus que les réalités. Quand l'esprit ne sert qu'à vous rendre dupe, c'est assurément qu'il lui manque quelque chose. Je me confirme par là dans l'idée que rien n'est plus funeste pour une révolution que d'être dirigée par des esprits classiques ; il leur est trop difficile de ne pas porter dans l'action la méthode d'imitation qu'ils portent dans l'art d'écrire.

Avec Camille Desmoulins, la Révolution accordait le semblant, l'extérieur, les mots à la religion du moyen âge, et cela suffisait à cette religion. Car elle savait qu'avec les mots elle regagnerait les idées, avec le semblant la réalité, avec le dehors le fond même de l'homme ; elle vivait depuis des siècles sur l'apparence ; tous s'entendaient pour la lui laisser. Que lui fallait-il davantage ?

IX

LA CONSTITUTION CIVILE DU CLERGÉ
UNE RÉVOLUTION A CONTRE-SENS
ÉMANCIPE-T-ON LE MAITRE?

La France avait manqué sa réforme au seizième siècle ; la manquera-t-elle encore à la fin du dix-huitième ? Le sort de la constitution civile du clergé en décidera.

Elle avait été votée le 17 juin 1790 ; par ses décrets, la Constituante émancipait le curé de l'évêque, et l'évêque du pape. Mais le prêtre continuait de rester le maître absolu des consciences, par les anciens sacrements qu'on laissait subsister dans leur entier ; le célibat le retenait en dehors de la famille moderne. En lui persistait le moyen âge, en deçà de toutes les révolutions religieuses qui s'étaient consommées.

Ainsi on faisait une révolution à contre-sens. Que gagnait le croyant à la constitution civile ? Rien. Il restait sous l'ancienne dépendance. Conciles, sacrements, toute-puissance de l'Église, rien n'était changé pour lui. Pas un atome de liberté d'examen n'était entré dans le monde. Le croyant choisissait, il est vrai, son maître absolu, et il n'en était pas plus libre pour cela.

On songeait toujours à émanciper le prêtre! chose insensée. Ce n'est pas de lui qu'il s'agissait. C'est le croyant qu'il eût fallu émanciper, et c'est à quoi personne ne pensa.

Émanciper son maître, le représentant de Dieu, l'œil du Saint-Esprit, quelle idée fausse, presque absurde! La Constituante a méconnu le fond du prêtre catholique, elle n'a pu faire ainsi qu'une chimère.

Le fond de l'absolutisme spirituel était le même, dans les mains du prêtre insermenté ou dans celles du prêtre constitutionnel. Seulement, cet absolutisme était décoré d'une apparence démocratique. Le peuple abdiquait sa conscience entre les mains du clergé; il élisait son prince et son césar spirituels. Liberté toute de surface, qui ne devait profiter à personne.

Dans la Réforme, le protestant tient à ses ministres, parce qu'ils lui représentent les droits acquis de la conscience moderne. Mais les prêtres constitutionnels de 1790 ne représentaient que le pouvoir de l'Église du moyen âge. Qui devait se lever pour les défendre dès qu'ils seraient attaqués? Personne. Il est trop évident qu'entre deux autorités de même nature, la puissance devait rester à l'ancienne. Le réfractaire expulsera, comme une ombre intrue, le prêtre de la constitution.

Quoi de plus illogique que de se dire prêtre d'une Église qui vous renie? C'était la situation de tout le clergé constitutionnel. Il se prétendait catholique, et le chef légitime du catholicisme lui jetait l'anathème dans chaque bref. Sur cette pente glissante, l'Église qui n'était nouvelle que de nom devait s'abîmer au premier souffle de l'ancienne.

Personne ne représentait mieux cette Église éphémère que l'évêque Grégoire. Je l'ai vu trente ans après, toujours dans son même habit violet, et sa physionomie m'est bien présente : une voix douce, un regard humble, la taille haute et je ne sais quoi de tenace et d'indomptable, qui avait résisté à la vieillesse ; de l'intrépidité dans le caractère, de la timidité dans l'esprit, toujours foudroyé et toujours serein. Le temps n'avait pu l'arracher au catholicisme, qui le reniait vivant et devait le proscrire mort. Il continuait d'embrasser les portes sacrées, qui se tenaient inexorablement fermées pour lui.

Cette Révolution si timide avait offensé l'Église autant qu'eût pu le faire un projet hardi de renversement. L'immense majorité du clergé, fidèle à son principe, s'indigna de la prétendue indépendance qui lui était offerte. Il se crut diminué de la tête, il se sentit esclave. Pourquoi cela? Le voici.

Au milieu de toutes vos révolutions, il est un homme qui n'a jamais rien à gagner et qui a tout à perdre, car sa fortune est au comble : c'est le prêtre catholique.

Votre malheur, comprenez-le donc, est que vous ne pouvez l'affranchir. Le prêtre catholique échappe à tous vos projets d'émancipation ; il les domine, il tient les âmes dans sa main ; qu'a-t-il besoin de leur consentement ?

Il reçoit son droit d'en haut ; le recevant de vous, il se croirait déchu.

Il est bien plus qu'affranchi, étant tout-puissant. Vous ne pouvez rien faire pour lui, que lui obéir et le servir.

Émancipe-t-on le maître ? Donne-t-on la liberté à qui possède l'empire ? C'est le renversement de la raison.

Demander au clergé de France, en 89, d'en revenir aux élections populaires du troisième siècle, c'était demander à la royauté de revenir au pavois des Sicambres. Le pouvoir spirituel se montra aussi offensé que le pouvoir politique.

Au fond de la constitution civile, Rome devina du premier coup d'œil où était l'unique péril. L'évêque ne dépendant plus du pape, l'anneau par lequel tout l'univers catholique se rattachait au Saint-Siége était brisé. Le pape ne tenait plus dans sa chaîne les chefs des diocèses et par eux l'immense multitude du clergé; il restait seul, les mains vides, dans son désert de Rome.

Voilà ce que vit d'abord Pie VI et ce qu'il lui était impossible d'accepter sans périr. Pie VI, dans ses brefs, jeta le cri d'alarme. A ce grand cri se rallia l'Église; et depuis ce moment elle n'a cessé de se resserrer autour de son chef, jusqu'à ce que l'armée dispersée des croyants se soit trouvée enfin toute réunie à ses pieds. Il a fallu tout le siècle jusqu'à ce jour pour achever, dans la milice catholique, cet ordre de bataille. Tel a été le résultat le plus sûr de la demi-réforme tentée dans la constitution civile de 89.

L'effort de la Révolution française pour corriger le catholicisme par la Constituante ressemble beaucoup à la grande tentative de réforme de l'Église byzantine par les empereurs iconoclastes du huitième siècle. La destruction des images fut pour les uns ce que la constitution civile et le serment du clergé furent pour les autres.

Des deux côtés même résistance, même guerre civile, et à la fin même avortement. La guerre de la Vendée rappelle, par une multitude de traits, les soulèvements des populations du moyen âge contre les empereurs réformateurs d'Orient.

Si la réforme des renverseurs d'images eût réussi, nul doute que le monde byzantin se fût relevé. Cette tentative ayant échoué, ce fut la condamnation du byzantinisme ; il montra par là son incapacité de régénération.

La Révolution française a laissé voir la même impuissance à transformer le catholicisme ; il est resté après elle ce qu'il était auparavant. Mais il y a cette différence que, dans Byzance, tout retourna au passé, et qu'en France il est demeuré du moins un principe abstrait de liberté de conscience ; s'il a été en partie stérile jusqu'ici, c'est apparemment qu'il est réservé à l'avenir de le réaliser.

Ainsi les temps ont semblé démontrer que les hommes de la Constituante eussent mieux fait de ne pas toucher aux cultes et de s'en tenir au principe de non-intervention du pouvoir civil en matière religieuse. Mais, si je voulais entreprendre de les excuser, les raisons ne me manqueraient pas ; j'indiquerai les principales.

Ils ont cru le catholicisme flexible, progressif, et la nation française plus portée aux nouveautés qu'elle ne l'est réellement. Avec la mission de régénérer la nation et le monde, fallait-il dès les premiers pas se résigner à ne rien faire? Ils n'avaient pas affaire comme nous à des âmes abattues et éteintes ; ils ont pensé qu'il suffirait de montrer le chemin à leurs contemporains pour les y voir courir. Ils se figuraient que les masses du peuple se laisseraient entraîner à leur exemple, qu'elles embrasseraient avec ardeur l'occasion unique qu'ils leur offraient de sortir du moyen âge. Après tout, c'était la réforme la plus timide qui se fût vue dans le monde moderne. Et comment imaginer que tant d'emportement dans les paroles cachât une si grande pusillanimité d'esprit? C'était à eux à oser les premiers! Ils feraient l'œuvre du centurion qui le premier avait porté le marteau contre les temples d'Égypte; les peuples viendraient ensuite et achèveraient leur ouvrage.

Tout cela s'est trouvé faux! A la première sommation de l'ancien pouvoir spirituel, les peuples tremblants sont rentrés dans l'ancienne dépendance; ils ont laissé là les novateurs qui avaient pris charge d'âmes; ils ont renié les émancipateurs et adoré le vieux joug sans vouloir y rien changer. Mais cela était-il facile à deviner? y en avait-il des signes en 1790? Avant de se résigner comme nous à reprendre le fardeau, ne valait-il pas la peine de tenter quelque chose?

Telles sont les premières raisons qui se présentent pour excuser les constituants; ils ont trop compté sur la postérité, ils ont violé la lettre et ils n'ont pas fondé l'esprit. Que d'autres leur jettent la première pierre; pour moi, je ne le puis en conscience; car à leur place, en leur temps, ignorant comme eux l'avenir prochain, plein de foi dans l'énergie morale de la France, j'eusse peut-être fait comme eux.

Reconnaissez donc qu'il ne s'agit pas de savoir

si le catholicisme est une religion favorable aux arts, solennelle, toute-puissante sur l'imagination, et qui prend plus qu'une autre l'homme tout entier. La question est seulement de savoir si cette forme de religion n'est pas incompatible avec les libertés nées de la Révolution française; il m'est permis de m'étonner, à ce point de vue, que tant de catholiques m'aient nié ce qui m'est si libéralement accordé par tous les papes, depuis Pie VI [1] jusqu'à Pie IX.

Se figurer qu'il eût suffi, en 89, de proclamer la liberté des cultes, qu'elle eût fait son entrée dans le monde sans conflit, que les passions humaines, l'habitude d'une domination absolue auraient cédé à l'amiable, c'est écrire pour des agneaux, non pour des hommes.

Quand les protestants maudissent les premiers actes de la Révolution, ils maudissent, sans qu'ils s'en doutent, les origines et les actes de la Réforme.

Partout où elle a éclaté, au seizième siècle, ses premiers actes ont été le brisement des images, le sac des églises, l'aliénation des biens ecclésiastiques, l'injonction d'obéir, dans l'intime conscience, au nouveau pouvoir spirituel, le bannissement, non-seulement des prêtres, mais de tous les croyants

---

[1] Documents inédits relatifs aux affaires religieuses de France, Theiner, *passim*.

qui gardaient l'ancienne Église au fond du cœur. Voilà ce qu'a fait la Réforme et comment elle a pu s'établir et s'enraciner dans le monde. Qu'a fait de plus la Révolution française au plus fort de la Terreur?

Chose frappante! la liberté des cultes, par la séparation de l'Église et de l'Etat, après le décret de ventôse de l'an III, qu'a-t-elle produit en réalité? Le triomphe de l'ancienne Église, maîtresse absolue, et, à ses pieds, dans la poussière, les restes mutilés du protestantisme, trop heureux de végéter, sans ambition, sans prosélytisme, sans aucune influence véritable sur les destinées et l'esprit de la France.

Fallait-il aussi laisser le quart des terres de France aux mains de l'ancien clergé? Certes, il était plus simple de renoncer à une révolution quelconque.

Ces richesses, c'était le trésor de Delphes dans les mains d'Alexandre.

La Constituante décrète l'émission de 400 millions d'assignats sur la vente des propriétés ecclésiastiques; il se trouva ainsi que ces biens immenses accumulés par l'Église servirent à nourrir la révolution faite contre elle. Ils devinrent une puissance qui, multipliée par l'imagination, n'eut bientôt d'autres limites que l'imagination. On devait arriver jusqu'à la somme de 40 milliards. Alors, au milieu des trésors, on se réveilla plus misérable qu'on ne l'avait été jamais ; seulement on avait acquis l'espérance.

Ces biens imaginaires donnèrent des ailes pour franchir l'abîme ; après cela on tomba, mais on avait dépassé le gouffre. Ils permirent pendant quelque temps de ne produire que du fer et des armes.

Par là, les contemporains s'attirèrent des maux infinis ; mais ils n'en grevèrent pas l'avenir ; ils ne connaissaient pas l'art de faire payer à la postérité l'héritage bon ou mauvais qu'ils lui léguaient.

X

SUITE DE L'HISTOIRE RELIGIEUSE DE LA RÉVOLUTION

Poursuivons : je continue ici l'histoire de la religion, au risque d'anticiper de quelques mois sur les événements ; ils s'éclaireront eux-mêmes plus tard à cette lumière ; j'ai besoin d'un phare, à l'approche des tempêtes.

De si grandes timidités d'esprit ne servirent de rien. En dépit de toutes les assurances d'humilité de l'Assemblée constituante, on donnait à l'ennemi l'occasion de se dire martyr. On avait contre soi tout le danger de l'innovation sans en avoir les audaces et les récompenses, La guerre religieuse, celle de Vendée, fermente déjà sous la Législative, et l'on voit que la Révolution française a eu l'art de déchaîner contre elle toutes les religions sans porter légalement et officiellement atteinte à aucune. Elle se donne tous les embarras d'une guerre religieuse, sans mettre de son côté aucun des avantages de ces sortes de guerre.

Que sert aux chefs révolutionnaires une si constante réserve à l'égard de l'esprit du moyen âge, un projet si solennellement avoué de maintenir l'Église romaine ? En ont-ils été moins exécrables à cette Église tant qu'ils ont vécu ? Leur mémoire en est-elle moins chargée du crime d'avoir voulu la détruire ? Qui va rechercher aujourd'hui leurs paroles, leurs actes ? Qui s'en inquiète ? Qui veut réformer son jugement ? On leur a prêté une audace qu'ils n'ont pas eue ; et c'est de quoi personne ne reviendra jamais.

Les voilà malgré eux mis au rang des grands renverseurs de religion. Ils n'ont pas voulu user du levier de la révolution contre la vieille Église, et ils lui sont aussi odieux que s'ils l'avaient renversée. Toutes leurs soumissions de langage et leur volonté même de l'épargner, qui les ont si mal servis auprès des contemporains, ne les serviront pas davantage auprès de la postérité.

La vérité est, si on veut la voir, que ces hommes terribles ne cessent, pour ainsi dire, un seul jour de trembler devant le génie du passé ; soit que l'audace de l'esprit manque essentiellement aux hommes de race latine, soit plutôt qu'ils aient été comme égarés en des questions où les écrivains du dix-huitième siècle ne les avaient pas précédés. Marat mit tout le monde à l'aise par son principe dans lequel il persévéra jusqu'en 1792 : « Il est certain, dit-il, que le despote se hâtera de rétablir la noblesse. Mais il ne rétablira ni le clergé, ni la robe, deux barrières redoutables qui limitaient son autorité. »

Ainsi, d'après ce docteur, ce qui est l'obstacle au despotisme royal, c'est l'Église catholique. Autant vaut dire qu'elle est une des garanties et des gardiennes de la liberté. Ce n'est pas l'Église catholique qui engendre le despotisme, c'est elle qui le modère et le rend supportable. Voilà sur quel fondement s'engageaient ces « hommes de ruines ».

Quand Marat avait parlé, qui pouvait songer à aller au delà? Puisqu'il voyait je ne sais quel allié dans l'Église, qui eût pu penser que l'anéantissement de l'Église était une des conditions de la Révolution? Collot d'Herbois vient après Marat, et il marche dans la même voie. Il est tout orthodoxe dès qu'il s'adresse au peuple :

« La vraie religion, dit-il, celle que Dieu nous a révélée, a la foi pour principe. »

Lorsque ces choses étaient dites par de tels hommes dans la liberté des clubs et des journaux, faut-il s'étonner de la timidité de l'Assemblée législative?

En 1791, un député propose à l'Assemblée de retrancher le salaire aux prêtres qui refusent le serment. Avec les idées qu'on a répandues sur l'impiété et le débordement de ces Assemblées, qui doute que la proposition ne soit acceptée?

Cesser de salarier des ennemis, quoi de plus

simple ? Un mot de Ducos tranche la question ; il a trouvé un principe pour déguiser la peur. L'idée de ne pas salarier des ennemis déclarés, c'est, dit-il, de l'intolérance.

L'Assemblée fut de son avis. C'est la première fois que l'on vit le dix-huitième siècle se tuer par égard pour ses maximes, livrer les choses et garder le mot. Je saisis ce premier exemple ; il se renouvellera incessamment, il deviendra plus tard la règle par laquelle on détruira la Révolution par respect pour la Révolution.

Autre exemple de la manière dont les révolutionnaires tournaient contre eux-mêmes le principe de la liberté de conscience. Il semble que le premier résultat de ce principe était de dispenser les non-croyants de concourir extérieurement aux cérémonies d'un culte qu'ils réprouvaient. C'est ainsi que l'avait compris naïvement la Commune en publiant cet arrêté : « que l'autorité ne peut forcer les citoyens à tendre ni à tapisser l'extérieur de leurs maisons, cette dépense devant être purement volontaire. » C'était la forme la plus élémentaire de la Révolution. Qui croirait que les Jacobins furent terrifiés de cette mesure ? Ils la blâmèrent, l'improuvèrent, et ce fut encore le plus hardi de tous, Camille Desmoulins, qui se chargea d'exprimer ces terreurs de la Révolution dès qu'elle tentait de se réaliser même à un degré imperceptible dans l'ordre moral : Je crains, dit Camille Desmoulins, que Manuel n'ait fait une grande faute en provoquant l'arrêté contre la procession de la Fête-Dieu ; mon cher Manuel, les rois sont mûrs, mais le bon Dieu ne l'est pas encore... » Et il ajoutait : « Si j'avais été membre du corps municipal, j'aurais combattu cette mesure avec autant de chaleur qu'eût pu faire un marguillier. »

Ainsi il s'agit toujours de faire entrer la Révolution dans les esprits sans qu'ils s'en doutent : il faut qu'elle soit humble, chétive. Ses jours de puissance sont arrivés, et il faut qu'elle garde la même dissimulation que dans les temps de servitude.

N'est-ce pas la preuve que ces hommes étaient profondément désorientés ? Ils sont les conducteurs du peuple, et ils n'osent se manifester. Où espèrent-ils aller en se liant au moyen âge ? Quand il s'agit de le frapper et que la puissance leur a été donnée pour cela, ils tremblent de le considérer en face. Il est donc vrai que les Jacobins veulent appuyer l'avenir sur l'ancienne hypocrisie religieuse, craignant que le peuple ne les suive pas dans ce qu'ils croient pourtant la vérité.

Cette peur qu'éprouvent les terroristes, voilà la cause la plus profonde de la chute de la Révolution ; car, avec cette peur secrète d'être reniés par le peuple, ils n'osent d'avance l'instruire ni le préparer sur rien. On fait un premier secret de son scepticisme, on en fera un autre de la République ; le nom même n'en sera pas prononcé, tant on craint de devancer l'intelligence paresseuse du plus grand nombre. Quand les choses éclateront, ce sera comme un orage. Tout le monde en semblera étonné ; mais comme l'ordre nouveau n'aura pas été préparé de loin dans les esprits, les racines n'en seront pas profondes ; la tempête qui l'a fait naître pourra aussi l'emporter.

Manuel, l'auteur de l'arrêté municipal, n'est qu'un imprudent ; quelques mois plus tard il eût été un criminel. Là est le germe du principe qui va se développer bientôt : réaliser en quoi que ce soit la Révolution, sera un crime de contre-révolution. La religion que ces hommes n'ont pas, ils l'affectent ; la philosophie à laquelle ils croient, ils la renient. Ils se trouvent hors de tous les chemins, sans boussole, sans étoile. Bientôt il ne restera qu'une fureur en pleine nuit. Comment s'étonner s'ils s'égorgent dans les ténèbres ?

Un homme perdu dans une forêt inextricable, s'il veut reconnaître sa route, monte sur l'arbre le plus élevé, et de là il découvre son chemin. De même dans une révolution ; c'est dans l'ordre des choses les plus hautes que peut se découvrir la voie droite au milieu de la foule humaine.

Il y a deux moyens de s'orienter dans une révolution : ou embrasser une croyance nouvelle et la suivre, ou rejeter une croyance ancienne et s'en éloigner ouvertement.

Les révolutionnaires français n'ayant employé ni l'un ni l'autre de ces moyens, il n'est pas étonnant qu'ils aient péri avant de sortir de la confusion.

Malgré tout ce génie évasif, on en vint aux décrets sur la *déportation des prêtres* perturbateurs ; mais ces décrets, lancés contre des individus, furent aussi odieux aux croyants qu'une mesure générale ; ils n'avaient ni la force ni la grandeur d'un système ; même en frappant, on avait l'air de craindre. Ce fut assez pour hâter la guerre religieuse, et trop peu pour s'assurer de vaincre.

XI

TIMIDITÉ D'ESPRIT DES HOMMES DE LA RÉVOLUTION

Une occasion se présenta de mesurer le progrès des esprits. C'était en novembre 1792, un peu avant le procès du roi. Tout le passé croulait, chacun voulait en ôter une pierre.

Cambon fit dans la Convention la proposition très-simple de cesser enfin de salarier le clergé. Au milieu de l'emportement des affaires et des choses, ce projet semblait ne pouvoir rencontrer d'obstacles parmi les Montagnards. L'esprit sensé de Cambon en avait jugé ainsi. Il fut durement détrompé par les Jacobins.

Bazire commence la lutte en leur nom : « Votre Cambon, dit-il, voulait laisser à chaque secte religieuse le soin de payer son culte. Apprenez que chez un peuple superstitieux, une loi contre la superstition est un crime d'État. »

Ce discours fut couvert des applaudissements des Jacobins. Personne ne s'aperçut combien il y avait de mépris pour le peuple dans ce respect de sa servitude morale.

Mais il fallait une autorité plus haute que celle de Bazire dans une question de ce genre. C'est Robespierre qui va la décider : « Je m'attache à prouver que l'opération qu'on vous propose (l'abolition du salaire du clergé) est mauvaise en révolution, dangereuse en politique, et qu'elle n'est pas même bonne en finance. » La raison la plus importante, c'est que le catholicisme ne peut plus être désormais que l'écho de la Révolution ; car « il ne reste plus guère dans les esprits que ces dogmes imposants qui prêtent un appui aux idées morales, et la doctrine sublime et touchante de la vertu et de l'égalité que le fils de Marie enseigna jadis à ses concitoyens. »

Paroles importantes qui sont devenues jusqu'à nos jours le thème et la ruine de tous les révolutionnaires français. Ces paroles sont suivies d'une déclaration précise : « Attaquer directement ce culte, c'est attenter à la moralité du peuple. »

Le vide du système [1] des terroristes dans l'ordre spirituel se montre ici à nu. La République repose sur la moralité du peuple ; or, la moralité du peuple est inséparable du culte catholique. La conséquence, quoiqu'on n'osât l'exprimer, était en

[1] Le mot de tolérance est inscrit à chaque page de ce livre. Cela n'empêche pas de relever les idées fausses et les contradictions des terroristes de l'école de Robespierre en matière de religion. L'esprit de liberté doit-il ôter tout discernement à l'historien ?

substance que la République reposait sur le catholicisme ; par où l'on voit que, bien loin d'avoir fait un pacte secret pour renverser ce culte, la Révolution, élevée dans Robespierre à sa plus haute puissance, s'imaginait trouver un appui dans ce qui devait nécessairement la renverser.

Le succès de cette Révolution dans l'ordre moral était absolument impossible, puisque ses chefs, tout en renversant le moyen âge, maintenaient comme la règle des esprits l'idéal du moyen âge. Au milieu d'un immense bouleversement, tout est changé, excepté l'homme intérieur qu'on laisse systématiquement captif du passé.

Où donc est la Révolution à ce moment même, quand elle semble tout emporter ? Je vois subsister l'ancienne chaîne qui me promet l'ancienne servitude. Il n'y aura pas à changer un mot à la pensée et au langage de Robespierre pour en tirer le Concordat de Napoléon ; dans 1792 se montre déjà 1801.

« Consolez-vous, continue Robespierre, en songeant que la religion, dont les ministres sont stipendiés encore par la patrie, nous présente au moins une morale analogue à nos principes politiques. » Autre chimère, complément de la précédente ; et comme celle-ci, elle est devenue la règle de conduite et le fléau de toutes les révolutions de France. En vain, la vieille Église proclame ouvertement ses haines, ses exécrations pour les révolutionnaires ; ceux-ci nient l'évidence. Ils veulent se persuader et ils se persuadent qu'au fond de cette haine il y a un amour dissimulé pour leurs maximes, que l'exécration n'est qu'apparente, et que c'est l'alliance qui est réelle.

En vain le corps entier du sacerdoce les réprouve et les maudit ; ils s'obstinent à trouver dans cette malédiction une complaisance cachée ; en vain le génie même du catholicisme les condamne, les foudroie ; en vain l'institution, la tradition, l'esprit des fêtes, des cérémonies, l'âme de la vieille religion repousse, flétrit les novateurs ; il ne faut qu'un changement de surface pour les amuser et les perdre.

Pendant que l'institution les condamne, s'il se rencontre quelques individus dans le corps sacerdotal qui fassent alliance avec eux, en voilà plus qu'il n'en faut pour leur persuader que la paix est scellée entre le génie de l'immutabilité et le génie de l'innovation.

Pour les envelopper, il a toujours suffi à la vieille Église d'un procédé très-simple. Ce procédé consiste à leur montrer l'Évangile *comme une morale analogue à leurs principes politiques*. Ils n'ont jamais manqué jusqu'ici de se prendre à cette amorce. Aussitôt l'Église à laquelle ils n'ont rien changé se referme sur eux. L'Évangile disparaît, l'ancienne autorité demeure. Les voilà de nouveau scellés dans le passé. Car il n'est rien de pis pour des chefs de révolution que d'être dupes dans le principe même de l'ordre moral ; c'est le principe d'une duperie éternelle.

La Terreur continue en ces termes par la bouche de Robespierre : « Qui sont ceux qui croient à la nécessité du culte ? Ce sont les citoyens les plus faibles, les moins aisés...; ils seront forcés de renoncer au ministère des prêtres, et c'est la plus funeste de toutes les hypothèses, car c'est alors qu'ils sentiront tout le poids de leur misère, qui semblera leur ôter tous les biens, jusqu'à l'espérance. » Ainsi, la plus funeste hypothèse pour la Révolution, c'est que le culte sur lequel s'appuie la contre-révolution tombe en désuétude. Robespierre, non plus que les révolutionnaires au nom desquels il parle, n'entrevoit pas pour le peuple français une autre issue, dans le monde moral, que l'Église, c'est-à-dire le génie du passé.

D'autres nations ont échappé à ce génie suranné; quant à la nation française, les novateurs n'admettent pas que, même au plus fort de son élan, elle puisse sortir du cercle tracé autour d'elle. Ni progrès, ni affranchissement dans l'ordre religieux; « c'est alors qu'ils sentiraient le poids de leur misère. » Robespierre reprend ici le rôle de

Cazalès ; mêmes paroles, même conclusion. L'orateur de la droite à la Constituante revit dans le terroriste. Ainsi la gauche revient à la droite, les Jacobins aux Feuillants, la Montagne à la Plaine, la Législative et la Convention à la Constituante ; la Révolution tourne sur elle-même dans un cercle vicieux ; après tant de fureur, la voilà au point de départ. Que pourra-t-il sortir de là ? ni renouvellement, ni régénération morale ; peut-être le Directoire, le concordat et le pouvoir absolu.

Enfin, l'idée principale de Bazire et des Jacobins se fixe en système chez Robespierre : « Peu importe que les opinions religieuses que le peuple a embrassées soient des préjugés ou non ; c'est dans son système qu'il faut raisonner. » Ce parti pris conduisait les révolutionnaires à deux résultats qui étaient précisément le contraire de leur pensée. Premièrement, s'il fallait entrer dans le système du peuple, fût-il faux et contre-révolutionnaire, sans oser l'en avertir, cela revenait à dire qu'il fallait, par respect pour la Révolution, livrer le génie de la Révolution.

Une autre conséquence se déduisait nécessairement aussi des principes de Robespierre, et n'allait pas moins directement contre ses projets. Si les chefs, les orateurs, les élus du peuple confirment, par leur respect, ce qu'ils tiennent pour autant d'erreurs méprisables, que s'ensuit-il ? Il se forme deux nations : le peuple du préjugé, de la superstition, du mensonge, et le peuple de la raison, de la sagesse, de la vérité ; et entre eux la barrière est infranchissable. Nulle espérance que le second éclaire le premier, puisqu'il n'est permis d'ôter le bandeau à personne. Les clairvoyants doivent respecter les aveugles dans leur aveuglement, c'est-à-dire l'éterniser.

De cette hiérarchie soigneusement entretenue par la peur, qui ne voit naître deux races, ou plutôt deux castes, l'une des ténèbres, l'autre de la lumière, l'une de l'ignorance, l'autre de la science ? La différence qui les sépare eût été toujours croissant, par la nature même de l'ignorance et de la science, qui s'éloignent l'une de l'autre à mesure qu'elles augmentent. En comparaison de cette inégalité du jour et de la nuit, qu'était-ce que l'inégalité déjà si odieuse des citoyens actifs et passifs de la Constituante ? Une pure forme.

Le régime des castes eût ainsi reparu dans le monde ; car il n'a pas eu d'autre origine philosophique. Les idées de Robespierre sur le point le plus fondamental renversaient donc tous ses projets. Et quel plus grand malheur pour un novateur que de ruiner lui-même ses innovations !

De ces principes, examinez quelle politique dérive. Robespierre : « Vous avez à exterminer les tyrans; est-ce là le moment de toucher à l'Église ? Vous avez à prévenir les sourdes menées de l'intrigue; est-ce le moment qu'il faut choisir pour jeter au milieu de nous de nouveaux ferments de troubles et de discordes ? » Bazire avait déjà fait acclamer ce système : « Dans un temps où nous allons juger le roi, dans un temps où il est nécessaire que le peuple soit tout entier pour nous, défiez-vous de ce projet; quant à moi, je déclare que je le combattrai jusqu'à extinction. »

Ici se révèle toute une méthode; chez les révolutionnaires français, les déterminations ne viennent pas d'un principe qui les engendre, les contient, les produit les unes par les autres. Veulent-ils frapper la royauté, ils relèvent l'ancienne Église, sans s'apercevoir que c'est là un même principe, une même chose. La solidarité que les hommes du passé ont si clairement aperçue entre les choses du passé, échappe aux novateurs; jusqu'à ce jour, voilà ce qui a fait leur faiblesse même dans le triomphe. Ceci expliquera les coups portés en même temps à droite et à gauche dans la Terreur et la stérilité de ces massacres. Ont-ils frappé une des têtes de l'hydre, ils flattent, ils caressent, ils relèvent, ils fortifient, ils ressuscitent l'autre. Tâche illusoire !

D'après cela, il n'a pas été trop malaisé à M. de Maistre de prophétiser, en 1793, la chute morale de la Révolution et la restauration de la papauté. Après avoir lui-même tremblé, il vit très-bien que les terroristes avaient peur des choses de l'esprit, et qu'ils n'oseraient conclure. L'auteur du *Pape* savait la puissance des paroles officielles sur les instincts des peuples. Il savait que, tant que ces paroles n'ont pas été prononcées, rien de définitif n'est entré dans les choses humaines et divines.

Assurément, c'était un immense bouleversement et presque irréparable pour qui ne regardait qu'à l'extérieur. Celui-là n'apercevait que décombres et gouffres entr'ouverts. Mais pour celui qui sut regarder au dedans des hommes, il vit que l'Église surnageait malgré ces apparences, que l'âme des terroristes était à moitié égarée dans le labyrinthe du passé et qu'ils n'en sortiraient pas ; avec ce bout de chaîne, ne pourrait-il pas un jour réparer la chaîne entière ? Il osa l'espérer. Il comprit que les libérateurs du genre humain se livraient, se garrottaient eux-mêmes eux et leur postérité, et que dès lors rien n'était perdu.

Les choses vacillaient, il est vrai, d'une manière effrayante ; mais l'Église restait debout même dans l'esprit de Robespierre. Pourquoi désespérer ? Ces hommes d'épouvante avaient été les maîtres du saint des saints, et ils n'avaient osé y toucher ; ils avaient reculé. Ils n'étaient donc point de la race des hommes indomptables qui avaient irréparablement désolé l'ancienne Église. Peut-être n'était-ce qu'un torrent, une sorte d'incursion de Celtes dans le monde moral. Il fallait donc, suivant M. de Maistre, laisser passer le torrent et attendre. C'est ce qu'il fit. L'événement jusqu'ici a confirmé cette espérance.

LIVRE SIXIÈME

LA CONSTITUTION

I

DROITS DE L'HOMME

Tous les jours je vois des hommes qui, de la meilleure foi du monde, croient s'engager, penser, agir dans le sens de la Révolution, et qui pourtant font en réalité le contraire de ce qu'elle a voulu. Ils ressemblent à des voyageurs qui, pour aller au sud, marcheraient obstinément au nord. Cela me confirme dans l'idée que la Révolution n'est pas orientée, que la carte de ce pays-là n'est pas encore dressée, que les points cardinaux n'en ont pas été marqués ; et ainsi je suis encouragé à persévérer dans mon entreprise, malgré les obstacles que je rencontre et qui devraient me désespérer.

Quand un vaisseau est échoué, ce n'est pas le moment d'y suspendre des banderolles, comme dans les jours de fête. C'est le moment d'en sonder les flancs, d'en mesurer les avaries, et de réparer sur la carte marine les erreurs qui l'ont jeté à la côte.

Jamais hommes, nous l'avons vu, ne furent plus convaincus que les droits civils ne sont rien, s'ils ne sont garantis par la liberté politique. Là est le caractère, l'âme de la Constituante. C'est par là qu'elle devient l'organe de tous les grands publicistes modernes, et, en particulier, de Montesquieu

Voilà aussi pourquoi le travail de la constitution est celui auquel se ramènent toutes ses pensées.

Aucun bouleversement extérieur ne peut l'en distraire. Elle sait qu'elle ne fait rien si elle n'organise les garanties. Deux jours lui suffisent pour établir les changements d'ordre civil. Son existence entière suffit à peine à établir la constitution politique.

La seule déclaration des droits de l'homme a présenté incomparablement plus de difficultés que toute la révolution civile.

La Constituante, ne pouvant s'appuyer sur les précédents historiques de la France, prit pour base la tradition des penseurs. Mais que d'incertitudes! que de tâtonnements! que la lumière a de peine à se faire! Comme on sent dans ce laborieux enfantement un peuple désorienté, sans aïeux, sans passé! C'est là surtout que l'on voit que les Français avaient été conduits dans le désert. Point d'issue, point de sentier tracé. Derrière eux la servitude, devant eux l'inconnu ; Ismaël perdu dans les sables. Qui lui montrera le chemin ? Ni le tiers, ni la noblesse, ni le clergé n'ont une seule tradition de liberté. Tous également impuissants. Même le génie est déconcerté. A ce premier pas, Mirabeau se tait ou interroge.

S'il y avait un principe dans le monde qui dût figurer dans la déclaration des droits, c'était la liberté des cultes. On prit un détour, on subtilisa. Cette première des libertés fit peur. On n'osa pas encore en prononcer le nom. La Révolution entre ainsi par une porte détournée. Dès le premier pas, elle montra ses pieds d'argile.

II

ŒUVRE POLITIQUE DE LA CONSTITUANTE

En quoi consistait l'œuvre politique de la Constituante ? D'après les principes posés plus haut, je crois pouvoir le dire.

Tout le progrès de l'ancien régime tendait à établir la royauté sur le plan et la tradition du Bas-Empire. On y était parvenu.

La première chose que la Constituante rencontra, ce fut cet échafaudage du pouvoir monarchique emprunté d'une fausse antiquité. C'était comme l'âme de l'ancien régime, et pourtant cette âme n'était pas née en France. Elle y avait été apportée par l'imitation d'une ancienne servitude.

Dès que la Constituante se trouva en face de ce pouvoir démesuré, elle entreprit de le réduire et de le ramener à des formes nationales. Mais, comme ce pouvoir avait tout envahi, on se vit entraîné à tout lui reprendre. Voilà comment, sans aucune aversion contre la royauté, encore moins contre Louis XVI, on le dépouilla sans relâche et sans merci.

Personne ne prononçait le mot de décentralisation, et on le réalisait dans chaque décret. La monarchie avait tant usurpé que l'on ne crut jamais lui trop reprendre ; on ne pouvait plus dire ce qui était elle et ce qui ne l'était pas, car elle avait confondu toutes choses. C'est ainsi que l'autorité royale, s'étant mêlée à tout, substituée à tout, fut extirpée par des hommes sincèrement royalistes, mais qui voulurent retrouver une nation là où il n'y avait plus qu'un roi. Le prince dut s'effacer pour que la nation se montrât ; elle avait été ensevelie dans la monarchie. On jeta la monarchie au vent, et, pour la première fois, la France apparut.

Les hommes qui firent cette œuvre ne songeaient point à extirper l'autorité royale ; mais, emportés par le désir et bientôt par la joie de retrouver chaque jour les traits effacés d'un grand peuple, ils s'abandonnèrent à cette ardeur et ne s'arrêtèrent que lorsqu'ils eurent rétabli en entier les droits et la figure de cette nation enfouie. Alors plusieurs s'aperçurent que ce qu'ils avaient gardé de l'ancienne monarchie n'était qu'une ombre qui ne pouvait vivre ; ceux-là s'effrayèrent de leur ouvrage ; ils auraient voulu le détruire. Mais il était trop tard. En laissant voir leurs regrets, ils ne firent que provoquer d'autres hommes à l'achever à leur place.

Oter pièce à pièce chaque partie du pouvoir central, faire revivre par là les libertés locales, voilà l'œuvre politique de la Constituante. On peut dire que la pensée première de la Révolution ne se montra jamais plus spontanément. Car n'ayant alors aucun danger à courir de la part de l'étranger, elle put suivre sa propre impulsion et montrer son vrai caractère, sans être obligée de le plier à des circonstances trop impérieuses. De tout cela, je conclus que le premier instinct de la révolution politique, son œuvre la plus libre, la plus spontanée, fut de diminuer le pouvoir central ; que tout ce qui se fera dans ce sens sera dans l'esprit de la Révolution, et que tout ce qui se fera d'opposé sera fait contre elle.

III

COMMENT ON PEUT RECONNAITRE SI UN ÉVÉNEMENT EST DANS LE PLAN DE LA RÉVOLUTION

Le pouvoir absolu, un maître suprême, la servitude, sous un reste de nom populaire, une noblesse de cour, une dévotion dont le premier caractère est d'ôter aux hommes le sentiment des affaires publiques en détruisant en eux la virilité de l'âme, un assoupissement prodigieux ; une centralisation immodérée, une capitale immense qui absorbe tout ; de vastes provinces inanimées, vides, mortes : tels sont les traits principaux du gouvernement byzantin. Presque tous avaient été profondément enracinés par la tradition de nos rois dans l'histoire de France. La Révolution française fut un immense effort de la nation entière pour s'arracher à ces vieux fondements empruntés. Elle voulut se soustraire à l'imitation du Bas-Empire, qui, par nos légistes et nos princes, était devenu la fatalité de notre race, et à travers les temps les plus différents nous ramenait à pleines voiles à la constitution romaine de la décadence. Qu'avait été Louis XV, si ce n'est un monarque byzantin. de la décadence la plus extrême ?

Les Français depuis 89 avaient voulu rompre avec cette filiation et rentrer dans la possession de leur propre nature. Ils avaient entrepris d'extirper les principes et les germes étrangers introduits dans le passé.

Voulez-vous donc savoir si telle époque, tel régime, tel événement est dans le plan de la Révolution française ? Examinez seulement si la France se rapproche ou s'éloigne de l'idéal du pouvoir byzantin. Là est le vrai signe ; tous les autres peuvent tromper, celui-là seul est infaillible.

Le byzantinisme n'a pas duré seulement quinze siècles ; jusqu'à nos jours il s'est transporté dans la monarchie française, il a duré jusqu'à la Révolution. Napoléon l'a restauré.

IV

LA DÉMOCRATIE ROYALE

L'idée que le prince absolu représente le peuple est l'héritage que le Bas-Empire a laissé à la France. Cette idée signifie que le despotisme a senti le besoin de se couvrir d'un mot. Et c'est le caractère essentiel de la société byzantine de mettre les mots à la place des choses. Cette fiction ayant passé dans notre tradition, tant que le peuple a consenti à n'être rien, la royauté absolue a pu en effet répéter qu'elle le représentait. Cela a suffi pendant des siècles. Mais le jour est venu où, à la place du mot, la nation a voulu la réalité. Ce jour-là a éclaté la Révolution, c'est-à-dire le moment où les Français ont voulu se détacher de la tradition du Bas-Empire pour entrer dans les formes modernes.

Plus ces simulacres étaient gravés dans les esprits, plus le déchirement a été grand. C'est une des raisons pour lesquelles la Révolution a été si violente.

Le peuple avait toujours entendu dire que le roi

était son père, et il prit cette parole au sérieux; il demanda au prince d'être ce qui lui était impossible. Comme le pouvoir absolu héréditaire répugnait profondément à ce que Louis XVI fût le personnage que la démocratie attendait, et qu'il ne pouvait en aucune manière la représenter, le peuple se crut trompé. La nature seule des choses s'élevait entre le prince et lui; il devint furieux.

D'autre part, Louis XVI ne put jamais comprendre ce rôle de chef d'une démocratie royale qui n'avait été pour lui et ses ancêtres qu'une fiction. Quand on l'adjura de la réaliser, il sentit qu'on lui demandait de n'être plus lui-même ; à la fureur il opposa la ruse.

Ainsi ce mensonge byzantin, qui était au fond de notre histoire et qui avait traversé des siècles, devint une calamité pour le prince autant que pour le peuple. Le voile dont s'était recouvert le passé fut déchiré en un moment au milieu des douleurs d'un monde. Au lieu de cette imposture d'une démocratie royale, on vit la réalité, c'est-à-dire deux puissances qui devaient se dévorer l'une l'autre, l'absolutisme royal dont la tradition avait sa racine dans Byzance, et le peuple qui portait en lui tous les orages de l'avenir.

Il y avait un pouvoir qui, depuis le fond du moyen âge, ne cessait de grandir et de tout absorber : c'est le pouvoir royal. Il avait pour lui la force accumulée et continue de plusieurs siècles. Quand la Révolution se leva, elle marcha en sens contraire : le choc se fit dès le premier jour; l'ébranlement fut immense, toute la terre en retentit.

V

LA CONSTITUTION ANGLAISE EN 89. — QUELLE EN ÉTAIT LA PREMIÈRE CONDITION ?

La constitution anglaise eût-elle fini la Révolution de 89 ? Non, assurément. Le roi l'aurait donnée pour la retirer ; du moins, tout le monde en aurait eu la crainte ou l'espérance ; dès lors, point de repos. C'est contre cette impossibilité que se brisait le système de Necker.

Voilà aussi l'erreur principale de madame de Staël dans ses *Considérations*. Elle parle toujours de la constitution britannique, mais cette constitution n'a été assurée que par un prince nouveau. Les anciens Stuarts ne pouvaient finir la révolution anglaise, les Bourbons ne pouvaient davantage finir la nôtre ; entre elles et eux il fallait choisir.

Pour se placer dans le plan de l'histoire anglaise, il fallait avant tout l'expulsion de nos Stuarts ; c'est ce qui n'est jamais entré dans l'esprit de ceux qui prétendaient imiter l'Angleterre.

Louis XVI eut sur tout cela une vue plus claire ; il lisait dans l'histoire son propre détrônement au profit d'un autre Guillaume d'Orange ; l'instinct du salut lui montra ce que la science des constitutionnels leur laissa ignorer jusqu'au bout. A cette lumière, il vit la loi fondamentale des révolutions mieux que les révolutionnaires eux-mêmes ; il éprouvait une invincible répugnance à s'engager dans une voie où nul ne pouvait s'arrêter ; après tout ce qu'a révélé l'expérience, qui voudrait lui reprocher d'avoir craint l'avenir ?

Nous avons appris, en fait, qu'une révolution quelconque ne peut garder à sa tête le prince qui représente l'ordre ancien ; cette idée, aujourd'hui évidente pour nous, n'était alors dans aucun esprit, les meilleurs ne voulant d'autre roi de la révolution que celui-là même qui était impossible. Nous savons maintenant la raison secrète pourquoi de vieilles dynasties ne peuvent se prêter à de pareils changements. C'est que le souvenir de leur toute-puissance leur gâte tout ce qu'on leur laisse d'autorité. Un prince nouveau peut se faire à ces diminutions de fortune ; il ne les sent pas, il n'a au contraire devant les yeux que son élévation inespérée. Un trône abaissé est toujours pour lui un trône. Ce ne sera pour le prince légitime qu'une honte éternelle, à laquelle il ne s'habituera jamais.

La royauté, qui avait vu toujours le tiers état sous ses pieds, pouvait-elle soudainement le hausser à son niveau et le mettre sur le pavois ? C'était folie de l'espérer.

Il fallait que le roi se détachât de toute sa tradition, qu'il élevât ceux qu'il avait abaissés, qu'il abaissât ceux qu'il avait élevés. Ni la constitution n'était faite pour Louis XVI, ni Louis XVI pour la constitution. Il était le seul homme sur terre qui ne pût l'accepter.

On a cent fois exposé les erreurs de la constitution de 1791 ; trop de république pour une monarchie, trop de monarchie pour une république. Le point le mieux prévu était l'abdication forcée de Louis XVI ; mais la constitution aurait été sans défauts, qu'elle les aurait eus tous aux yeux des gens de cour, parce qu'elle supposait un contrat qui ne pouvait entrer sérieusement dans l'esprit du prince de vieille race.

Je ne saurais m'empêcher de plaindre un roi auquel on demande chaque jour l'impossible : renier ses ancêtres, respecter la constitution qui le dépouille, aimer la Révolution qui le détruit.

VI

S'IL Y AVAIT UN MOYEN DE DIRIGER LA RÉVOLUTION.
PREMIÈRE FAUTE DE L'ANCIEN RÉGIME :
DÉSESPÉRER TROP TÔT.

Il y avait, dit-on, un moyen de prévenir ou de diriger la Révolution. Il eût fallu que Necker, dès la première heure des états généraux, eût présenté un plan complet de constitution ; promesse de la convocation périodique des états généraux, partage du pouvoir législatif avec le monarque. A ces conditions, l'Assemblée eût été entraînée, la nation subjuguée par la reconnaissance.

Ceux qui soutiennent ces idées après Malouet sortent des conditions du possible et de l'histoire. Ils veulent que Louis XVI soit le prince qu'il ne pouvait être ; ils lui demandent de courir lui-même au-devant de ce qui lui est odieux. Comment aurait-il posé lui-même par son ministre les bases d'une constitution dont la pensée seule lui paraissait un attentat ? Autant vaudrait imaginer qu'il fût un prince d'un autre siècle, d'une autre race, en un mot, qu'il ne gardât pas en lui un seul vestige du tempérament royal des Bourbons. Que sert d'entasser l'impossible pour corriger l'irrévocable ? Aux fautes on ajoute l'utopie.

Après Mounier, les premiers qui désespérèrent de la liberté furent Malouet, Lally-Tollendal, Clermont-Tonnerre, Bergasse ; ils ne purent suivre la Révolution que jusqu'au 21 septembre 89. A cette borne ils s'arrêtent ; ils reculent, se retirent de l'histoire ; ils n'avaient pas été formés pour les longs combats. Au premier démenti qu'ils reçoivent des choses et des hommes, ils abandonnent l'entreprise.

Tout fut perdu à leur yeux, à ce moment précis où l'Assemblée rejette le système qu'ils présentaient, des deux chambres et du *veto* absolu. Cette panique était-elle raisonnable ?

Supposez, en 1791, un sénat, tel que le voulait Malouet ; en quoi les choses eussent-elles différé ? Ou le sénat se serait rangé à la décision de la chambre basse, et dans ce cas il était inutile ; ou il aurait résisté, et alors il eût été un ferment de guerre ajouté à tant d'autres. Que l'on se figure un moment une pairie en face de la Législative de 1791 ; qui croira que cette chambre haute eût été respectée et obéie ?

Les historiens qui reprochent tant à la Constituante ses principes abstraits et absolus, font la même faute, quand ils déclarent que tout eût été sauvé par telle ou telle disposition de loi, conforme au régime anglais. Ils oublient les circonstances, les choses, les situations plus fortes que toutes les lois écrites ; ils supposent que le roi se serait accommodé d'un pacte qui ne lui eût ôté que la moitié du pouvoir ; cette supposition se trouve absolument fausse. Louis XVI ne pouvait même supporter le nom de l'Assemblée nationale, il persista longtemps à l'appeler les états généraux.

Dès cette époque, Danton, encore obscur, répétait son adage : « En Révolution, il faut bâcler et non réglementer ; » voulant dire, sans doute, qu'au milieu de la tourmente, c'est folie de songer à des institutions définitives.

C'était un état de guerre entre le roi et la Révolution ; il fallait donc que la constitution fût un ordre de combat. Elle ne pouvait, dans les prémices de la liberté, être autre chose. Désespérer en septembre 89, parce que le roi n'a pas eu le *veto* absolu, c'est désespérer de l'avenir, parce qu'il ne s'est pas trouvé un roseau pour arrêter le déluge.

Sachons, au moins, ne pas nous abandonner trop tôt. Les choses humaines, comme les choses divines, appartiennent à qui conserve le plus longtemps l'espérance ; c'est ainsi qu'à la guerre la victoire reste à celui qui a gardé sa réserve.

Si vous demandez pourquoi aucune des révolutions qui ont suivi la Révolution française n'a reproduit les mêmes fureurs, je réponds en premier lieu que l'expérience, qui a peu servi aux peuples, a beaucoup profité aux princes. Lisez Mallet-Dupar, Malouet; vous verrez que les conseils qu'ils donnaient aux souverains n'ont été compris que vingt ou trente ans plus tard; alors, ils eurent un plein succès.

Des princes de nos jours n'auraient pas commis les fautes de Louis XVI et de Marie-Antoinette : ils n'auraient pas paru dans la fête de Versailles ; ils auraient affiché partout la cocarde nouvelle; ils savent qu'une révolution dans son premier élan est invincible, et que, pour empêcher qu'elle se cabre, il faut lui lâcher la bride.

Je tiens pour certain que ce qui hâta la ruine de l'ancien pouvoir, c'est qu'il crut tout perdu s'il acceptait telle loi, tel décret. Comme il jugea d'abord tout désespéré, il se hâta prématurément de déclarer au dedans et au dehors une guerre à outrance. Voilà pourquoi la droite de l'Assemblée, la noblesse, le clergé, se montrèrent intraitables sur certains points.

Ils s'imaginèrent que, si telle ligne était écrite dans la constitution, c'était fait de la chose condamnée par cet article. Des hommes si nouveaux dans de pareils débats attachaient alors, comme le peuple, une importance prodigieuse à la parole, à l'écriture ; ils ne savaient pas combien il est permis d'entasser de décrets sans rien changer aux choses ; combien il est aisé de reprendre en secret ce que l'on a perdu avec fracas. Depuis ce temps, on a vu d'autres partis laisser tranquillement les novateurs écrire dans la loi tout ce qu'il leur a plu d'écrire, et les changements s'évanouir aussi facilement qu'ils avaient été consentis.

VII

CONJURATION DE MIRABEAU. — A-T-IL VENDU LA RÉVOLUTION?

Tous les cahiers généraux que les députés avaient apportés de leurs provinces à l'Assemblée constituante se résument par ces mots : *Concilier la liberté nouvelle avec le catholicisme et avec l'ancienne royauté.* C'était là le problème que se posait la France de 1789. Mais quoi! personne n'examinera-t-il d'abord si l'énigme n'est pas impossible à résoudre?

Tous, au contraire, la croient facile et s'en font un jeu. Ils viennent de chaque point de l'horizon, la tête haute, apporter leur solution au sphinx. Et s'il arrivait par hasard que le problème, tel qu'une génération entière l'accepte, n'eût pas de solution possible, si les termes s'en excluaient, si ces nobles esprits poursuivaient une tâche imaginaire, ne faudrait-il pas s'attendre à un spectacle inouï et de toutes parts à un deuil sans exemple? Car chacun, rencontrant une difficulté là où il croyait trouver une issue, ne manquerait pas d'accuser tous les autres de ce qui serait la nature des choses.

Voulez-vous voir ce qu'était en soi la seconde partie du problème, je veux dire la conciliation de l'ancienne dynastie et de la liberté ? Jetez les yeux sur la manière dont le plus grand homme de ces temps, qui avait l'esprit le plus droit, le plus profond, Mirabeau, a résolu la question. Mirabeau s'épuise, il se consume, se déshonore à chercher cette alliance. Il y laisse pour holocauste sa mémoire. Quand un tel homme résout un tel problème par l'infamie, dites hardiment que le problème était impossible.

La divulgation des *Notes secrètes*[1] de Mirabeau a montré chez lui des profondeurs qu'on ne soupçonnait pas. On voit un homme descendre dans la fraude, dans le mensonge, autant qu'il s'était élevé dans la vérité et dans la gloire.

On savait bien que Mirabeau était vendu; mais on ne savait pas quelle hardiesse, quelle audace, quel génie il avait gardés dans ces ténèbres, ni quel rude pasteur il avait été pour ce qu'il appelait le *royal bétail*.

Le décret qui interdit aux députés le ministère est du 7 novembre 89. Mirabeau le considéra, non sans raison, comme une attaque détournée contre lui, et il se résolut dès lors à perdre l'Assemblée, qui lui donnait la gloire et l'autorité, et lui refu-

---

[1] Correspondance entre le comte de Mirabeau et le comte de La Mark, 1851.

sait le pouvoir nominal. Son entrevue avec la reine, dans les jardins de Saint-Cloud, le 3 juillet 1790, eût achevé de le gagner, si son traité secret et vénal avec la cour lui eût laissé quelque incertitude. Ses dettes payées, six mille francs par mois, un million après la session de l'Assemblée, dans le cas où l'on serait content de lui, voilà ce que se vendait alors le plus beau génie de la terre !

Il entre dans le projet de rétablir l'autorité royale, comme dans une conjuration florentine. C'est un chapitre à ajouter à celui des conspirations dans *le Prince* de Machiavel. Il veut former une société secrète royale, dont lui seul, avec M. de Montmorin, tiendra les fils ; il prétend y ranger Cazalès, l'abbé de Montesquiou, pêle-mêle avec Barnave, Chapelier, Thouret, sans que nul d'entre eux connaisse le but auquel tous concourront. Lui seul remuera à son gré ces instruments.

Tant de ruses, de replis, de connaissance des bas côtés de la nature humaine, tant d'éclairs dans la profonde nuit, une science si accomplie du mal, un art de corrompre si expérimenté, si invétéré, l'aigle qui devient le serpent, mais un serpent qui garde ses ailes sublimes, voilà assurément ce que personne ne soupçonnait à ce degré. Les proportions de Mirabeau deviennent ainsi monstrueuses.

S'il est vrai que la plupart des hommes ne respectent et ne saluent que la force dans l'histoire, on peut dire que cette découverte ne diminuera en rien leur opinion sur Mirabeau ; car il leur apparaîtra désormais comme un être qui dépasse toutes les proportions connues.

Le premier apôtre de la Révolution en est en même temps le Judas ; colosse d'infamie autant que de gloire. C'est assez s'ils ne l'en admirent pas davantage.

Sous les idées triomphantes du dix-huitième siècle, sous les formes expansives de l'*Emile*, sous la candeur du disciple du *Vicaire savoyard* ; on découvre dans le même homme avec stupeur les côtés ténébreux et les abîmes de Machiavel ; soit que, par les Riquetti, il tienne par une chaîne invisible aux traditions du secrétaire de Florence ; soit que la nature ait voulu former à l'entrée de la Révolution française un esprit qui dispose également du bien et du mal, du vrai et du faux, de la lumière et des ténèbres, pour figurer dans un seul toutes les routes les plus diverses où les hommes peuvent s'engager.

Et quand je parle de Machiavel, il ne faut pas se représenter en Mirabeau un imitateur, mais un émule ; il met aussitôt lui-même en pratique les leçons nouvelles qu'il donne aux autres :

« On ne se sauvera que par un plan qui amalgame les combinaisons de l'homme d'État et les ressources de l'intrigue, le courage des grands citoyens et l'audace des scélérats... Il nous faut une sorte de pharmacie politique, où le chef seul, également muni de simples salutaires et de plantes vénéneuses, dose ses compositions sous la direction de son génie et sous les auspices d'une confiance aveugle de la part du malade. »

Au sortir du moyen âge, l'art conseillé par Machiavel au prince consiste surtout à envelopper, à tromper des individus, et il fait un grand usage des moyens violents auxquels son temps était accoutumé. A cet art, Mirabeau ajoute celui de tromper des masses, un peuple, une Assemblée. Il ne conseille ni le poison ni le fer, mais la perfidie, le mensonge continu, le cynisme dans la fraude[1].

Veut-on un exemple ? Mirabeau dresse pour la cour le plan de deux embûches dans lesquelles il promet de faire tomber l'Assemblée et la France. Le premier de ces moyens est un vaste *atelier de police* ou d'espionnage dont il couvrira le royaume. On saura par cette voie quels sont, en chaque endroit, les chefs qu'il faut se hâter d'acquérir à tout prix, jusque dans le fond des provinces. Les agents secrets, auxquels il donne le nom de « voyageurs »,

---

[1] Que ceux qui seraient tentés de trouver ce jugement sévère lisent les *Notes secrètes* de Mirabeau.

iront du centre aux extrémités nouer le complot royal, pousser toute chose à l'extrême, désorganiser le royaume, préparer la guerre civile, rendre Paris odieux, *multiplier* l'anarchie, et décider ainsi la crise.

Le second moyen est un *atelier de presse* vénale qui conservera toutes les apparences de l'indépendance. Il faudra se procurer un très-grand nombre d'auteurs, ne laisser en dehors de cette fraude « aucun homme de premier talent ». L'opinion publique se trouvera, à un moment donné, submergée sous un flot de paroles achetées. De chaque point du territoire partira le même mot d'ordre que répéteront des voix que l'on croira libres; et cet accord, dans un thème secrètement convenu et imposé, réduira bientôt à l'impuissance les hommes et les partis abandonnés à leur seule sincérité.

On peut dire que du premier regard Mirabeau a atteint, dans l'art de corrompre la presse, une perfection qui ne devait être surpassée par personne. Dans ce vaste réseau, où la liberté sert à frauder la liberté, il a omis une seule chose : il n'a pas pensé à organiser la conspiration du silence contre les hommes, les idées et les renommées qu'il voulait étouffer. Mais vous l'excuserez, si vous réfléchissez que la France était alors si retentissante que c'eût été folie de se fier au silence du soin d'étouffer une conscience ou une vérité. Dans tout le reste, il a tracé les règles ; il demeure le maître et l'inventeur. Il ne s'agit chez lui que de *désinfluencer* la Constituante, d'*enferrer l'Assemblée*. — « J'indiquerai, dit-il, quelques moyens de lui tendre des piéges ; » — et sur cela il déroule tout un système, qui consiste le plus souvent à pousser les hommes à des excès, à des violences, pour dégoûter la nation de ses libertés nouvelles et la rejeter au pied du prince.

Chez Machiavel, c'est par le silence que doit s'établir l'autorité du prince. Chez Mirabeau, c'est par la parole. Il s'agit de faire servir le discours à dérouter l'intelligence. C'est sous un flot d'éloquence qu'il faut déconcerter et aveugler la raison publique. Dans cet échafaudage où Mirabeau a tout prévu, il trace des règles qui sont devenues plus tard les lois de toute réaction. Ces règles sont excellentes pour le but qu'il se propose, elles sont fondées sur une profonde connaissance de la nature humaine en général ; elles ouvrent la voie dans laquelle on entrera après lui. Elles ont comme système une valeur incontestable ; mais il leur manque une qualité essentielle, c'est d'être en rapport avec l'époque à laquelle elles étaient proposées.

Les maximes de Machiavel n'étaient qu'un écho du seizième siècle en Italie, et c'est pour cela qu'elles se sont si aisément réalisées. Celles de Mirabeau étaient en dehors du dix-huitième siècle, personne ne pouvait encore les comprendre. Ce siècle, brillant, humain, expansif, ingénu même, était incapable du sang-froid, de la dissimulation rampante, de la perversité calculée qu'exigeait de lui Mirabeau.

Comment faire de Louis XVI ce *scélérat* que demandait, que réclamait le système du tribun de la royauté? Comment assujettir la reine à ces habitudes de duplicité, de mensonge glacial dont il avait besoin? Les murailles mêmes parlaient, et dans aucune époque les hommes ne se déguisèrent moins : il y avait encore trop d'espérances et trop de passions dans les âmes pour que le mensonge permanent fût scellé sur toutes les lèvres.

D'ailleurs, quel moyen d'obtenir cette universelle hypocrisie quand les classes étaient déjà aux prises? Comment ce jeu était-il possible, quand l'émigration jetait le cri de guerre ? Aussi Mirabeau ne put-il alors convertir personne à sa théorie frauduleuse. Il proposait à des partis jeunes encore, et qui ne désespéraient de rien, un système propre à des générations usées. Il resta seul. Il avait devancé son siècle en corruption de plus de soixante ans.

Ce qui montre, au reste, la valeur de ses idées, c'est qu'elles ont régné plus tard. Elles sont devenues comme le code ou le génie de toute contre-révolution ; et je ne crois pas que l'on puisse citer de nos temps un prince qui se soit mal trouvé de les avoir suivies. Comme Machiavel, à la fin du moyen âge, a marqué le chemin aux princes qui ont voulu usurper violemment sur un peuple qui ne les avait pas provoqués, Mirabeau a montré la route à tous les princes qui, après avoir été menacés par une révolution populaire, se sont dégagés des liens du peuple, et, en sacrifiant une apparence de l'ancienne autorité, ont recouvré tout le reste. C'est ce que nous avons vu de nos jours en Autriche, en Prusse, en Allemagne, en Espagne, où les souverains, à moitié renversés et qui ne gardaient qu'une ombre, ont pu, en se conformant aux conseils de Mirabeau, ressaisir presque sans lutte l'autorité passée, si bien que l'on peut se demander si, loin de l'avoir perdue, ils ne l'ont pas augmentée.

Tous les princes qui se sont conformés à la théorie de Mirabeau sont aujourd'hui en sûreté, et ont remis sans trop de peine le frein au peuple ; tous ceux qui ont agi autrement sont tombés ; par où l'on voit que ce qui manquait aux idées de Mirabeau proposées à Louis XVI, ce n'était pas la force du génie, mais la seule conformité avec le temps. Si la Constituante et la France n'ont pas succombé entre ces deux machines de guerre, son atelier de police et son atelier de presse, ce n'est pas sa conception qu'on doit en accuser : l'époque seule lui a manqué, et il faut répéter avec son coopérateur, M. de La Mark : « Le système semblait fait pour d'autres temps et d'autres hommes. » En effet, prématurées au dix-huitième siècle, ces idées se sont trouvées d'accord avec notre époque ; nos esprits fatigués, nos âmes désabusées, détrempées, ont prêté au système la matière corrompue que lui ont refusée nos pères.

Si Mirabeau se trompait sur les princes et la noblesse de son temps en leur demandant une dissimulation dont ils étaient alors incapables, il se trompait plus encore sur la multitude. Il attribuait à la génération contemporaine un instinct mercenaire qui ne devait appartenir qu'à la postérité. Ce n'était pas aux hommes de 1789 et de 1790 que pouvaient s'appliquer ces paroles : « Le peuple ne jugera de la Révolution que par un seul fait : Lui prendra-t-on plus ou moins d'argent dans sa poche ? Vivra-t-il plus à son aise ? Aura-t-il plus de travail ? Ce travail sera-t-il mieux payé ? » L'œil perçant de Mirabeau devançait l'avenir. Comme il arrive souvent aux plus grands génies, il était dupe de sa propre prévision. Les jours qu'il entrevoyait dans la postérité, il les croyait déjà arrivés. Sous le peuple ingénu de 89, il devinait le peuple prématurément vieilli ; et au rebours du commun des hommes, il jugeait des contemporains par les descendants.

Avant que le plus grand nombre ne réalisât les prophéties de Mirabeau, que d'expériences étaient à faire ! que de jours et d'années brûlantes devaient se succéder ! Avant que l'homme entier se réduisît au calcul, qu'il restait d'espérances à épuiser ! Dans cet intervalle, la conscience publique demeurait debout. Elle veillait, elle perçait les masques ; elle apercevait, elle dénonçait Mirabeau à travers les murailles ; et la seule puissance qu'il ne connut pas, dont il ne se défia jamais, fut celle qui l'enveloppait au moment où il tendait ses embûches.

Je ne veux point dire que Mirabeau, dans son œuvre souterraine, ait livré sans recours la cause de la liberté. Tout semble au contraire prouver qu'il s'était persuadé qu'il sauverait à force de perfidies, non-seulement la royauté, mais la Révolution ; c'est ici seulement que son esprit paraît inférieur à celui de Machiavel. Dans la langue de Machiavel, liberté et corruption sont des termes qui s'excluent. La trempe inaltérable de son esprit d'acier lui a fait clairement voir qu'il est impossible d'affranchir un peuple en le corrompant, et il a repoussé ce système non comme immoral, mais comme faux. Par quelle illusion, par quelle chute, Mirabeau a-t-il pu, au contraire, s'imaginer que la dépravation pouvait être le chemin de l'émancipation des peuples ? Tromper, dépraver, dégrader, voilà selon lui le seul plan possible, et ce plan doit conduire à l'affranchissement.

Comment ce génie si ferme a-t-il pu se figurer qu'en jetant l'immoralité et le mensonge dans les fondations d'une révolution, il en ferait sortir la régénération d'un peuple? Jusque-là, Mirabeau avait conservé le plein équilibre de ses facultés; ici on a le spectacle d'un grand esprit démâté, désorienté, désemparé de toute conscience, de toute droiture, de toute sincérité, et qui sombre dans l'abîme. Quel naufrage! Et si c'était en même temps le naufrage d'un peuple!

Machiavel avait gardé dans la corruption du seizième siècle la justesse de l'esprit, avec laquelle tout peut se réparer; il savait qu'il y a deux chemins : la corruption qui mène à la servitude, la régénération qui mène à la liberté. Jamais il n'a confondu ces deux routes; par l'une ou l'autre, il a toujours su où il allait. Mirabeau a brouillé ces chemins. Il a mis la confusion où Machiavel avait mis la lumière. Si Mirabeau, par la méthode de dépravation qu'il dressait en code, eût pensé faire graviter le monde vers la servitude, son esprit fût resté logique et son intelligence sauve et entière. Mais en assouplissant la nation au mensonge, il croyait sauver la liberté. Ici est la chute de l'intelligence.

Ce qui était excellent dans *le Prince* n'a plus de sens dès que vous l'appliquez au peuple. N'avoir qu'un même système pour donner ou ôter la liberté, c'est détruire la nature des choses.

Quand de pareils hommes font de semblables méprises, c'est ce qu'il y a de plus difficile à pardonner ; car il semble que, lorsque ces grands esprits s'abusent, ils dépouillent l'humanité d'une partie de son plus juste orgueil, sans compter que leur chute devient bientôt l'objet de l'imitation d'un grand nombre.

Une chose explique ce point d'infériorité de Mirabeau sur Machiavel : c'est le préjugé toujours renaissant, chez les Français, qu'une fois la liberté conquise, il ne peuvent plus la perdre. Mirabeau parle ici pour les Français de tous les temps : « Le despotisme est pour jamais fini en France ; la Révolution pourra avorter, la constitution pourra être subvertie, le royaume déchiré en lambeaux par l'anarchie, mais on ne rétrogradera jamais vers le despotisme. » Avec cette persuasion, toutes les armes sont indifférentes. On peut puiser à flots dans les doctrines du *Prince*, sans craindre jamais d'arriver au résultat pour lequel elles sont faites. L'expérience a montré que l'extrême perversité de Mirabeau touche ici à une sorte d'ingénuité ; on finit par s'étonner que, sous cet amas de ruses, de pièges, il y ait une certaine impossibilité de croire aux chutes que l'avenir tenait en réserve.

Je suppose que le plan de Mirabeau eût réussi à

souhait ; que les *voix* de ceux qui n'ont que leur suffrage à fournir eussent été *séduites à bon marché ou par de simples promesses ;* que les autres eussent été entraînés par l'ambition, *ou par un intérêt plus substantiel ;* qu'après avoir corrompu les hommes, on eût corrompu les livres, en *les dosant suffisamment de patriotisme ;* que les assemblées eussent été *enferrées*, le peuple enveloppé dans le filet d'une *intrigue obscure* et d'une *artificieuse dissimulation*, la nation empoisonnée de *ces plantes vénéneuses* dont il se réservait le secret ; je vois bien au sortir de là une nation mutilée, usée, flétrie, désabusée, mercenaire, telle que Machiavel la demande pour l'asservir ; mais, dans cette multitude hébétée, au sortir de la chambre des poisons, je ne vois pas un point moral où puisse s'appuyer la monarchie sage et tempérée que veut fonder Mirabeau. Évidemment le système qu'il édifie le trompe lui-même. Après l'emploi de ces poisons subtils, ce qui manquerait à sa monarchie tempérée serait un peuple. Il ne resterait qu'un cadavre indigne même de servitude.

Toute la nation suivait des yeux ces machinations souterraines de Mirabeau ; chacun le voyait travailler dans sa chambre de Locuste, et lui seul ne s'en doutait pas. Comment a-t-il pu oublier que tout se sait, tout se voit, de ce qui se passe dans l'intérieur d'un esprit tel que le sien ? Grâce à la grandeur de ces esprits, il leur est impossible de se cacher même sous la terre. Les échos répètent leur parole, même sans qu'ils l'aient prononcée. Un grand homme n'a pas un secret qui ne devienne aussitôt le secret de l'univers.

Les machinations de Mirabeau eurent deux effets qui se montrèrent dans la suite de la Révolution. Un tel exemple éveilla d'abord et légitima le soupçon. Chacun put se croire trompé. La nation à cette découverte vieillit, en un moment, de plusieurs années.

Qui sera fidèle, si celui que la nation avait payé de tant d'admiration s'était vendu dès la première heure ? A qui se fier désormais ? Le traître n'est-il pas partout ? Voilà le premier résultat.

Le second, c'est de chercher l'incorruptible. Où est-il, cet homme intègre que tout l'or du monde ne peut acheter? Existe-t-il quelque part? Qu'il se montre seulement le cœur et les mains nets : toutes les consciences naïves iront vers lui, elles lui appartiendront d'avance. On aura un tel besoin de droiture, qu'on sera prêt à tout y sacrifier. Mirabeau vendu, c'est l'avénement de **Robespierre** *l'Incorruptible.*

VIII

MIRABEAU ET ROBESPIERRE

Entre la pensée publique de Mirabeau et sa pensée secrète et vénale, où était la véritable? où était le vrai Mirabeau? C'est là un grand problème moral.

Comment le même homme a-t-il pu vivre, je ne dis pas deux ans, mais un jour, partagé entre deux systèmes si contraires? comment a-t-il pu porter en lui ces deux hommes qui s'entre-détruisaient, et montrer partout à chaque moment ce front d'airain qui commandait à tous? Sans crainte de se démasquer, il préside les Jacobins et leur tient tête pendant des heures. Il ôte la parole à Robespierre, qui laissait percer déjà au moins ses haines. En public il armait la Révolution contre le prince, en secret il armait le prince contre la Révolution. Où était sa pensée, son opinion, son penchant? de ces deux Mirabeau quel était le véritable?

On le chercherait vainement dans ses opinions directement opposées, qui s'anéantissent l'une l'autre et chacune avec la même puissance, sous des formes différentes : amples, magnifiques, impétueuses, dominatrices quand il s'adresse au peuple à la face du jour ; brèves, concises, ramassées quand il parle à l'oreille du prince, dans ses notes vénales écrites à la dérobée. Comment a-t-il pu porter ce secret sans en être jamais oppressé ? Était-ce que ces deux politiques se détruisaient l'une l'autre et que Mirabeau ne portait en lui qu'un scepticisme absolu, un vrai néant ? La somme de ses idées, de ses intentions, aboutissait-elle donc à zéro ?

Non, un tel homme n'est pas un pur néant ; et les questions qu'il soulève sont sans réponse, si l'on n'admet pas que dans les replis de cette âme profonde et corrompue, parente de Machiavel, il y eut un troisième Mirabeau, qui, prétendant concilier les deux autres, ne disant le fond de sa volonté à personne, ni au peuple ni au prince, ne conversait qu'avec lui-même, et emporta son secret dans la mort. Celui-là, dans ses derniers replis, eût avoué à lui-même qu'il voulait maîtriser la Révolution par le roi, le roi par la Révolution, être à la fois le tribun et le ministre, sauver le peuple et le prince en les jouant l'un et l'autre ; rêve criminel, dernier refuge où se retirait dans une fausse paix cet incomparable génie. C'est du fond de cet antre que ce sphinx au double visage, s'absolvant dans sa conscience, bravait les soupçons de son temps et les accusations de la postérité.

Il n'a pas été possible à Mirabeau d'effacer les immenses services qu'il a rendus à la Révolution ; son travail souterrain ne prévaudra pas contre son œuvre éclatante : il n'a trahi que lui-même.

Tant qu'il vécut, il fut le lest et la raison de l'Assemblée. Sa puissante tête contre-balança la foule. Après lui le gouvernement échappa à l'Assemblée et passa à la place publique. Il n'y eut plus personne qui osât gourmander les tempêtes. L'imprévu, l'inconnu, régnèrent. En face de ce génie foudroyant de Mirabeau, se trouve un homme que l'on discerne à peine, tant il fait peu de bruit : c'est Robespierre ; mais chaque jour il fait un pas, et toujours dans la même direction. A mesure qu'une pierre est arrachée de l'ancien édifice, il en ébranle une autre ; quand celle-là a cédé à son tour, il descend plus bas jusqu'à ce qu'il ait touché aux premiers fondements. Au lieu de la marche tortueuse de Mirabeau, Robespierre représente la ligne droite, inflexible, géométrique, qui ne dévie jamais, qui avance toujours avec la persistance sourde d'une force élémentaire. Tant qu'aucun obstacle ne se présente, il marche avec une sorte de placidité et de douceur philanthropique vers le gouffre. Il découvre le premier les abîmes, marque d'avance le chemin des ruines. Ses discours ressemblent à des corollaires de géométrie. Ils en ont la froideur, la sécheresse.

A chaque progrès que fait la Constituante, il semble lui dire : Encore plus loin ! Mais si un jour une résistance s'oppose à cette force aveugle, mathématique, que restera-t-il de cette patience et de cette humilité ? quel changement se fera dans ce tempérament de glace ? n'est-il pas probable que cette force ainsi ménagée, accumulée, toujours persistante, toujours victorieuse, même dans ses défaites, sera à la fin plus dure que les rochers et qu'elle broiera tout sur son passage ? L'homme disparaîtra, le système seul subsistera.

Personne peut-être, moins que Robespierre, ne se doutait alors de l'homme qu'il renfermait en lui. On voyait en lui un philanthrope, et il ne se jugeait pas bien différemment.

Il s'ignore, et il faudra qu'un événement imprévu le dévoile à lui-même ; ce moment n'est pas encore venu.

IX

UN SYSTÈME DE CONTRE-RÉVOLUTION

J'écris dans un temps où la conscience humaine a disparu, comme en Italie au commencement du seizième siècle. De pareils engloutissements de l'âme ne sont pas éternels, je le sais ; mais il est impossible à un écrivain de n'en pas tenir compte.

Il n'y a que deux moyens de rendre une révolution irrévocable. Le premier est de changer l'ordre moral, la religion ; le second est de changer l'ordre matériel, la propriété. Les révolutions qui font ces deux choses sont certaines de vivre. Le premier moyen est pour elles plus assuré que le second. Quant à celles qui n'emploient ni l'un ni l'autre, elles sont écrites sur le sable ; le premier flot les emporte.

S'il n'y a que deux moyens de réussir pour une révolution, il y en a d'innombrables pour empêcher qu'elle ne réussisse. Les systèmes de contre-révolution produits à la fin du dix-huitième siècle nous frappent aujourd'hui par leurs faiblesses, leurs vides ou leurs inconséquences. Surpris dans la nuit, les hommes du passé se blessaient avec leurs propres armes. C'est peut-être un des points sur lesquels l'expérience nous permet d'ajouter le plus aux connaissances du siècle précédent. Au lieu d'une vaine passion, nous pouvons fournir la méthode la plus rigoureuse dans tous les cas semblables. Mirabeau lui-même est loin d'avoir tout dit.

Cela posé, je cherche ce qu'il faut faire quand une révolution a éclaté, et qu'il s'agit de la maîtriser pour la ruiner. L'expérience prouve qu'il faut d'abord y applaudir, louer surtout la générosité, le désintéressement, la magnanimité du peuple. Commence-t-il à s'affermir, alors le temps est venu de lui crier par toutes les bouches dont on peut disposer que ce serait déshonorer, souiller sa victoire s'il osait en profiter, que l'avantage qu'il doit en retirer est de l'avoir faite, mais que toute garantie qu'il prendrait serait un vol à sa propre renommée.

Dès qu'on a ainsi endormi le peuple par des louanges sans bornes à son désintéressement, il est permis d'aller plus loin. Il faut lui faire sentir que les armes qu'il garde à la main sont un signe de désordre, qu'il donnera un exemple éclatant de sagesse en les remettant à quelques personnes désignées, ou à certains corps institués, qui les porteront à sa place.

Sitôt que le peuple se sera désarmé, il faudra encore acclamer la débonnaireté du lion ; mais dès le lendemain on pourra déjà insinuer que cette révolution que l'on croyait si pure n'a pas été sans mélange de crimes, que des forcenés étaient mêlés aux héros, mais qu'heureusement les pervers formaient le petit nombre.

Le jour suivant, on pourra se délivrer de ces entraves ; et si rien n'a branlé, le moment est arrivé de publier que cette révolution, qui faisait illusion au premier coup d'œil, n'était après tout qu'une œuvre de crime, qu'il était aisé de voir que le pillage en avait été le seul mobile, que grâce à Dieu on avait échappé à la scélératesse des principaux ; mais qu'assez de ruines, de vols, de meurtres, d'incendies et d'infamies de toutes sortes témoignaient de ce que la révolution aurait fait, si on ne l'eût écrasée au berceau.

Ce thème une fois hasardé, l'expérience démontre que l'on ne pourra y revenir trop souvent, jusqu'à ce que le peuple, aveuglé par tant d'accusations subites, finisse par croire qu'il a échappé lui-même à un gouffre de scélératesses. C'est le moment de profiter de la peur qui amène la stupeur, pour s'élancer hardiment en arrière et mettre le frein aux victorieux.

X

LA NOBLESSE FRANÇAISE

On a vu plus haut quel obstacle se rencontrait dans l'ancienne dynastie. Cette même impossibilité se retrouvait par d'autres raisons dans la noblesse française.

Qu'est-ce qui l'empêchait de se constituer à l'anglaise? Son histoire. Quel droit la noblesse française avait-elle de commander, elle qui, depuis des siècles, n'avait su que servir? Première expiation de sa longue domesticité ; il aurait été impossible d'en tirer une chambre des lords qui eût la raison d'être dans le passé.

L'humeur de la noblesse, dans le présent, ne s'opposait pas moins que ses traditions à l'établissement d'un gouvernement aristocratique; car elle voulait, à sa manière, l'égalité. Elle demandait à tout prix qu'il n'y eût aucune différence entre la grande noblesse et la petite. Cette manie d'égalité niveleuse ne laissait aucune chance à la hiérarchie, fondement d'une constitution à l'anglaise. Que tous servent plutôt que quelques-uns dominent ! Ce tempérament est le contraire d'une aristocratie faite pour commander.

Après tout, la noblesse d'âme, la fierté d'esprit, sont les seules puissances devant lesquelles les hommes se résignent à s'incliner, même libres Là est la vraie hiérarchie ; où elle manque, aucune prétention ne peut la remplacer.

La noblesse française avait manqué de toute fierté dans les deux derniers siècles. Elle avait donné l'exemple de l'apostasie religieuse, dès qu'elle y avait trouvé son intérêt. Le grand reniement du dix-septième siècle, après celui de Henri IV, acheva de briser en elle tout caractère. Elle avait vendu sa foi religieuse, comment aurait-elle pu fonder la foi politique ? Dans la Fronde, elle montra l'esprit d'intrigue sans ambition. Rebelle au Mazarin, elle se prosterne dès que le prince paraît. On vit alors son néant ; elle n'avait guidé les Français vers aucune liberté.

Au contraire, elle avait été plèbe par la rage de servir, plèbe par le goût des emplois dépendants et lucratifs, plèbe par la vanité sans orgueil, par la soumission aveugle, par le besoin de courir au-devant des caprices d'un maître. Pourquoi maintenant cesserait-elle d'être peuple, depuis que le peuple avait vaincu ?

Les nations n'ont supporté l'inégalité que lorsque les classes supérieures ont eu un instinct d'indépendance qui manquait aux autres. Lorsque, au contraire, ces classes ont donné l'exemple de l'obéissance à un maître absolu, il a été impossible de faire comprendre aux petits pourquoi, une fois émancipés, ils devaient continuer à s'humilier devant des grands si longtemps humiliés.

On ne peut donner le nom d'aristocratie aux nobles de France, qui n'avaient retenu dans l'État aucun pouvoir. Ils étaient les premiers esclaves dans l'ancien régime; comment pouvaient-ils avoir la prétention de régner dans le nouveau?

Là aussi, le passé engendra le présent; l'anéantissement politique de la noblesse, dans la vieille France, causa son anéantissement dans la France de la Révolution.

Les classes supérieures, chez nous, voient avec surprise, et quelquefois avec indignation, le flot montant de l'égalité que rien n'arrête. Mais c'est le pouvoir absolu qui a créé cet esprit. Il a tout jeté dans la même poussière; celle qui est dorée n'en est pas moins poussière; c'est ce que les peuples aperçoivent clairement, même au plus fort des tempêtes civiles. Ils ne respectent rien de ce qui ne s'est pas respecté.

XI

POURQUOI IL A ÉTÉ IMPOSSIBLE DE TROMPER LE PEUPLE DE 89. — LA BÊTISE, DIVINITÉ MODERNE

La question qui se présente est celle-ci : comment a-t-il été impossible à la contre-révolution d'amuser, d'éconduire, de tromper le peuple, qui ne demande ordinairement qu'à être trompé ? Chose si aisée en d'autres temps, et chez d'autres nations.

Cette impossibilité eut plusieurs causes qu'il importe de signaler, et d'abord, le soupçon né de la conscience subitement acquise d'avoir été opprimé pendant des siècles, les mille voix de la presse qui empêchaient la foule de se rendormir, l'inquiétude d'une révolution encore si nouvelle, la curiosité, la passion, surtout la simplicité des esprits. C'est elle qui déconcerta les manéges les plus subtils. Le peuple était novice ; c'était sa meilleure garantie contre les sophismes. Il ne les eût pas même compris. Son intelligence n'avait pas été altérée ; il était encore tout instinct, et l'instinct ne le trompait pas.

Suivez ces premières vues ; vous trouverez d'abord que le peuple n'a pu être abusé, parce que personne ne s'est donné sérieusement la peine de l'abuser. L'ancien régime se dressa avec une franchise de haine désespérante pour lui. Il fit déclarer la guerre ; dès ce moment, quel moyen lui restait-il d'endormir les Français ? Que servaient les déclarations de la cour, quand chacun voyait l'ennemi en armes, poussé par les émigrés, à la frontière ? La partie du peuple la plus accoutumée à se payer de mots eût vainement voulu s'abuser. Les choses parlaient, elles apportaient l'évidence.

Il fut même impossible d'amener les cabinets étrangers à user de dissimulation. Les plus habiles, ceux qui étaient dans la voie de Mirabeau, conseillaient aux puissances étrangères de se cacher sous le mot de liberté. Le mot était trop nouveau; les cabinets refusèrent ce détour. Ils ne devaient comprendre la valeur de ce conseil qu'en 1814. Grâce à la fureur qui était chez tous les partis, la vérité était chez tous. Louis XVI avait son *veto*, Marie-Antoinette sa correspondance de chaque jour avec l'étranger. Brunswick eut son manifeste. Ceux qui furent amusés en 1814 n'auraient donc pu l'être en 1791 et 1792, quand même ils l'auraient voulu. Rois et peuples combattaient à découvert.

Secondement, j'ai déjà laissé entrevoir que le peuple ne put être trompé parce qu'il ne circonscrivait point alors la Révolution à une question purement matérielle; il suivait, non un intérêt immédiat, mais une sorte de religion de la justice. C'est cette idée ou plutôt cet instinct de vérité qui l'éclaira et l'empêcha de tomber dans aucun piége. Grâce à cet instinct que rien encore n'avait altéré, il se conduisit, au milieu du labyrinthe des affaires, comme eût put le faire un diplomate consommé.

Tant qu'il conserva ce pur idéal de la patrie, il en fut illuminé. Il discerna sans peine ses amis et ses ennemis; c'est seulement à mesure que le peuple se matérialisa, qu'il devint facile à tromper. Il eut infiniment plus de notions acquises, et infiniment moins de lumières intérieures.

Quand plus tard l'intérêt seul remplaça l'idéal de justice, alors les mots suffirent au peuple; il n'eut plus besoin des choses. Toute apparence lui sembla réalité; il fut facile de l'en repaitre. A la fin, le lion se trouva naturellement et aisément enchaîné.

Sitôt, en effet, que le peuple renonce à sentir et se réduit à raisonner, il n'est rien au monde de plus facile que de l'abuser; car, sur ce terrain nouveau, il n'a aucune expérience, nul moyen de s'orienter. Veut-il être fin, il est perdu; lui-même s'embarrasse et se prend dans ses propres embûches. Le peuple de 89 était plus ignorant que celui qui lui a succédé. Cependant il était incomparablement plus intelligent dans les grandes choses; et l'explication qui renferme toutes les autres, c'est qu'il avait un but plus élevé, il avait le cœur plus haut. De là il voyait, il mesurait distinctement au loin les plis et les replis de l'horizon qui échappent nécessairement à ceux dont la visée est moins fière.

Quand le cœur disparaît dans le peuple et que le raisonnement seul prend la place de l'instinct, c'est une chose incroyable que la faculté infinie de duperie et la puissance d'aveuglement qui s'éveille dans l'homme : on ne croirait pas qu'une créature puisse ainsi s'abandonner et se livrer elle-même.

La duperie chez les anciens, et même au moyen âge, était mêlée de naïveté et d'imagination. Nous lui avons ôté ces deux compagnes et l'avons laissée sans voile. Il est resté la Bêtise toute nue, divinité essentiellement moderne ou plutôt toute récente, car les hommes de la Révolution ne la connaissaient pas, incompatible avec les grandes passions et presque inséparable des petites.

En 1790, les Jacobins ne flattaient pas le peuple. Ils ne s'en faisaient pas l'idée qu'ils en eurent plus tard ; ils se le figuraient toujours prêt à se laisser aveugler par les habiles, impatient de trouver le repos sous un maître, sans discernement, sans instinct même. Voilà l'image qu'en donnent Laclos, Marat, tous ceux qui, peu de mois après, le prirent pour idole. Est-ce donc que le peuple avait changé en un moment? Non, mais il était devenu puissant, on l'adora.

Une plante cultivée tend perpétuellement à revenir à son premier état d'où l'art l'a fait sortir. Il en est de même des sociétés humaines. Comparez un moment, à ce point de vue, deux révolutions qui sont presque nées ensemble, celle de France et celle d'Amérique, et voyez leurs tempéraments divers.

Tout, en Europe, après quelques efforts, tend à retourner à son type primitif, l'arbitraire. Tout, aux États-Unis de l'Amérique du Nord, est ramené par une force cachée au principe des gouvernements libres, déposé dans leur berceau. Le catholicisme lui-même, abandonné à la seconde génération, va se perdre dans les religions de libre examen, par lesquelles ont commencé les colonies.

Est-ce donc que l'avenir de l'Europe est de produire d'immenses démocraties serviles qui graviteront incessamment vers l'arbitraire d'où elles sortent et où elles rentrent, pendant que la vraie démocratie libre prendra son expansion dans les vastes déserts inconnus de l'Amérique du Nord? Les faits aujourd'hui semblent entraîner cette conséquence avec eux. Mais il est trop périlleux de prophétiser la servitude; il serait trop dur pour moi d'y accoutumer ma langue. Tout ce que je peux dire, c'est que pour empêcher ce retour au type primitif, il faudrait une culture incessante des forces de l'âme ; et au contraire l'art d'étouffer les âmes arrive, en Europe, à une perfection que l'avenir ne dépassera pas.

XII

LA BOURGEOISIE ET LE PEUPLE

Une chose me frappe de plus en plus, à mesure que je descends dans l'esprit de la Révolution. Quand j'assiste à ce bouleversement de l'ancienne société, je m'attends à voir surgir, des profondeurs des masses, quelque individu puissant, inculte, né de la tempête, pour les représenter. Mais cette attente ne se réalise pas. Aucun artisan, aucun paysan n'a son jour de puissance et de renommée. On ne voit surgir de la foule ni un cardeur de laine comme Michel Lando, dans les révolutions de Florence, ni un pêcheur comme Masaniello, ni un tisserand comme Jean de Leyde.

La multitude se place très-vite chez nous par l'action à la hauteur de ses chefs, mais ces chefs sont d'une autre classe. Le peuple obéit promptement à l'aiguillon de la presse et de la tribune. Lui-même ne parle pas, n'écrit pas. On le dirait muet. Il agit sous une autre impulsion et il reste anonyme.

Dans les clubs, même aux Jacobins, ce n'est jamais un homme du peuple qui devient l'organe du peuple ; c'est toujours un homme d'une condition plus élevée. Il n'est pas de Révolution où le prolétaire proprement dit soit moins sorti des rangs, pour acquérir une autorité personnelle. C'est à peine si l'on peut en citer un seul qui ait obtenu une renommée d'un jour. Le bruit que fait le peuple est immense ; aucun homme du peuple ne laisse un nom puissant à la postérité.

Je pense que cela vient de ce qu'une certaine modestie se maintint longtemps, au milieu même des passions les plus déchaînées. La crainte du ridicule, autrefois plus puissante chez nous que nulle part, empêchait les individus illettrés de se produire ailleurs que sur les champs de bataille, où la mort étouffe le rire.

Dans les temps barbares, les hommes du peuple ne connaissaient pas cet esprit de timidité qui est la crainte du ridicule. Voilà pourquoi les temps barbares ont mis en lumière tant d'hommes tirés de la foule.

Tous les tribuns qui se succèdent, Marat, Danton, Robespierre, Saint-Just, font partie de la bourgeoisie. C'est la bourgeoisie qui sert d'organe aux masses muettes sur lesquelles l'ancien régime avait mis un sceau. Elles n'eussent pu parler, si elles n'avaient trouvé au-dessus d'elles un interprète, tant elles étaient reléguées au loin dans le gouffre.

Comment auraient-elles pu participer à la vie nouvelle, née des écrivains, elles qui ne savaient pas lire ? Pour que ce miracle se fît, il fallut que des hommes qui étaient sortis de ce premier asservissement redescendissent vers elles, et leur apportassent l'écho des paroles de liberté qui devaient changer le monde. Sans la bourgeoisie, que fût devenu le peuple ? Son émancipation eût été absolument impossible, et c'est ce qu'il comprit dès le premier jour. « Nous voulons voir notre comte de Mirabeau, » disaient les femmes en arrivant à Versailles, le 6 octobre 89 ; elles se sentaient, ce jour-là, parentes du grand marchand de drap de Provence.

Voilà ce qui me porte à croire que quelques écrivains se sont trop hâtés de faire naître, dès 89, les dissensions profondes de la bourgeoisie et du peuple. Sans doute, les différences existaient, elles devaient grandir ; mais combien elles étaient loin alors de ce que l'on a imaginé depuis ! C'était l'aristocratie, les ci-devant, que la foule poursuivait de sa haine ; et jusqu'ici le despotisme seul devait trouver son compte à annuler la bourgeoisie par le peuple, le peuple par la bourgeoisie. Pourquoi porter dans le récit de ces temps-là nos ressentiments et nos passions actuelles ? C'est assez des passions de la Révolution, n'y ajoutons pas les nôtres.

Les classes pauvres ne figuraient pas à la Constituante ; cela a fait croire à des historiens que cette Assemblée ne représentait que les riches. Le peuple, il est vrai, n'était pas à la tribune, il ne parlait pas ; mais il écoutait, il se réveillait d'un sommeil de mille ans, il naissait à la parole des orateurs ; et n'est-ce rien que de naître ?

Véritablement, nous abaissons outre mesure le cœur du peuple de 1789, en supposant que rien ne le regardait dans l'affranchissement de l'homme. Nous lui attribuons des paroles qui n'ont été trouvées que de nos jours sur la dignité et la vie publique : « que cela regarde les bourgeois. » Cette langue était inconnue en 89 ; ne faisons pas entrer la nation française par cette fausse porte dans la région de l'avenir.

Non, le peuple n'a pas commencé par être plèbe, comme quelques-uns se le figurent aujourd'hui ; il s'est senti en naissant l'égal des classes supérieures dans tout ce qui intéresse l'homme.

Il a eu, sur toutes les grandes affaires, le même cœur, la même pensée que la bourgeoisie. Le réduire à la seule préoccupation de la famine et du salaire, c'est lui ôter à la fois le passé et l'avenir. Car que pourrait être jamais une classe d'hommes qui, dans les crises les plus décisives de l'humanité, ne verraient jamais autre chose qu'une crise alimentaire ? Quoi qu'on ait pu dire, c'étaient des hommes vivant au jour le jour qui se passionnaient pour ou contre le *veto*, le droit de guerre, la constitution du clergé.

Ils s'intéressaient à tout cela comme si leur vie eût été assurée ; et cet enthousiasme, qui transporte les peuples au-dessus d'eux-mêmes, n'est pas seulement propre à la Révolution française. Les *gueux* de Hollande n'ont-ils pas oublié quatre-vingts ans le boire et le manger pour une question qui ne touchait que l'esprit? Singuliers systèmes historiques qui tantôt placent le peuple au-dessus de l'histoire dans les régions des nues, et tantôt revendiquent pour lui l'égalité politique du ver de terre.

Plus tard se posa la question des riches et des pauvres ; et il faut avouer que la majorité de la Constituante précipita ce résultat par la distinction des citoyens actifs et des citoyens passifs. Dans un pays où les mots l'emportent si souvent sur les choses, c'était là comme une déclaration de guerre ; car qui voudrait, dans une pareille époque, se résigner à être l'instrument *passif* de quelques-uns? qui voudrait porter ce nom?

Que cette Constituante, si magnanime d'ailleurs, ait prononcé une telle exclusion en termes si injurieux, cela prouve à quel degré d'abaissement étaient tombées les dernières classes du peuple. On ne pourrait décider, au reste, s'il y avait plus de dédain ou plus de crainte dans le décret du *marc d'argent*. Ce qui semble sûr, l'Assemblée trembla de confier son œuvre de liberté à des hommes qui n'en avaient jamais connu l'ombre. Mais cela ne pouvait-il pas se dire de chaque Français ? Et une confiance entière n'eût-elle pas mieux valu que des restrictions arbitraires qui ne pouvaient se maintenir que par la volonté de ceux-là même contre qui elles étaient dirigées ? Au reste, chose remarquable, le peuple n'a presque pas protesté contre le décret du marc d'argent qui l'excluait des affaires publiques. Il n'a pas été possible de le mettre en branle pour cette question. D'où cela vint-il ? Ce peuple, même déchaîné, avait plus de simplicité et de modestie qu'on ne croit. Il ne se jugeait point capable de gouverner. Les fonctions d'orateur à l'Assemblée étaient si hautes que nul artisan ne parut y prétendre.

Aucune des insurrections ne sortit de là, ni la révolte de Nancy, ni les troubles de Toulon et de Brest, ni l'émeute de Vincennes. Cette modestie du peuple dans les premiers temps de la Révolution, quand la fureur ne l'aveugle pas, méritait d'être mieux conservée dans l'histoire. Il ne se croyait pas même capable d'exercer un emploi, une magistrature civile. Il offrait sa bonne volonté, ses bras, son cœur. On défigure tout quand on le montre, au contraire, avide de remplir les assemblées et les tribunaux. On trouverait mille exemples de cette défiance de soi-même qui l'empêcha de nourrir d'abord de grandes ambitions, et le retint partout au dernier rang sur le seuil.

Il fallut les aiguillons furieux de la presse pour lui faire sentir l'injure de la distinction entre les citoyens actifs et les citoyens passifs. Encore sa colère ne s'alluma-t-elle jamais contre cette inégalité ; on ne put le pousser à s'ameuter contre elle.

Je ne vois pas un seul prolétaire dans l'avant-garde de la Révolution. Il a fallu trois ans de prédications de la classe lettrée pour faire entrer le peuple en scène. C'est absolument renverser l'histoire que d'établir aujourd'hui qu'il a précédé ses chefs. La vérité stricte est que la bourgeoisie s'est divisée ; une partie s'est effrayée et a voulu s'arrêter, l'autre a continué de marcher au-devant de l'inconnu. Dans aucun cas, l'initiative n'a été prise par des prolétaires.

Le peuple n'entre dans les affaires qu'en 93, et il reste anonyme.

XIII

UNE ERREUR DE LA RÉVOLUTION

C'est Robespierre qui propose le décret : « que nul des membres de la Constituante ne pourra être réélu à la prochaine législature. »

L'erreur de la Révolution a été de croire que les individus qui s'étaient illustrés par leurs services pouvaient être rejetés ou négligés sans inconvénient ; que les masses du peuple contenaient des sources inépuisables d'inspiration et de génie. Les temps ont montré, au contraire, que l'impulsion venait de quelques hommes ; quand ces hommes eurent été réduits à l'impuissance, les masses se trouvèrent stériles et la révolution politique avorta.

Ce qui a manqué d'abord, ce fut le respect des individus. On crut qu'ils seraient aisément remplacés, que le peuple fournirait une substance inépuisable à l'avenir. Première idée fausse, elle fut une des plus grandes causes de ruine de la Révolution.

Sans Montesquieu, Voltaire, Rousseau, Buffon,

que reste-t-il du dix-huitième siècle? Otez les hommes illustres de la Révolution, que reste-t-il? Un peuple muet et un prompt asservissement.

Robespierre eut sur tout cela des vues confuses; c'est lui qui, pour jeter la Révolution dans l'imprévu, commença à la désarmer de tout ce qu'elle avait d'hommes importants. Il jeta le lest et coupa le câble. Mais sur quel astre était-il orienté pour trouver sa route dans la tempête? Il l'ignorait lui-même. La droite de l'Assemblée, complice ici de la politique secrète et vénale de Mirabeau[1], accepta ces chances; elle se réunit un moment à Robespierre. Tous se précipitèrent dans l'inconnu ; mais les premiers sentirent que la Révolution avait perdu ses voies sûres ; ils comptèrent qu'il y avait dans ce vague plus d'une chance de revenir au passé. Leur calcul n'a pas tout à fait manqué de justesse.

[1] Correspondance de Mirabeau et du comte de La Mark.

XIV

UNE DES CAUSES DE LA PROMPTE LASSITUDE DES PARTIS

Dans la révocation de l'édit de Nantes, on est accoutumé à ne voir qu'une seule chose : la France privée de l'industrie et des métiers de cinq cent mille artisans. On avoue que l'agriculture s'en ressentit d'une manière fâcheuse, que plus d'un champ resta en friche, que des procédés ingénieux furent portés à l'étranger par ce peuple de proscrits, qu'en un mot, il y eut pour la France un vrai dommage matériel. Voilà ce que les historiens reconnaissent.

Mais le dommage moral, qui l'a estimé jusqu'ici à sa vraie valeur? C'est la Révolution qui s'est chargée de montrer le vide qu'avaient laissé les proscriptions religieuses de deux siècles. Il se trouva sans doute en France, à profusion, des hommes qui surent se passionner pour une cause et mourir pour elle; mais ce n'est pas là le plus difficile en des temps pareils.

Ce qui est rare, c'est de persévérer dans la première ardeur, de ne pas se laisser abattre par sa propre victoire ; or c'est ce qui a manqué le plus aux hommes de la Révolution. Une si grande fureur s'est dévorée elle-même ; et si l'on examine ces hommes cinq ou six ans après, on s'étonne de les voir si différents ; ils ont tout oublié ; la langue qu'ils ont parlée, ils ne la connaissent plus. Après cet immense fracas, le silence universel ; un éclat formidable, et presque aussitôt un oubli complet de soi-même et des autres.

Il semble, d'après cela, que les révolutions soutenues d'un esprit religieux soient les seules qui n'usent pas les forces humaines. J'en ai longtemps cherché la raison. Voici celle qui me satisfait le mieux. C'est que, dans toutes les autres révolutions, il vient un moment, pour chaque parti, chaque homme, où il croit pouvoir obtenir l'accomplissement de ses principes, sans le payer d'aucun sacrifice sérieux ou d'argent, ou de sang, ou de luxe, ou de bien-être, ou de plaisir, ou même d'habitude. Et quand cette pensée entre dans l'homme, dites hardiment qu'il ne reste qu'une ombre.

La lassitude dont se plaignent les hommes de nos jours n'est pas un sentiment nouveau. Combien les Français se sont vite fatigués de la Révolution française ! Combien chacun a promptement aspiré au repos dès que les choses ont déconcerté ses prévisions ! Il n'y a guère entre les partis que la différence de quelques années.

L'auteur du serment du Jeu de paume maudit, dès le lendemain, ce fatal serment.

Au moment où nous sommes parvenus, tout le parti Feuillant est las; imprévoyance ou légèreté, peu importe. Qui lirait dans le cœur de ces vaillants hommes de la première journée, Thouret, Chapelier, Target, Duport, verrait la même soif de repos, peut-être le même regret. Encore quelques mois, ce sera le tour de Danton. Lui aussi, le titan, ira respirer à la campagne. Ses bras toujours tendus n'en peuvent plus. Robespierre répétera après lui : « Je suis fatigué par quatre ans de Révolution. »

Enfin, en 1796, c'est le peuple qui est harassé ; il se retire en masse ; il a besoin de sommeil, il va dormir pendant un tiers de siècle.

La prompte satiété, l'accablement prématuré, c'est là le trait commun à tous. Combien les sans-culottes se sont lassés plus vite que les gueux de Hollande ! Ceux-ci, après quatre-vingts ans de supplices, étaient aussi âpres à la lutte que le premier jour.

De là, je crois devoir conclure qu'un immense dommage pour la Révolution française fut d'avoir été privée du peuple proscrit à la Saint-Barthélemy et à la révocation de l'édit de Nantes.

Quand vous voyez dans l'esprit français de si grands vides qu'il serait désormais puéril de nier, n'oubliez pas que la France s'est arrachée elle-même le cœur et les entrailles par l'expulsion ou l'étouffement de près de deux millions de ses meilleurs citoyens. Quelle nation, quelle société résisterait aujourd'hui à une expérience de ce genre ? Ce sont là de ces plaies que les siècles ne guérissent pas.

Au contraire, cela devient comme une habitude de notre histoire. L'amputation d'un membre, et puis d'un autre, est une règle qui reparait chez nous à chaque époque difficile. Prenez garde qu'en rejetant toutes les parties nobles, il ne vous reste à la fin qu'un tronc esclave.

De ce peuple de proscrits de 1685, combien peu de leurs descendants rentrèrent en France ! D'abord, selon qu'il arrive aux exilés, ils crurent à un prompt retour. Puis l'espérance tombe ; les générations passent, elles changent de langue. Le cœur s'aliène. Autant de forces morales enlevées à la mère patrie. Elles se fondent avec les peuples étrangers dont elles augmentent la vie et la prospérité.

Quand la porte fut rouverte, en 1787 et plus encore en 1789, qui consentit à en profiter ? personne. La réparation venait trop tard après de si grands maux. Les réfugiés avaient goûté ailleurs la liberté, ils s'étaient fait une nouvelle patrie ; ils ne se fièrent pas aux promesses de l'ancienne. Et ces hommes éprouvés par le fer et le feu, ces caractères de granit, qui n'avaient fléchi sous aucune des tyrannies du passé, combien ils devaient nous manquer plus tard en toutes choses ! Quelques années n'auraient pas suffi pour les décourager ou les rejeter dans le moyen âge; ils n'auraient pu rien ajouter à la violence et à l'héroïsme des passions ; peut-être ils les eussent tempérées ; et sans doute ils eussent fourni cette base, le caractère, la persévérance dans l'énergie, seule chose où l'on ne dépassa pas les limites connues.

J'eusse aimé voir nos réfugiés porter en masse, à la Révolution française, l'appui qu'ils ont donné aux révolutions de Hollande, d'Angleterre, de Suisse et d'Amérique. Partout ils ont aidé, éclairé, affermi l'esprit moderne dans ces luttes civiles. Ce n'est que dans leur patrie qu'ils n'ont pu se montrer.

Il est donc vrai qu'une nation ne gagne rien à retrancher d'elle-même de si grandes forces morales que celles des réformés. Le vide qu'avait laissé leur expulsion ne put être comblé par aucun holocauste. Cette France du seizième et du dix-septième siècle deux fois décapitée, il fut impossible de la remplacer. Dans la crise suprême, la moitié de la nation manque à l'autre ; elle y manque encore aujourd'hui.

Il s'ensuivit pour la France que le moyen âge s'y trouva aux prises avec l'esprit moderne sans aucun intermédiaire ; le choc ne pouvait être que furieux.

Chez les autres peuples la liberté s'était élevée sur le trépied de la réforme, de la renaissance et de la philosophie. La réforme ayant été extirpée chez nous, qui pourrait dire à quel point l'équilibre fut rompu ? Le trépied chancela comme dans le vide.

Cette prompte lassitude des partis les uns après les autres, est-ce un trait particulier à la race française qui va si vite au bout de tout, et même de ses fureurs ? Est-il vrai qu'il est de la nature de l'esprit français de ne prendre rien au sérieux avec persévérance ? N'est-ce pas plutôt une marque des atteintes qu'il a reçues ? Qu'y a-t-il de plus sérieux et de plus persévérant que le calvinisme, et le jansénisme, et Port-Royal ? Le despotisme les a extirpés, car il lui convient fort que lui seul soit pris au sérieux. Mais la nation française n'était pas chose si inconsistante qu'on le prétend. Il a fallu le bras séculier pour émonder cet arbre vigoureux.

La violence nous a diminués ; mais c'est notre honneur qu'il a fallu la proscription de cinq cent mille des nôtres, l'extirpation d'une partie de la nation, pour nous réduire à la frivolité dont on nous accuse aujourd'hui après nous l'avoir imposée. Notre France façonnée pour le bon plaisir d'un seul n'a pas toujours été ainsi. Nous pouvons montrer nos plaies, nos membres amputés. La Providence nous avait faits complets, comme toutes ses œuvres ; il y avait chez nous un juste équilibre de gravité et de légèreté, de fond et de formes, de réalité et d'apparence. Est-ce notre faute si la violence barbare nous a ôté le lest? Il est des proscriptions irréparables ; notre nature en est restée boiteuse,

Que n'eût été la France si, avec l'éclat de son génie, elle se fût maintenue entière, je veux dire, si à cette splendeur elle eût joint la force de caractère, la vigueur d'ame, l'indomptable ténacité de cette partie de la nation qui avait été retrempée par la Réforme ! Calvin, Bossuet, Voltaire, quelle puissance que ces trois forces rivales en présence ! Sans doute la France aurait eu une supériorité trop marquée ; le despotisme a pris soin de lui retrancher la plus grande partie de son nerf moral !

On a quelquefois comparé la France à madame de Sévigné, mélange de sérieux et de grâce. Sous cette apparente futilité il y a tout Port-Royal ; ôtez-lui le fonds et ne lui laissez que la frivolité : voilà la France telle que l'avaient faite les persécutions de l'ancien régime.

Elle était sévère, elle a été contrainte de devenir frivole ; elle a porté ses dons, ses facultés les plus solides à l'étranger ; elle a gardé pour elle une moitié seulement de son génie, l'éclat, le brillant, la mobilité. Mais ce n'est pas avec la mobilité que la liberté se fonde ; il y faut un sérieux qui épouvante maintenant ceux auxquels on l'a ôté de vive force.

Malheur aux nations qui se laissent mutiler de la meilleure partie d'elles-mêmes ! Elles peuvent être condamnées à une longue enfance et à une tutelle plus longue encore.

LIVRE SEPTIÈME

VARENNES

I

FÉDÉRATION

Quand la tribune de la Constituante se fut emparée des esprits, les événements devinrent rares. La France fit silence pendant quelques mois, tout occupée de ce prodige si nouveau pour elle, la parole publique. D'un bout à l'autre du royaume, les oreilles se remplissaient de ces vérités que chacun portait en soi, et qui pourtant éblouissaient comme une révélation. Le plus grand des événements était l'apparition de ces noms glorieux qui éclataient pour la première fois. Chaque jour enfantait son orateur, son homme d'État. Au loin, dans les hameaux, on épelait ces noms, ces discours. La vie extérieure en fut suspendue. On écoutait, on oubliait d'agir.

Cet état des esprits dura jusqu'à l'approche de

l'anniversaire de la prise de la Bastille. Le souvenir de cette grande date réveilla la nation au milieu de ce songe d'éloquence et de félicité. Toutes les provinces parurent se lever spontanément pour venir se donner la main dans Paris. La fédération du 14 juillet 1790 devint elle-même une date presque aussi fameuse que la journée qui en avait été le prétexte.

C'était la première fête de la Révolution ; et l'on croyait déjà être arrivé au terme. Même les royalistes se sentirent émus d'un mouvement si universel. Les fédérés accouraient de tous les départements ; chaque station, chaque ville qu'ils traversaient leur montrait une nation renouvelée. La terre semblait changée à leurs yeux. Ceux qui avaient visité l'ancienne France hérissée d'obstacles à chaque pas s'émerveillaient de voir toutes les barrières tombées. Avec l'ancienne naïveté, ils entraient dans Paris comme dans la ville sacrée.

Là ils se hâtaient vers les lieux devenus subitement célèbres ; c'étaient les ruines de la Bastille qui les attiraient d'abord. Ils se faisaient raconter pour la centième fois les merveilles du 14 juillet 1789. Comme ils apportaient à tout des âmes neuves, ils épiaient, pendant de longues journées, autour des Tuileries, le passage du roi et de la reine, n'ayant pas appris encore à les haïr.

Mais ce qui laissa le plus long souvenir, ce fut le travail en commun pour disposer le Champ-de-Mars à recevoir sur ses terrasses deux cent mille spectateurs. Voilà le moment où les cœurs fraternisèrent véritablement ; hommes, femmes, enfants de toutes classes se pliaient aux mêmes travaux, échangeant entre eux la bêche, la pioche, la brouette. Rousseau eût pu croire qu'un peuple entier réalisait la vie de son *Émile*.

Le lendemain, 14 juillet, la fête parut froide et officielle, par la comparaison, comme tout ce qui a été trop attendu. Les fédérés formaient une immense farandole autour du Champ-de-Mars. Mais le roi arriva, et la fête populaire cessa aussitôt. Quand il se leva de son trône, pour se rapprocher de l'autel, quelques-uns s'étonnèrent ; la reine pâlit. Le serment que le roi prêta à l'acte constitutionnel était démenti au fond du cœur. M. de Talleyrand célébra pompeusement une messe incrédule contre laquelle protestait toute l'Église catholique. Le faux entrait ainsi de toutes parts sous ces solennités ; funestes augures dans l'allégresse publique.

Mais qui eût attaché alors ses yeux et sa curiosité à de pareils indices? Les drapeaux, les bannières au vent, les épées nues et les acclamations de quatre cent mille hommes couvrirent ces présages.

Quelques mécontents seuls se tenaient à l'écart :

Loustalot, Carra, Camille Desmoulins. Ceux-là ne furent pas désarmés par la joie feinte ou réelle. Déjà Louis XVI n'était plus pour eux que M. Capet; La Fayette, M. Motier. Tout les indigna dans l'allégresse publique; leur haine implacable en parut augmentée.

II

RÉVOLTE MILITAIRE DE NANCY.

Si Louis XVI avait pu s'abuser un seul moment et s'associer avec sincérité à la fête du 14 juillet, il eût été promptement détrompé le lendemain. Les suites de la fédération furent, en effet, mortelles pour lui. En faisant fraterniser les troupes de ligne et les gardes nationales, la fédération acheva de faire entrer l'esprit nouveau dans l'armée. Celle-ci, ébranlée par tant de caresses et d'espérances, n'attendait plus que l'occasion de se dissoudre ou de se donner.

Quoique les soldats eussent un intérêt opposé aux officiers, ils tenaient encore les uns aux autres, par honneur, par habitude ou par un reste d'esprit de corps. Car il est incroyable combien ces liens se rompent difficilement chez des hommes qui mettent leur orgueil à obéir. Leur intérêt, même évident, n'eût pas suffi à les soulever. Mais quand la Révolution eut pénétré dans leurs rangs sous le nom de fraternité, ils abandonnèrent un ancien devoir pour un devoir nouveau: Le scrupule ne les retenait plus ; ils entrèrent, tête haute, dans la révolte. L'affaire de Nancy mit cette situation dans tout son jour.

Comme il était naturel, ce furent des troupes étrangères, les Suisses de Châteauvieux, qui donnèrent les premiers l'exemple du soulèvement ; leur motif était que les officiers les fraudaient dans le compte des masses ; et ils exigeaient qu'on leur restituât ce qui était toute leur fortune de soldat, si péniblement acquise aux dépens des nécessités de chaque jour. Ainsi, dès le premier mot, ils accusaient de vol les officiers. Quelle soumission était possible après cela ? Si les chefs essayaient de les ramener, ils répondaient : « Qu'ils n'étaient pas Français, qu'il leur fallait l'argent qu'on leur avait volé dans les caisses. » Le général Malseigne les menaça ; ils l'enveloppèrent. Pourtant, ils n'osèrent le frapper, quoiqu'il eût blessé deux grenadiers. Ils le laissèrent se retirer.

Ce commencement de révolte s'étendit promptement aux deux régiments français qui complétaient la garnison de Nancy, le Régiment du roi et Mestre de camp. Chez eux, le zèle de la Révolution se joignit aux mêmes accusations de fraudes ; et ils firent cette démarche hardie, qui était déjà toute une révolution, d'envoyer des députés à l'Assemblée constituante pour exposer leurs griefs et demander justice. Cependant ils s'étaient emparés des deux généraux de Noue et Malseigne ; ils les tenaient au cachot.

L'Assemblée constituante lança contre les insurgés des décrets que le marquis de Bouillé fut chargé d'exécuter. Il réunit dans Metz trois mille hommes de troupes allemandes et de gardes nationales. L'Assemblée était encore très-populaire. La pensée de lui résister n'était entrée dans l'esprit de personne. Bouillé arrive devant Nancy ; il ordonne aux révoltés de se soumettre et de sortir de la ville pour se ranger dans l'endroit qu'il indique.

On se dispose d'abord à obéir, mais lentement et à regret ; comme il était presque inévitable parmi des troupes mutinées qui commencent à se repentir et ne savent plus ni commander ni obéir, l'accord fut impossible, surtout dans un si grand nombre d'hommes. Pendant que la plupart voulaient faire leur soumission, il y en avait qui s'indignaient encore ; ceux-ci se trouvaient surtout dans les derniers rangs qui serraient en queue les troupes de Bouillé. La haine se réveilla en voyant de si près le général.

Les révoltés mirent feu à une pièce d'artillerie qui défendait la porte. Cela parut une trahison aux soldats de Bouillé, ils se précipitent dans la ville. Pendant trois heures il se livre un combat de rues où chaque maison est disputée. L'acharnement des Suisses fut extraordinaire, ils ne cédèrent qu'à moitié détruits. Les deux régiments français se soumirent vers le soir. Dans cette mêlée, la population n'avait point été épargnée. Elle avait été châtiée comme complice, et plus durement que les soldats eux-mêmes.

Ainsi la victoire restait à la cour, dans ce premier conflit. Elle aurait pu s'exagérer son triomphe par le désespoir que montrèrent les révolutionnaires, car ce fut chez eux un deuil immense ; ils croyaient y voir le présage certain d'autres défaites. Le jeune Loustalot mourut de douleur à la nouvelle du sang versé à Nancy.

Mais, si l'on ne s'en tient pas à l'apparence, les vainqueurs furent plus effrayés encore que les vaincus. Bouillé lui-même perdit l'espérance. Il avait bien vu que de tels triomphes tiennent à un fil, et qu'on ne les renouvelle pas une seconde fois sans périr. Il s'attendait à chaque instant à être abandonné de ses troupes. Depuis ce moment s'enracina chez lui, et par lui à la cour, cette pensée qu'il ne fallait plus compter que sur l'étranger. Il avait manié l'armée ; il savait qu'elle ne se tournerait pas une seconde fois contre les choses nouvelles. Sa victoire lui révéla son impuissance.

Un gouvernement fondé sur la force et que la force abandonne, voilà le spectacle qu'ouvre le succès de Nancy. Il est vrai que l'on se figure aux Tuileries que l'armée va se dissoudre. Mais cette idée elle-même se tourne contre les projets de la cour. Elle se persuade que l'épée de la France est brisée, que c'est là un pays ouvert au premier occupant, et que l'étranger n'aura qu'à se présenter pour avoir raison d'un peuple sans défense.

Dès lors les conseils violents qui viennent à la royauté de la part de ses plus fidèles n'ont pas même l'énergie du désespoir. Ils n'ont aucune prévision de la résistance qui se prépare. Bouillé, dans les plans d'invasion qu'il forge depuis ce temps, se figure qu'avec une ceinture de deux cent mille étrangers il pourra étouffer la France, et que des colonnes de vingt-cinq mille hommes suffiront pour la percer au cœur, dans Paris. Ce sont là les avis des plus sages.

Le grand et seul reproche que s'adresse Bouillé est de n'avoir pas su dissimuler son horreur pour la Révolution. Il avait un grand commandement en Alsace ; il pouvait s'en servir pour protéger la royauté. Mais pour cela, il aurait fallu, en effet, cacher ses aversions, accepter le commandement qu'on lui offrait des gardes nationales de l'Est, fraterniser au moins du bout des lèvres avec les constitutionnels, sauf à les réduire ou à les extirper plus tard. Voilà ce que n'eût pas manqué de faire un homme de nos jours; c'est à quoi la franchise de la passion empêcha Bouillé de se résoudre, faute qu'il a toute raison de se reprocher. Les haines étaient alors loyales et les luttes si nouvelles que, d'aucun côté, on n'avait encore appris à mentir. .

Tout ce que put faire Bouillé à visage découvert, fut de conserver son commandement; mais chaque jour devenu plus odieux, obligé de se cacher pour se faire obéir, suspect à son armée autant qu'au peuple et à la bourgeoisie, incommode à la cour, insupportable aux émigrés, parce qu'il désespérait de l'ancien régime autant que du nouveau: tel fut pour lui et son parti le fruit de ce que les uns appellent la victoire et les autres le massacre de Nancy.

III

MORT DE MIRABEAU

C'est le 29 mars 1791 que commença la maladie de Mirabeau, et avec tant de violence que l'on crut d'abord au poison. On ne pouvait se figurer qu'un tel homme disparût sans que le crime s'en mêlât. Sitôt que la nouvelle se répandit, il y eut partout le sentiment d'une calamité publique. Une si grande force de moins dans le monde consternait même ses adversaires, comme la marque d'un changement que rien ne pouvait plus arrêter. Mirabeau était pour eux le frein de la Révolution qui se brisait dans leurs mains.

Quant au peuple, étranger encore aux soupçons qu'on ne lui avait pas enseignés, il pleurait son tribun. Cet homme qui dépassait tous les autres de la tête, n'était-ce pas la figure de la Révolution étendue sur son lit de parade? On veillait dans la rue, et la foule retenait son haleine.

Mirabeau ne laissa voir dans l'extrême souffrance que des pensées de domination et la tranquillité d'un souverain. Sa confiance parut assurée jusqu'au bout ; maitre de lui-même jusque dans le délire, aucun de ses terribles secrets ne lui échappa Il semblait que la portion élevée de son génie survivait seule; s'il parlait de lui, c'était comme d'un jeune héros. « Sont-ce déjà les funérailles d'Achille ? » Voulait-il par là commander d'avance aux générations à venir l'opinion qu'elles garderaient de sa renommée? Jamais homme en mourant ne fut plus certain de son avenir. Il se sentit entrer tout vivant dans la postérité ; c'est pour cela que ne parut chez lui ni curiosité, ni impatience d'une autre immortalité dans un monde supérieur.

Il avait si bien marqué sa place dans celui-ci, qu'il semblait moins le quitter que l'entraîner après lui. — « J'emporte avec moi le deuil de la monarchie. Les factieux s'en partageront les lambeaux. » — Tant cette âme était mêlée aux choses! elle en restait maîtresse. Loin de les perdre de vue, elle allait les régir de plus haut.

Le 2 avril 1791 au matin, ces mots passaient de bouche en bouche, sur tous les bancs de l'Assemblée constituante : « Ah! il est mort! » et les regards consternés se tournaient vers sa place vide. L'admiration unanime éclata presque aussitôt. La France se montra dans sa noblesse native, quand les adversaires les plus déclarés de Mirabeau, ceux qu'il avait le plus humiliés, Barnave, Baumetz, Goupil, vinrent de tous côtés le saluer de ce nom de grand homme qui était alors si nouveau et n'avait été donné qu'à lui.

De pareils sentiments nous paraissent aujourd'hui incompréhensibles. L'idée de regretter et de pleurer un adversaire, ou seulement de lui rendre justice, nous semble une fiction de l'histoire. On ne pouvait manquer de dire de nos temps que cette admiration fastueuse servit à cacher la joie d'être délivré d'un rival ou d'un ennemi. Mais ces vilenies de cœur n'existaient pas alors ; d'ailleurs ceux qui voulurent se donner la joie de frapper un mort le firent ouvertement. Dans l'Assemblée ce furent d'Esprémenil, Montlosier, Rochebrune ; et, au dehors, Camille Desmoulins et Marat. Celui-ci afficha son cantique d'allégresse : « Peuple, réjouis-toi. » On ne mettait pas en ce temps-là le mensonge dans les larmes et les apothéoses.

L'Assemblée et tout Paris accompagnèrent les restes de Mirabeau au Panthéon ; mais cette hospitalité de Sainte-Geneviève devait être funeste à tous ceux auxquels elle fut décernée. Ces tombeaux illustres se trouveront vides un jour, pour que les tombes de Saint-Denis n'aient rien à envier à celles du Panthéon, ni les rois aux tribuns. Les restes de Mirabeau furent bientôt jetés au vent ; ils précédèrent ceux de Voltaire et de Rousseau, qui devaient être dispersés à leur tour. Au-dessus de ces sépulcres vides, dont on a pillé les os, reste l'inscription dorée : « Aux grands hommes, la patrie reconnaissante ! » Ironie ou promesse d'avenir.

De vagues rumeurs s'étaient répandues sur les intelligences de Mirabeau avec la cour. On se refusa d'abord à penser que ce fussent là des trahisons, comme s'il eût été impossible à un tel homme de déchoir dans l'admiration publique. Plus tard, quand il ne fut plus permis de douter, l'indignation succéda; on insulta à ses restes, on les jeta à Clamart. Son nom n'est plus prononcé dans la suite de la Révolution que pour être maudit; il semblait que sa gloire était anéantie comme ses cendres.

L'Empire se tut sur Mirabeau; mais en dépit des colères, du silence et de sa vénalité de plus en plus manifeste, sa renommée n'avait fait que grandir. Le roseau de sa popularité, comme il l'avait prédit, était devenu un chêne qui couvrait les générations éteintes; ses services immenses se montrèrent de plus en plus au jour, et ses menées souterraines allèrent se perdre dans les ténèbres. Qui eût osé rejeter une telle gloire? Elle était à l'abri des jugements; elle brava la conscience même.

C'eût été attenter à la patrie que de répudier Mirabeau. Mais, en même temps, on apprit ce fatal secret : combien il est possible de mêler de vices à la gloire sans que celle-ci en soit atteinte. Qui peut dire ce qu'une semblable révélation enferme pour l'avenir? qui jurerait qu'il ne se retrouvera personne pour refaire ce calcul ? L'émulation avec les corruptions d'un grand homme est une amorce périlleuse pour la postérité. Et que serait-ce, à la fin, si de Mirabeau nous ne gardions que les vices ¹ ?

En mai 1791, l'abbé Raynal donna le premier l'exemple du reniement, au nom de la philosophie. Il avait été un des précurseurs de la Révolution et il la réprouva dès qu'elle commença à se réaliser. La Constituante se fit lire jusqu'au bout la lettre de Raynal, qui n'était qu'un blâme amer. On l'entendit sans murmurer. Quel respect pour la parole et une ancienne renommée cela suppose dans les Français de ce temps-là !

Marmontel, Laharpe, Fontanes, Rivarol, Suard, devaient chacun à leur jour imiter Raynal. Celui-ci eut du moins le cœur d'attaquer la Révolution dans sa force, les autres attendirent qu'elle fût abattue.

Malheur aux révolutions qui ne s'appuient que sur des principes littéraires ! c'est quelquefois un

---

¹ Il est certainement impossible de douter des arrangements de Mirabeau avec la cour. Ses lettres secrètes, publiées par les descendants du comte de La Mark, ne laissent aucune incertitude, pourtant n'est-il pas inconcevable que de pareilles pièces soient inaccessibles au public ? Pendant mes sept années d'exil à Bruxelles, j'ai fait bien des efforts pour parvenir à voir de mes yeux les papiers manuscrits de Mirabeau qui se trouvent dans une bibliothèque particulière ; je n'ai pu y réussir. Je n'ai connu personne à Bruxelles plus favorisé que moi, pas même le directeur des archives.

sable mouvant où il n'y a rien de fixe. Combien de littérateurs, qui avaient été les précurseurs de la Révolution, s'en firent les ennemis, dès qu'elle leur apparut!

Les gens de lettres se figurent trop souvent le mouvement des peuples comme un livre correct à composer. Ils se déconcertent aux premiers démentis de la réalité, et ils voudraient raturer le livre des destins; mais ce qui est écrit avec les larmes et le sang des hommes est écrit; cela ne s'efface pas avec de l'encre.

IV

ÉVASION DU ROI

Mirabeau avait offert son plan pour l'évasion du roi. Le roi se réfugiera dans une place forte au milieu des régiments fidèles. De là, proclamation pour dissoudre l'Assemblée, convocation du ban et de l'arrière-ban de la noblesse, Paris investi, réduit à capituler, ainsi que la Révolution.

Tel avait été le projet du grand tribun. Déjà un coup d'État, une Assemblée dispersée, la Révolution cernée et aux abois, le sabre à la place de la justice, les décrets de la Constituante biffés d'un trait de plume, et la France à la merci de l'armée. Tout cela se tramait déjà en 89 dans l'esprit de Mirabeau ; c'est à peine s'il en faisait un secret. Que présageaient cette corruption et cette audace ? n'y avait-il pas un grand fond de désespoir dans ce guet-à-pens tendu par le Catilina de la monarchie ?

L'effet de la mort de Mirabeau sur le roi fut de le convaincre qu'il n'y avait plus de salut pour lui au dedans du royaume. Dès lors, toutes ses pensées se tournèrent vers des projets de fuite. Échapper à ses sujets, devenus ses persécuteurs, fut la préoccupation constante de ses jours.

Pour un prince accoutumé à passer une moitié de sa vie à courir le cerf dans les grands bois et qui, dans ses mémoires, ne comptait les jours heureux que par les événements de la chasse, la captivité des Tuileries eût été par elle seule intolérable. Combien plus odieuse depuis qu'on n'épargnait rien pour la lui faire sentir ! Le 17 avril, il avait voulu avec la reine se rendre à Saint-Cloud ; la voiture s'ébranlait, quand le peuple arrêta les chevaux. Le roi avait été obligé de redescendre et de rentrer comme un évadé dans le palais. Ainsi, ce qui était permis au plus misérable était interdit au prince ! Depuis, on a pensé qu'il avait choisi l'heure du milieu du jour pour que l'affront fût plus éclatant et que l'Europe entière fût instruite de sa captivité, comme si déjà elle n'était pas assez visible.

Cette injure affermit sa volonté de fuir ; en même temps il apprit à mieux dissimuler, à mesure que son dessein fut mieux arrêté. Il entrait davantage dans les conseils de Mirabeau, depuis que celui-ci n'était plus là pour en recueillir le fruit ; les avis du tribun lui parurent meilleurs, n'étant plus intéressés.

C'est ainsi qu'il se plia à l'esprit de fraude et à la *dissimulation en grand*, en faisant écrire à tous les ambassadeurs « qu'il se sentait parfaitement libre, qu'il aimait, chérissait la Révolution, et que l'autorité royale était de plus en plus affermie par la constitution nouvelle. » Par ces termes exagérés à plaisir, il espérait abuser le peuple, ne doutant pas que les cabinets étrangers ne vissent le fond de sa pensée là où les révolutionnaires s'arrêteraient aux mots.

Ces précautions prises contre le soupçon, il choisit la nuit du 20 juin pour exécuter son projet. Après que chacun se fut retiré pour le repos de la nuit, le descendant de Louis XIV s'échappe du palais sous le déguisement d'un valet de chambre ; il tenait le dauphin par la main. La reine, Madame Élisabeth, la dauphine réussirent aussi à tromper les gardes et passèrent sous les yeux même de La Fayette ; cela dut leur sembler le plus difficile de leur entreprise.

On dit qu'ils errèrent quelque temps au hasard avant de se rencontrer et que la reine était près de s'égarer de l'autre côté de la rivière, quand elle fut ramenée à la voiture où le roi l'attendait. Ils traversèrent une partie de la ville dans cette voiture délabrée. La prudence eût voulu qu'on n'en eût pas changé. Mais ils la quittent bientôt pour entrer dans une lourde berline à huit chevaux que le roi avait fait construire tout exprès pour le voyage, et qui, par sa masse, ne pouvait guère manquer d'attirer l'attention. D'ailleurs elle était accompagnée d'une seconde voiture de suite ; attirail imprudent qui semblait, après l'ancien faste royal, la simplicité même. Peut-être aussi crut-on éloigner les soupçons en affectant de ne pas les craindre.

Il est presque incroyable qu'avec ces deux voitures, ces onze chevaux, ces trois courriers et tant de choses qui devaient frapper les yeux, les voyageurs aient pu traverser la France et arriver à quelques lieues du but sans avoir trouvé d'obstacles. Si la curiosité était éveillée, la rapidité de la course empêchait que le soupçon eût le temps de se former.

Dans le long trajet de Paris à Montmédy un seul point paraissait dangereux : c'était le bourg de Varennes. Comme il était en dehors des grandes communications, il n'y avait pas de relais. Bouillé avait signalé cette difficulté et conseillé de prendre la grande route de Reims ; mais le roi s'y était refusé, craignant de passer dans la ville du sacre, où sa figure était trop connue des habitants. Sur cette réponse, Bouillé avait cru suffisant d'envoyer un relais de chevaux de M. de Choiseul et un détachement de hussards à Varennes. Il avait semé la route de Châlons à Pontsommevelle, Sainte-Menehould, Clermont, de détachements de ce genre, trop nombreux pour ne pas alarmer les habitants, trop faibles pour être en état de leur résister.

Cependant, à mesure que les fugitifs s'éloignaient de Paris, la sérénité, la confiance depuis si longtemps perdue, remplaçaient chez eux la terreur. Ils venaient d'échapper par miracle à tant de dangers! sans doute ce n'était pas pour périr en touchant le but. Bientôt, dans quelques heures, ils atteindraient Montmédy. Là ils trouveraient un asile dans une place forte, un général affidé, Bouillé, une armée encore sûre, composée en partie d'Allemands étrangers à la Révolution. Ils raconteraient ce qu'ils avaient dû supporter d'outrages; leur présence réchaufferait l'affection de ces troupes fidèles; ils appelleraient à eux, de tous les points de la France, ce qui restait de bonne noblesse. Même le tiers état était déjà fatigué de révoltes et n'attendait qu'un point d'appui qui ne lui manquerait pas. Alors, ils referaient en triomphateurs ce même chemin qu'ils faisaient en fugitifs. Ils se donneraient même la joie de la clémence, quand la Révolution serait abattue; et déjà ils se demandaient jusqu'où il serait sage d'étendre cette vertu souveraine. Si, au contraire, l'armée, chose inimaginable, se tournait contre eux, ils n'auraient qu'un pas à faire pour franchir la frontière. Là, ils tendraient la main à l'Empereur, au roi de Prusse, à toute l'Europe indignée, à Monsieur, parti en même temps qu'eux par la route de Flandre, aux émigrés dont les forces augmentaient chaque jour. Suivis des officiers de terre et de mer, ils emporteraient avec eux la vraie France, ne laissant derrière eux que des bandes qui se dissoudraient à la première menace; s'il le fallait enfin, ils sauraient, en rétablissant l'autorité royale, châtier la France coupable.

Ces rêves des fugitifs étaient entretenus par le spectacle de la paix des campagnes qu'ils traversaient; en voyant les travaux des paysans (car le temps de la moisson approchait) et la tranquillité des chaumières, ils se demandaient s'ils n'étaient pas dupes de quelque illusion, si leur bonté n'avait pas fait tout le mal et s'il était vrai que la nation fût soulevée.

Le Dauphin et la Dauphine avaient retrouvé la gaieté de leur âge; ils riaient à ces vastes campagnes qui leur faisaient oublier les tristes murs des Tuileries. Madame Élisabeth était pieuse et recueillie. Elle remerciait Dieu d'avoir béni les commencements de l'entreprise, et arraché le roi, la reine et sa famille à tous leurs ennemis.

Voilà quels étaient les sentiments des fugitifs, lorsqu'ils entrèrent dans Sainte-Menehould, le 21 juin 1791, à sept heures et demie du soir. Là, tout se passe aussi heureusement qu'aux autres relais; même la présence d'un officier et de quelques dragons annonce déjà la main vigilante du marquis de Bouillé. Les chevaux changés, on repart à la hâte.

Mais un homme, sur le seuil (c'est le maître de poste, Drouet), a cru reconnaître le roi à sa ressemblance avec les effigies des assignats. D'abord incertain, il se précipite bientôt à cheval à la suite de la voiture qui, partie pour Verdun, s'est brusquement détournée vers Varennes. Pour la devancer, cet homme, avec un compagnon, prend un chemin de traverse. Mais le chemin est mauvais; d'ailleurs un dragon, qui a deviné son projet, le suit au galop, prêt à l'arrêter ou à le sabrer.

Continuerai-je ce récit répété tant de fois? Il le faut bien, si l'on veut voir à quelles imperceptibles causes tiennent souvent les plus grandes catastrophes. A onze heures de la nuit, la famille royale entre dans Varennes; on s'arrête. Le relais que l'on croyait à l'entrée de la ville ne se trouve nulle part, il avait été placé à l'autre extrémité. Le roi et la reine le cherchent inutilement de porte en porte.

Pendant ce temps Drouet arrive; il gagne huit minutes sur le roi, et ces huit minutes lui suffisent pour barricader la rue, jeter l'alarme, placer des hommes armés, éveiller les municipaux. L'histoire est faite de ces minutes qui changent la destinée des rois et des peuples. Une charrette remplie de meubles se trouve à côté du pont; Drouet la renverse, le passage n'est plus possible.

Quand enfin la voiture du roi se présente au pont, elle s'arrête brusquement devant la barricade; le procureur de la commune demande le passeport; la reine lui tend d'une main assurée celui de la baronne de Korf. — Il fait obscur, les voyageurs ne perdront rien à attendre dans la maison voisine; ils descendent, ils entrent dans la boutique d'un marchand de chandelles; ils la traversent et montent dans une chambre délabrée.

C'était la maison du procureur de la commune, M. Saulce; ils se sentent prisonniers, ils le sont, mais ils affectent encore une sécurité entière; d'autre part, leurs gardiens, se voyant si peu nombreux, ne laissent paraître aucun projet de les retenir.

Cependant tout Varennes est sur pied. Ces mots : « Le roi est ici! » sont dans toutes les bouches. On s'arme, on se barricade, le tocsin sonne. Une poignée de hussards de Lauzun débouchent enfin sur la place, ils se forment devant la maison; mais ils sont cernés par le peuple, qui croit tenir dans ses mains l'otage, la fortune de la Révolution.

Des officiers pénètrent jusqu'au roi. « Sire, ordonnez! Que faut-il faire? — Je suis prisonnier. » Un de ces officiers court se remettre à la tête de ses cavaliers. Le major de la garde nationale le blesse d'un coup de pistolet. Les cavaliers restent immobiles, la contagion les a gagnés, eux aussi crient : *Vive la Nation!* et ils remettent leurs armes.

On a prétendu que Louis XVI aurait dû s'élancer à cheval, le Dauphin dans ses bras, Marie-Antoinette et sa fille, et sa sœur à ses côtés, et qu'il eût pu se faire jour. Les historiens royalistes ont été les plus ardents à l'accuser d'avoir manqué de résolution. Je crois que celui qui examinera de près l'état des choses portera un jugement moins sévère. Une partie de la ville était déjà barricadée, impraticable aux chevaux, pleine de gardes nationaux à pied, tous hostiles. A moins d'un miracle, la famille royale eût péri misérablement dans les ténèbres.

Le moment était venu où il n'était plus possible de dissimuler. Les fugitifs avouent à leur hôte qui ils sont; et sans doute l'heure la plus cruelle fut celle où ils se réduisirent à supplier. Marie-Antoinette plie en vain le genou devant madame Saulce, elle n'en tire qu'un refus obstiné. Alors, n'espérant plus rien ni de la feinte ni de la pitié, ils essayent ce que pourrait un reste de religion monarchique dans le cœur des assistants. Louis XVI dit : « Oui, je suis le roi. » Il y gagne une captivité moins familière et moins offensante.

Dans l'intervalle, l'aide de camp du général La Fayette perce la foule; il arrive avec l'ordre de l'Assemblée de ramener le roi à Paris; funeste message, que les détachements de Bouillé n'ont pas même réussi à retarder.

De ce moment toute irrésolution cesse. La famille royale, entourée de cinq ou six mille hommes armés de fusils, de faulx, de fourches, qui pensaient sauver la France, remonte dans cette fatale berline, et reprend le chemin de la veille, mais lentement, de manière à sentir à chaque pas tout ce qu'il y avait de péril et de désespoir dans le retour.

Du milieu du peuple on n'entendait sortir que ce cri : *Vive la Nation!* comme si elle venait d'échapper à un mortel danger. Le silence gardé sur le roi était déjà la plus terrible des menaces; si l'on eût voulu se faire illusion sur ce silence, il eût fallu fermer les yeux; car la colère, l'orgueil de la victoire, la volonté de ne pas lâcher la proie vivante, se montraient dans tout l'immense cortége. Un gentilhomme à cheval s'approche respectueusement de la voiture et salue les captifs; cette marque de pitié envers le roi passe pour une insulte envers la foule; il est renversé, massacré; sa tête portée au-dessus d'une pique précède la voiture royale.

Pendant ce temps, Bouillé attendait des nouvelles du roi à la porte de Stenay. Comptant sur les précautions prises, il se préparait à recevoir les fugitifs avec l'acclamation de l'armée. A trois heures et demie de la nuit, l'officier commandant le détachement de Varennes arrive seul; il a pu se dérober de sa personne et il apporte la nouvelle que le roi est arrêté à Varennes. Bouillé enlève le régiment de Royal-Allemand et s'élance à toute bride sur la route de Varennes; il y touchait, quand il apprend que le roi a été emmené il y a deux heures. Il n'espère pas pouvoir forcer le passage ni délivrer le roi vivant; il s'éloigne, et, se jugeant lui-même perdu, même au milieu de son armée, il passe la frontière et émigre sans retour.

V

LE RETOUR DE VARENNES

Le triste cortége avançait toujours plus lentement; c'était comme un convoi funèbre. Au delà d'Épernay, il est rencontré par les commissaires de l'Assemblée constituante. Barnave et Pétion montent dans la voiture; c'étaient des ennemis, déjà presque des juges. Mais les captifs espéraient d'eux au moins un secours contre la foule; les premiers mots furent une prière de garantir la vie des trois gardes du corps exposés au dehors à tous les coups.

Si l'on veut voir combien le même spectacle peut avoir des effets absolument différents sur deux hommes jetés dans les mêmes circonstances, il faut s'en rapporter à Barnave et à Pétion. Au premier mot, Barnave est conquis par la pitié, il ne sent que du respect à la vue de tant d'infortune. Mais qui pourrait imaginer les pensées de Pétion, s'il n'eût pris lui-même la peine d'en instruire la postérité? Quel Tacite, quel Shakespare eût deviné jamais ces choses monstrueuses, et qu'est-ce que la nature humaine qui peut renfermer ces gouffres?

La plaine était couverte d'armes étincelantes. De longues imprécations partaient çà et là de la foule; un roi revenait prisonnier, une monarchie était aux abois; chez quelques-uns des instincts sanguinaires luttaient avec l'obéissance jurée à la loi. Au dedans de la voiture, deux femmes, une reine et la sœur d'un roi, les yeux humides de larmes, s'efforçaient d'attendrir leurs gardiens sur leur avenir plus redoutable encore que le présent. Madame Élisabeth, presque enfant, mêlait à ses muettes supplications plus d'ingénuité et de piété. Pendant ce temps-là, Pétion, que faisait-il? Dans ces regards désolés, dans ces mains suppliantes, dans ces sanglots étouffés, Pétion ne voyait que les marques d'un amour subit et impudique pour sa personne; en lui-même il mesurait, il calculait toutes les chances de plaisir qui s'offraient à lui dans la solitude, s'il répondait aux amours, aux caresses de cette pieuse princesse. Non-seulement voilà de quelles pensées Pétion était occupé, mais il a osé les écrire, et les écrire en longues pages. Qu'était-ce donc que Pétion?

Du moins il n'a pas été jusqu'à souiller de ses paroles la Révolution qu'il représentait. Madame Élisabeth n'a jamais rien su de ces indignités; ce supplice-là lui a été épargné.

Dans ses conversations avec le roi, Pétion se montrait encore royaliste; il disait à son prisonnier que la république conduirait plus fatalement au despotisme qu'à la liberté. A ces paroles, Louis XVI restait impassible et le plus souvent silencieux. Il ne contredisait pas, il n'approuvait pas, il se renfermait dans l'inertie, sa seule défense. On eût mieux aimé un commencement d'indignation qui eût légitimé la colère. Sourd aux injures, indifférent même aux cris d'effroi du Dauphin, il semblait revenir d'une partie de chasse. Je ne puis m'empêcher de croire que sa piété, qui était sincère, l'aidait à conserver ce calme. Il sentait son impuissance absolue et s'en remettait au Roi des rois.

Au reste, s'il y eut des injures, elles furent rares et s'adressèrent presque toutes à la reine. Une partie de Paris se porta sur la route de Meaux au-devant des fugitifs. Un silence de mort les accueillit à l'arrivée et les accompagna dans ce long circuit, jusqu'aux Champs-Élysées. De cette mer d'hommes s'élevait par intervalles le cri de : « Vive la Nation! » A ce cri tressaillaient la reine et madame Élisabeth, comme si déjà le roi était retranché de la vie publique. Chacun restait la tête couverte; les gardes nationales portaient leurs fusils la crosse en haut, comme au cortége d'un mort. On n'insultait point par les paroles, mais on omettait tout ce qui eût pu être une marque de l'ancien respect. Les sentiments de cette foule étaient indéfinissables. Elle ne rejetait encore ni la royauté ni le monarque, elle voulait que son accueil fût à la fois une menace et un châtiment.

Il paraissait plus de haine dans les objets que dans les hommes, car les hommes ne savaient point où ils allaient. Nul ne songeait encore que ces têtes royales pussent tomber et que c'est par là que finirait ce cortége. Beaucoup, au contraire, pensaient qu'un appareil si nouveau après tant de choses nouvelles, ce triomphe du peuple traînant un roi captif, ces fusils renversés en signe de funérailles, et la mort montrée de si près, et sur un chemin si long pendant cinq jours, corrigeraient le prince et l'enchaîneraient par la crainte à la Révolution. D'autres, en petit nombre, contents d'avoir signalé leur toute-puissance, inclinaient à pardonner. Ils se montraient indulgents à force de mépris, répétant que Louis XVI n'était pour rien dans son entreprise, que d'autres avaient pensé, calculé et agi à sa place. Comme il fallait que la fureur se déchaînât sur quelqu'un, les pointes des baïonnettes se tournèrent contre les trois gardes du corps assis sur le siége de la voiture. Pourtant ils furent épargnés. Barnave, Pétion, La Fayette qui accourut, les protégèrent.

Le roi descendit le premier de voiture à la porte

des Tuileries, et il se fit un grand silence; la reine descendit au milieu d'un frémissement de haine, les enfants au milieu d'un murmure d'attendrissement, tant la foule passe vite de la colère à la pitié! La porte du palais se referma. Tout Paris servit de geôlier.

Quand La Fayette se présenta devant le roi, pour lui demander ses ordres, chapeau bas, Louis XVI éclata de rire.

LIVRE HUITIÈME

NI ROYAUTÉ NI RÉPUBLIQUE

I

UNE CONVENTION MODÉRÉE

En partant, Louis XVI avait laissé une protestation écrite contre les actes émanés de lui depuis sa captivité du 6 octobre 89. Dans cette pièce, où Louis XVI parle avec l'autorité d'un roi qui croit avoir retrouvé son indépendance et s'être mis à l'abri des revers, il ne laisse pas échapper un mot de regret sur les changements accomplis dans l'ordre civil : l'égalité de tous devant la loi, le renversement des classes, la destruction du régime féodal.

Ce qu'il accuse et répudie, c'est la révolution politique, les nouvelles formes de gouvernement, le roi diminué, l'Assemblée toute-puissante, les justiciables élisant leurs juges, le peuple ses magistrats. Voilà le monstre auquel il ne saurait se résigner.

Quand au décret de la nuit du 4 août, à tout ce que l'on appelle aujourd'hui les conquêtes matérielles, économiques, sociales, rien de cela ne figure dans les griefs du roi. Louis XVI accepte ces réformes comme les acceptera Napoléon ; elles ne gênent et ne contrarient, en quoi que ce soit, le pouvoir absolu ni dans l'ancien régime ni dans le nouveau. Ainsi se confirme que le litige entre la couronne et la nation n'était point là, mais seulement dans l'établissement du droit politique. C'est pour reprendre les concessions politiques, et non pour autre chose, que Louis XVI, sur le chemin de Varennes, allait chercher une armée aux frontières et des alliés sur les trônes de l'Europe.

A la première nouvelle de l'évasion du roi, quelle avait été l'attitude de la Constituante ? On recourut au serment, comme dans tous les moments de crise ; l'idée ne venait à personne que l'on pouvait s'en jouer. Celui de Dambly mérite d'être rapporté : « Ma patrie a été ingrate envers moi, je jure de lui rester fidèle. »

L'Assemblée envoie des commissaires aux armées, premier précédent des commissaires de la Convention.

Pendant que la panique était dans les clubs, la Constituante montra un sang-froid admirable. Cette même Assemblée, si grande dans les délibérations générales, le fut aussi lorsqu'il fallut agir, elle occupa sans s'émouvoir le trône vacant, elle sut régner.

On vit neuf cents hommes penser, administrer, décréter, agir, jour et nuit, comme un seul homme. Enfin, une voix s'écrie : Il est arrêté ! et le lamentable récit de la nuit de Varennes met fin à cette longue incertitude d'un peuple qui tombe dans la république, sans que le nom en soit prononcé. Ce fut comme un vertige de toute une nation ; elle se sentait précipitée dans l'inconnu et ne pouvait se retenir. Tous les pouvoirs dans l'Assemblée et le roi prisonnier, qu'était-ce, sinon la république ? Mais, phénomène singulier qui devait se prolonger quinze mois, la république était partout, et personne ne la voyait encore.

La soumission, la tranquillité du peuple, furent extraordinaires. Son imagination n'était pas remplie de fantômes ; la France entière, au moment de la crise, chercha des yeux la Constituante ; et la Constituante, par sa présence d'esprit, rendit l'équilibre à la France.

C'est ainsi qu'après le retour de Varennes achevèrent de se former dans l'Assemblée deux tempéraments absolument opposés, qui justifient tous les jugements contraires que l'on a portés sur elle.

Nous l'avons vue détruire, dans les lois, la centralisation, qui avait été l'œuvre applaudie de la monarchie pendant des siècles.

Maintenant, la Constituante prend sur elle toutes les affaires; elle juge, elle administre, elle gouverne; elle tient la place de l'immense monarchie; elle refait, en pratique, la centralisation qu'elle a détruite en théorie. Par son **comité** des recherches, elle établit une inquisition d'Etat. C'est déjà la Convention, mais modérée.

II

COMMENT SE RÉVÉLA LE NOUVEAU ROBESPIERRE

L'évasion du roi fait apparaître le nouveau Robespierre. La royauté de moins, le 21 juin 1791, voilà pour lui l'épouvantail. Je crois que c'est dans cette heure de panique que l'âme de Robespierre perdit pour jamais son équilibre, et que naquirent ces monstres de soupçons, d'ombrages, de craintes, qui l'envahirent tout entier et avec lui son parti. Qui peut voir, en ce moment, un homme d'État dans cet esprit éperdu?

Des hommes de sang-froid, avec l'expérience que nous avons acquise, auraient conclu de ce que Louis XVI fuyait hors de Paris, qu'il s'y sentait impuissant, désarmé, et qu'il voulait échapper à sa dépendance. Robespierre, avec son imagination qui s'effarouche, en conclut, au contraire, que la fuite du roi est la preuve qu'il est très-puissant et invulnérable dans Paris, que les patriotes y courent les plus affreux dangers.

« Partagez mon effroi ! » s'écrie-t-il.

« Frémissez ! » ajoute Camille Desmoulins.

Marat se voit déjà brûlé vif *dans un four ardent*. Au milieu de ce délire, l'épouvante s'accroît; et cette première panique enfantera la Terreur.

Si la comédie pouvait se joindre à de si terribles tragédies, ne serait-il pas risible de voir des hommes si hardis, si débordés, jeter de pareils cris de détresse et se juger déjà morts parce qu'ils s'appartiennent un jour à eux-mêmes? Et tous de se hâter de remettre un sceptre de roseau à ce roi prisonnier, qu'ils décapiteront demain. Il leur fallait encore une royauté, fût-elle crucifiée.

Par là ils montraient combien la monarchie vivait profondément en eux. Rien n'était préparé dans leurs esprits. Ils n'avaient jamais pressenti la chose même qu'ils devaient idolâtrer dans quelque mois. Étranges républicains! c'était donc les trahir que de déserter le trône! « Il ne reste plus à Brutus et à Cassius qu'à se donner la mort, » répétait lamentablement Robespierre dépouillé de son roi.

La vérité est que Marat et lui se firent alors une idée absolument fausse du peuple; ils ne prévirent en rien l'ardeur que les habitants des campagnes mettraient à désarmer les détachements de Bouillé, à Varennes, Menehould, Clermont; ils se trompèrent sur les actions, sur les hommes; nulle vue, nul pressentiment de ces nuées de gardes nationales qui devaient sortir des sillons, pour la défense de l'Assemblée. Ce n'est pas la seule occasion où l'on a pu voir que les chefs du peuple sont quelquefois les derniers avertis de ses instincts, à un moment de crise.

Dans ces journées, je crois surprendre le fond de la nature de Robespierre. Il fit alors ce qu'il a fait dans toutes les occasions suprêmes où il fallait agir : il vit partout des traîtres.

Ses discours, encore contenus dans l'Assemblée, sont d'autant plus effarés au dehors. Il dénonce, au club, tous ses collègues de la Constituante.

S'il eût pu, le 22 juin 1791, mettre ses paroles en pratique, en sortant des Jacobins il aurait dû faire arrêter tous les membres de l'Assemblée et les mener à l'échafaud, puisqu'il les tenait pour complices. Ainsi, le principe de terreur qu'il renfermait en lui se manifeste à ce moment. Terreur sans motif, sans fondement, sans raison, comme l'événement le montra dès le lendemain.

Mais cette même crise de panique que Robespierre a subie par l'évasion du roi, il la subira plus tard en d'autres circonstances; devenu plus puissant, il pourra alors réaliser ses paroles et ses menaces, sans qu'il soit mieux démontré que l'établissement de la Terreur ait eu sa nécessité ailleurs que dans l'esprit ébranlé et les imaginations ombrageuses de celui qui lui a donné son nom.

Jusqu'ici, nous l'avons vu, Robespierre avait été

surtout un esprit abstrait qui semblait composer une dissertation plutôt que fomenter une révolution. A partir de cette époque, voici le changement qui se fait en lui. Ce qui n'était qu'une abstraction devient une crise de tempérament. Son caractère, enveloppé, qu'il ne connaissait pas, éclate. Il se croyait un philanthrope épris de la nature.

Le 21 juin renverse ce personnage artificiel, et fait apparaître un tout autre homme. Le fond du naturel se montre : pour la première fois, sur cette figure livide, on voit errer de sombres lueurs involontaires. Il se révèle à lui-même et aux autres par le soupçon; l'immense effroi le jette dans une méfiance sans bornes ; sa vue se trouble, c'est un délire. Déjà il se croit percé de poignards ; il prend l'accent du mourant, comme à la veille du 10 thermidor. Au lieu de l'imagination solide de l'homme d'État, il a l'imagination convulsive du visionnaire. Il ne propose pas une seule mesure efficace qui réponde aux nécessités du moment, mais il dénonce, il dénonce ; c'est là son unique remède. Quand il faudrait être homme d'action, il n'est qu'accusateur.

Ce changement ne fut pas, sans doute, l'ouvrage d'un seul jour, mais c'est le 21 juin qu'il apparaît. De ce moment, le Robespierre de l'histoire existe tout entier ; il est formé pour la tâche qui s'approche. Vienne seulement l'occasion propice, et ce

Robespierre, que Mirabeau n'avait pas connu, surgira tout armé de terreur ! Qu'arrivera-t-il, s'il parvient à donner, pour un temps, son tempérament à la Révolution même ?

Il étonnera, il épouvantera ses amis, ses proches ; ils auront d'abord peine à le reconnaître. Ils se demanderont, comme madame Roland, si c'est bien là celui qu'ils ont connu. Lui-même avait-il jamais pressenti l'homme qu'il portait en lui ? J'en doute.

Après Robespierre, le plus effrayé de la fuite du roi fut le grand théoricien Sieyès, qui avait tant osé dans les lois. Lui aussi ne pouvait encore affronter l'idée d'une France sans monarque.

Avouons que Danton ne montra point ce délire d'épouvante ; il parla, il agit en homme.

III

LOUIS XVI NE POUVAIT PLUS QUE MOURIR OU SE VENGER.

On soutint encore quelque temps cette fiction, « que le roi avait été enlevé malgré lui » ; dernier subterfuge pour s'empêcher de l'accuser de ce que l'on appelait un crime de lèse-nation.

Au reste, même en ces moments, l'Assemblée craint tout ce qui peut ressembler à une dictature, nom qui, en France, ramène si aisément l'esclavage. Elle veut tout sauver par le principe de liberté. Les lois ne seront pas suspendues. Jamais la foi dans la puissance légale ne se montra plus entière. On venait de trouver une lettre adressée à la reine ; l'Assemblée refuse d'ouvrir la lettre par respect pour l'inviolabilité des correspondances.

Était-ce illusion, ou tactique ? Comment la Constituante a-t-elle pu croire que Louis XVI oublierait ce long martyre, cette nuit de Varennes, cette boutique de M. Saulce où va échouer la fortune de l'ancienne royauté, cette agonie de l'attente, et ce retour pas à pas où il a savouré la honte, le mépris, la menace, la mort entre deux haies de peuple rassemblé sur le chemin pour le voir passer prisonnier, et cette tête coupée portée en avant du cortége, et cette marche de trois jours entre Barnave et Pétion; et la compassion de l'un, et la morgue de l'autre, et cette entrée dans Paris, ce silence, ces regards qui le perçaient lui et les siens de mille morts à la fois, et ces respects insultants, et cette arrivée aux Tuileries qui, auparavant, étaient déjà une prison? Comment penser, croire, espérer qu'un homme, je ne dis pas un roi, pût oublier tout cela? Ce fut certainement la plus grande des illusions de cette époque.

Louis XVI ne pouvait plus que mourir ou se venger.

L'Assemblée avait beau dire qu'elle voulait la monarchie parce que c'est la *meilleure forme de gouvernement;* elle ne faisait plus une seule chose qui ne renversât cette maxime; il n'était pas dans son pouvoir de relever la royauté en accablant le roi. La position devenait si fausse pour tout le monde, que l'Assemblée, assurément la plus sincère, la plus loyale qui se verra jamais, était entraînée aux sophismes.

Les royalistes avaient parfaitement raison de dire : « que les derniers événements et les décrets qui s'y étaient ajoutés équivalaient à l'abolition de la royauté. » Les constituants n'échappaient à cette conclusion qu'en niant la lumière.

IV

FAUX JUGEMENT PORTÉS SUR L'ÉVASION DE LOUIS XVI. ERREUR DU ROI ET DU PEUPLE

Depuis le 6 octobre 89, Louis XVI, conduit par force de Versailles à Paris, n'est plus roi que de nom. Il ne dit plus sa pensée ; il ne règne plus, il n'ordonne plus. Il conspire audedans ; et, de bonne foi, que pouvait-il faire autre chose ?

Après Varennes, il ne lui resta plus qu'à conspirer, au dehors, avec la coalition étrangère. Le roi est poussé à la trahison, la nation au régicide. Telle est l'époque nouvelle qui commence.

Ainsi s'acheva cette tentative d'évasion qui reposait sur une illusion par laquelle les hommes de nos jours ne se laisseraient plus abuser. Elle fut aussi funeste au prince qu'au peuple ; car tous les deux se laissèrent aveugler par une erreur commune, l'un mettant son espoir, et l'autre sa crainte dans cette pensée démontrée fausse aujourd'hui, que le roi retrouverait sa force en sortant du royaume.

La plupart croyaient encore que le roi emportait avec lui la fortune de la France, reste d'idolâtrie que tout le monde devait payer cher ; surtout, ils pensaient que si Louis XVI atteignait l'armée de Bouillé, ce serait là un grand foyer de guerre civile. Tout au contraire, les troupes, choisies par Bouillé parmi les plus fidèles, assistèrent à l'arrestation du roi, complices inertes de la municipalité de Varennes. Elles firent de même défection à Sainte-Menehould, à Clermont. Bouillé se sentit perdu au milieu du régiment de Royal-Allemand, seules troupes sur lesquelles il comptait. On ne savait pas que l'on entrait dans un ordre tout nouveau, où l'armée se ralliait à Paris, dès que Paris avait prononcé. Et ce n'était pas seulement Paris qui se soulevait; c'était la France entière, avec une unanimité écrasante dont l'ancienne France ne pouvait donner aucune idée.

Même arrivé à Montmédy, Louis XVI n'eût pu s'y maintenir une semaine; il eût été bientôt forcé de sortir de France. Mais ce que l'on ignorait alors plus que toute autre chose, c'est combien un roi émigré, fugitif, errant chez les rois étrangers, leur devient promptement incommode; combien il est dépouillé et mis à nu par l'adversité; avec quelle rapidité sa force, son prestige, sa dignité l'abandonnent; qu'en un mot, il cesse d'être, sitôt qu'il mendie un refuge.

Charles X, Louis-Philippe, n'en avaient pas encore fait l'épreuve.

On s'imaginait que le malheur est une dignité,

une puissance d'imagination aux yeux des hommes modernes ; et, sur la foi de cette fiction du moyen âge, le plus grand nombre voyait déjà la royauté de Louis XVI retrempée dans l'excès de l'infortune. Ni Louis XVI ni la nation ne pouvaient savoir ce que nous avons si bien appris, rois et peuples, à nos dépens.

La seule inquiétude des constitutionnels fut que le roi aurait quelque peine à recouvrer la confiance publique. Ce n'était là pourtant que la moitié de la question. Louis XVI donnerait-il sa foi à cette révolution qui le ramenait sur les piques? Prendrait-il goût à cette couronne d'épines et s'en contenterait-il? Voilà l'autre côté de la question qui reparaissait comme après le retour de Versailles ; et personne n'y songeait. L'expérience des deux dernières années était perdue pour tous.

Louis XVI, en essayant de sortir de France, avait suivi un conseil sinon magnanime, au moins raisonnable. Le pis, s'il réussissait, était de perdre la couronne déjà perdue et de sauver sa tête.

Mais le peuple, en le retenant, se créa des difficultés qui ne pouvaient être compensées par aucun avantage. Il se vit obligé de forcer de régner un homme qui ne pouvait plus régner, c'est-à-dire que l'on se trouva embarqué dans un système qui allait contre la nature des choses. Il fallut la vaincre. De là des efforts gigantesques pour faire triompher l'impossible, et des haines irréconciliables, parce que les partis reprochèrent aux partis de ne pas exécuter ce qu'un Dieu même n'eût pu faire.

Si la nation française eût su ce que nous savons aujourd'hui de l'impossibilité de lier au trône un prince humilié ou rebelle, elle eût laissé le prince porter au loin son adversité dans les cours étrangères. Il n'y eût pas été plus puissant ni plus redoutable que ne le fut Monsieur. Mais combien tout eût été simplifié! On n'eût pas été obligé de le juger; l'échafaud du 21 janvier ne se serait pas dressé, et de là que de conséquences!

La fortune se serait chargée du soin de le punir; c'est un grand avantage quand on peut lui abandonner ce droit de justicier, et qu'elle consent à l'accepter.

Personne ne se demandait si l'on ne plaçait pas Louis XVI dans une situation où la fraude était inévitable; il semblait que l'on fût assez avisé, si, ayant trouvé un coupable, on se réservait la force de le châtier.

On supposait alors que ce qui nuit à un parti sert nécessairement à l'autre, maxime dont nous avons éprouvé vingt fois la fausseté, sans en être entièrement revenus.

Cette faute était sans doute inévitable, puisqu'elle fut partagée par tous, Assemblée, bourgeoisie, peuple; mais ce ne fut pas moins une faute, et jusqu'à ce moment la plus grave de la Révolution. On se trompait sur l'esprit des temps.

En 1648, la Fronde avait été consternée à la nouvelle que le roi était sorti de Paris. Cette crainte, alors légitime, ne l'était plus en juin 1791. Les temps étaient bien autres, depuis le Mazarin. La Révolution n'aurait pas dû offrir ce point commun avec la Fronde. Au reste, ce fut le seul ; nos frondeurs de 1793 rachèteront bientôt leur panique d'un moment par d'assez terribles audaces.

Les conséquences de cette erreur ne tardèrent pas à se montrer. Pourquoi rétablir ce roi en juin 1791, pour le décapiter en janvier 1793 ? Est-ce le fait d'une Révolution qui connaît son chemin ?

N'était-ce pas plutôt le signe d'un grand désordre d'esprit ? D'autant plus que le roi était censé abdiquer, dès qu'il sortait de France. C'est donc cette abdication qu'on voulait empêcher ? Jeu cruel ! A qui doit-il profiter ? Ce ne sera ni à la royauté, ni à la liberté.

Il me semble pourtant qu'après la fuite du roi, La Fayette eût pu se dégager davantage de l'ancien homme et qu'il fit à Louis XVI un triste hommage de joyeuse entrée, en lui rendant la couronne. Cette chevalerie n'était plus de saison ; elle devait coûter trop cher au prince.

La France, dit-on, était pour cette royauté captive. Oui, sans doute, elle voulait aujourd'hui cette ombre, et elle allait la décapiter demain. Mais les grands hommes sont faits pour montrer aux peuples ce qu'il y a au fond de leurs volontés confuses. Ce n'est pas tout que de partager leurs troubles d'esprit ; on n'est vraiment grand qu'à condition de percer ces énigmes vivantes. Personne ne le fit à ce moment. La royauté disparue sur la route de Varennes, un autre gouvernement naît de la nécessité : la république était là ; les républicains la reniaient encore.

Les jacobins eux-mêmes protestent contre elle en masse. Un membre déclare que l'idée de l'établir est une scélératesse. Danton propose un conseil d'interdiction qui sera changé tous les deux ans ; il ne voit pas au delà d'une régence indéfinie.

Bonneville, Brissot colportent une pétition pour l'abdication. Les jacobins en votent le rejet pur et simple. Ainsi toujours le même système ; on torture le roi, et l'on veut, en maintenant la royauté, qu'elle prenne goût à sa torture.

Les embarras, les périls dans lesquels on se jeta par ces fausses vues allèrent croissant. La Révolution faillit y périr vingt fois. On remet officiellement à la tête des armées le prince, à qui il est impossible de ne pas souhaiter leurs défaites. Pour l'empêcher de réaliser ses vœux, on suscite des journées terribles ; ces journées déchaînent de nouveaux dangers. On se trouve lancé dans un système de contradictions; pour le soutenir, il faudra sortir de la nature humaine.

Jours funestes que ceux où une nation ne sait pas clairement ce qu'elle veut! Dans ce trouble d'intelligence, elle prend son indécision pour l'effet de la perfidie; elle ne peut agir et elle se sent liée par une force qu'elle ignore. Moment où tous les soupçons commencent; les fantômes envahissent les révolutions de ténèbres.

V

MASSACRE DU CHAMP DE MARS, 17 JUILLET 1791. FIN DE LA CONSTITUANTE, 30 SEPTEMBRE

Après le retour de Varennes, la Constituante prend une résolution étrange. Ayant fait la faute de ramener le roi de vive force, elle est entraînée à une faute plus grande encore qui la jette dans la pure utopie.

Les constitutionnels imaginent de mettre à néant les événements de la veille, comme si l'homme avait ce pouvoir sur lui et sur les faits. Le peuple oubliera la fuite à Varennes, le roi oubliera le retour. Des deux côtés, on effacera la réalité; sur cette table rase, on inscrira la Constitution, sans s'inquiéter de savoir si elle n'est pas illusoire entre les mains du prince. Voilà la substance des discours de Barnave, de Salles et des constitutionnels.

Ainsi cette admirable Assemblée qui avait montré tant de sagesse, commence à perdre terre et à se jeter dans la chimère; elle s'engage dans la voie, opposée à celle de toutes les révolutions modernes; ou plutôt elle n'est plus ni dans le passé, ni dans l'avenir, elle se précipite dans le vide pur.

La pensée de changer la personne du prince, résolution qui dès le 14 juillet était déjà une nécessité, fut repoussée après le 21 juin 1791, avec plus de véhémence que jamais, par les constitutionnels. C'était même, à leurs yeux, un crime que d'en parler. Et comme il arrive que, plus on entre dans l'erreur, plus on y porte de passion, l'Assemblée nationale, jusque-là si obéie, s'indignait que les événements lui résistassent. Elle voyait partout de mauvais citoyens, où elle rencontrait la moindre hésitation à embrasser sa chimère de convertir Louis XVI, après Varennes, en apôtre ou complice de la Révolution. Barnave, nouvellement amoureux de cette idée, accuse ses adversaires, les jacobins, de faire du roman ; mais quel roman plus impraticable que le sien ? Celui des jacobins, en comparaison, était la nécessité même.

Si nous ne savions comment une assemblée, une fois entrée dans le faux, s'y abandonne sans retour et sans mesure, on aurait peine à comprendre l'obstination de la Constituante. Dans ce défi à la force des choses, quelle popularité eût pu résister ? Celle de l'Assemblée s'affaiblissait et tombait chaque jour, et c'était là pour elle un motif de se roidir davantage. Dès lors, son tempérament parut changé; sa fin fut celle de tous les pouvoirs qui se brisent contre la raison publique.

Les anciens favoris de l'opinion, Chapelier,

Thouret, Duport, Barnave et même les Lameth, se sentant abandonnés, n'accusent que l'inconstance populaire. Ils ne voient pas que c'est leur foi à l'ancienne dynastie qui est repoussée par la logique des faits encore plus que par les hommes. A mesure qu'ils tombent, d'autres commencent à s'élever; Pétion, Rœderer, Buzot, Brissot apparaissent. Robespierre sort de la nuit.

Ceux-ci, en effet, avaient trouvé un terrain solide dans l'incompatibilité qu'ils découvraient entre le prince ancien et le régime nouveau. Car, alors, ils n'allaient pas plus loin dans leur espoir; et ils avaient la raison pour eux.

Selon l'ordinaire, les constituants, qui par de fausses vues perdaient l'autorité, essayèrent de la recouvrer par la force; les moins sanguinaires des hommes furent conduits à verser le premier sang de la Révolution.

Il était, en effet, inévitable que la situation sur laquelle l'Assemblée voulait fermer les yeux éclatât, en dépit de toutes les subtilités. Ce furent les sociétés populaires, et parmi elles les jacobins, les cordeliers, qui prononcèrent le mot vrai, la déchéance. Il sortait de chaque chose; il était la réalité même. Rien au monde ne pouvait faire que Louis XVI, après tout ce que nous venons de raconter, ne fût déchu.

Les hommes d'instinct, Danton, Camille Desmoulins, demandaient que ce qui était un fait désormais irrévocable fût reconnu par la loi. Au contraire, les constituants voulaient que la loi ne tînt aucun compte des événements. Ainsi la guerre est entre la réalité et l'utopie, la première représentée par le peuple, la seconde par l'Assemblée. De ce divorce sort le massacre du Champ de Mars, le 17 juillet 1791.

La Constituante faisait garder le roi à vue, comme un criminel ; dans le même temps, le 15 juillet 1791, elle décrète qu'il est inviolable, ce qui eût pu paraître une ironie. Contradictions trop violentes pour ne pas soulever l'instinct du peuple : il proteste contre ce qu'il lui est impossible de comprendre. Dès lors, les royalistes constitutionnels perdent le gouvernement des esprits.

Vouloir régner par des fictions au milieu des tempêtes, c'était revenir à l'esprit des parlements.

Après un bouleversement inouï qui n'avait rien laissé subsister du passé, comment les Lameth, les La Fayette purent-ils croire que le même prince pourrait représenter les anciens intérêts et les nouveaux ? C'était détruire eux-mêmes tout ce qu'ils avaient fait.

Fallait-il donc périr par respect pour ces idées fausses ? Voilà ce que l'on n'obtiendra jamais d'aucune nation.

L'Assemblée avait mis l'obéissance du peuple à

une trop dure épreuve ; il commençait à reconnaître quelques chefs. Ceux-ci le convient au Champ de Mars, pour signer une pétition contre le décret d'inviolabilité. Car la foule n'avait pas encore appris à passer le seuil des assemblées et à leur imposer ses volontés sous les piques. Tout atteste la spontanéité d'un mouvement populaire. C'est au Champ de Mars même que la pétition est composée. Cinq ou six mille personnes de tout âge la signent, hommes, femmes, enfants. Ils demandent « l'organisation d'un nouveau pouvoir exécutif. »

On sait comment cette journée fut souillée de sang. Deux hommes s'étaient cachés sous les planches de l'autel, poussés par une curiosité cynique. La foule les découvre, les entraîne, et, sur un soupçon de complot, les décapite. Bailly et La Fafayette, à la tête du corps municipal et d'un détachement de gardes nationales, se présentent au Champ de Mars pour dissiper le rassemblement ; le drapeau rouge marche devant eux. Réunis autour de l'autel, les pétitionnaires se confient dans leur droit ; ils résistent aux injonctions de la municipalité. Pour la première fois, le peuple, jusque-là soumis à ce grand nom de l'Assemblée nationale, reste sourd. On le presse ; il s'obstine. On le réduit par la force. Les troupes font feu sur cette masse d'hommes et de femmes désarmés, en plaine, sans aucune défense, et qu'il était aisé, il semble, de cerner de tous côtés. On diffère sur le nombre des morts ; les uns le réduisent à douze, les autres l'élèvent à quatre cents. Mais quel que fût le nombre, cette journée eut des suites incalculables. Elle acheva de brouiller l'Assemblée et le peuple. Il n'y eut plus de frein pour le régir.

Elle mit à néant les popularités les mieux acquises. Rien ne fut désormais plus facile que de ranimer le sang versé et de le reprocher à ceux qui en avaient les mains nettes.

Depuis ce moment, La Fayette entre de plus en plus dans une voie sans issue. Il veut affermir l'autorité d'un roi qui l'exècre ; il se fait garant de la couronne de son prisonnier ; attirant ainsi contre lui, au profit d'une chimère, l'aversion du prince et celle du peuple.

Le jour vint où toutes ces impossibilités se montrèrent à la fois : ce fut celui où l'on leva les arrêts de Louis XVI pour lui présenter la constitution. Il fut libre, un moment, de l'accepter, sous la menace de vingt-six millions d'hommes ; les constitutionnels se contentent de cette apparence. « Son acceptation nous parut sincère, » dit l'honnête La Fayette.

Mais l'époque était trop sérieuse pour se satisfaire à ce prix ; et la royauté, avec son expérience de mille ans, ne pouvait faire entrer l'ingénuité dans sa politique.

Comme dans tous les temps de crise, chacun

chercha sa force où elle était réellement : le roi dans la coalition étrangère, le peuple dans une révolution nouvelle.

Après l'évasion du roi, les royalistes renoncent à la parole dans l'Assemblée ; ils s'abstiennent. Système faux dans tous les cas ! Par là, les royalistes précipitent la ruine de la royauté. Dans un pays tout d'impression extérieure et de surface, une cause qui ne se produit plus au dehors cesse bientôt d'exister au dedans. Au contraire, qui tient l'homme extérieur tient presque toujours l'homme tout entier.

Déjà l'Assemblée constituante paraissait étrangère à ce monde nouveau qu'elle avait fait. Quand elle se sépara, le 30 septembre 1791, il y avait déjà deux mois qu'elle n'était que l'ombre d'elle-même. Enfin elle disparut, presque rebelle à ses œuvres, et malgré sa grandeur et son génie, laissant un héritage de faiblesses et de ruines à tous ceux qui imiteront ses fictions ou sa crédulité.

Elle croyait, en se retirant, laisser un roi après elle ; de toutes ses illusions, ce fut la plus grande. Celui qu'elle laissait aux Tuileries était le seul homme, en France, qui ne fût pas libre. On lui avait, il est vrai, levé ses arrêts ; mais la mort seule devait le délivrer.

La Constituante n'avait osé détrôner le roi ; par respect, elle lui légua l'échafaud.

Louis XVI ne pouvait vouloir la constitution ; et les constitutionnels ne voulant pour roi que Louis XVI, leur œuvre devenait impossible. La république arrivait à grands pas, sans être encore dans les esprits.

Robespierre et Saint-Just se croyaient royalistes. Le duc d'Orléans, seul prince qui eût pu, pour un instant, servir à un changement de dynastie, manquait à sa fortune ; les temps n'étaient pas de ceux où la couronne va chercher ceux qui affectent de la fuir.

Beaucoup s'imaginaient que la Révolution était finie. Ils oubliaient que, dans le contrat entre la nation et le prince, la première avait seule accepté le pacte. Ce moment est peut-être le point le plus haut où aient atteint les Français. Ils s'étaient élevés au-dessus d'eux-mêmes, ils avaient vaincu leur ancien tempérament. Les réformes matérielles et civiles, déposées en principes dans les lois de la Constituante, devaient seules durer quand il ne resterait plus aucun vestige réel ni de la constitution, ni des garanties politiques qu'ils se figuraient avoir gravées sur l'airain. Mais ils se sentaient libres, et surtout dignes de l'être. Ils n'avaient pas à braver l'avenir, ils croyaient le posséder.

Si un homme a personnifié chez nous ce court moment d'espérance et d'illusion, c'est le général La Fayette. Nul n'est plus persuadé que la liberté est entrée dans le cœur des Français, et qu'elle n'en sortira plus. Il se retire à la campagne, pour jouir de ce qu'il appelle « la philantropie de ses espérances. »

VI

LES ÉMIGRÉS. LES RÉVOLUTIONNAIRES DEVAIENT-ILS FAIRE OBSTACLE A L'ÉMIGRATION ?

Par sa fuite à Varennes, Louis XVI avait donné le signal de l'émigration. Elle devint générale dans la noblesse ; depuis qu'il eut accepté la constitution des mains de l'Assemblée, cela parut aux royalistes le dernier terme de la servitude royale ; ils avaient hâte de protester. D'ailleurs la Révolution s'étant constituée, le moment sembla venu de courir de tous côtés aux armes pour la détruire.

Les émigrés se trompèrent en tout, principalement en ceci : ils ne savaient pas alors que, chez les Français, disparaître de la scène, c'est perdre la partie. Ils se figurèrent qu'ils composeraient au dehors une *France extérieure* et que le monde ne verrait qu'eux.

Au contraire, en passant la frontière, ils faisaient tout ce que pouvait désirer le plus la Révolution ; ils laissaient la place nette à leurs ennemis, ils se proscrivaient eux-mêmes. En se frappant d'exil, ils dispensaient leurs adversaires de sévir.

Mais les révolutionnaires ne se trompèrent pas moins. La même faute qu'ils avaient faite en retenant le roi à Varennes, ils la refirent en retenant les émigrés. La Constituante agit contre eux dans la loi du 1ᵉʳ août 1791 par le triple impôt sur leurs biens ; la Législative, en novembre 1791, par la menace et par la mort. Au lieu de requérir les émigrés de rentrer, il eût fallu bien plutôt leur ouvrir toutes les portes pour sortir.

Puisqu'on voulait l'égalité, pourquoi empêcher la sécession en masse de la noblesse ? Si les gentilshommes quittaient la partie, c'était une grande faute au tiers et au peuple de les retenir malgré eux.

Mais l'imagination se joignait à l'inexpérience ; on croyait alors que cette noblesse, réunie à l'étranger, serait une force redoutable. On se forgeait un spectre effrayant de ces rassemblements de Worms et de l'armée de Condé. Tout au contraire, cette armée embarrassa ses alliés beaucoup plus que ses ennemis. Après un simulacre de campagne sur le Haut-Rhin, ces rassemblements furent dispersés par les cours étrangères. Ils allèrent se perdre misérablement dans les rangs des Autrichiens, puis des Russes. Bientôt ils ne furent plus que les *copies des exilés de la Ligue.*

Quelles difficultés n'eût pas créées au régime nouveau cette masse de gentilshommes, s'ils eussent continué à entourer le roi et à commander les troupes! En émigrant, ils rendirent leur épée.

D'autre part, ce fut le salut de la Révolution que ses lois contre les émigrés aient été éludées. Supposez-les tous rentrés, qu'en eût-elle fait? Elle se crut obligée de déclarer une guerre d'échafauds à ceux qu'elle empêcha de partir. Qu'eût-elle fait de Louis-Stanislas, de Charles-Philippe, du prince de Condé et de leurs compagnons, s'ils eussent obéi à sa sommation? Pensez au sang qu'il lui eût fallu verser si elle avait réussi à maintenir, comme elle le voulait aveuglément, tous ses ennemis rassemblés et armés dans son giron!

Hors de France, ils ne nuisaient qu'à leur cause. A quoi ont servi les émigrés? à rendre impossible toute transaction entre la royauté et la France; ils empêchaient surtout que le peuple pût donner aucune créance à la parole et aux serments du roi. Toute politique lui était rendue impraticable par ces hommes qui avaient jeté le masque. Sans crainte pour eux-mêmes, ils ne gardaient aucune mesure dans leurs déclarations de haines.

Louis XVI avait beau jurer la constitution; ses amis, pires pour lui cent fois que d'ardents ennemis, publiaient partout que ce serment n'était qu'un leurre. Avec une franchise désespérante, ils déployaient le drapeau du passé sur les frontières;

sans servir le roi, ils provoquaient le peuple ; ils excitaient de loin le taureau déchaîné, en lui présentant les couleurs abhorrées de leurs petites bannières ; ils lui dardaient leurs traits émoussés, ils le mettaient en fureur sans lui nuire. Comment n'aurait-il pas fini par donner le coup de corne ?

Ici se montre ce qui se vérifiera plus tard à chaque page de cet ouvrage. La Révolution française, dans son grand et légitime instinct, ne pouvait être abattue par la force ouverte ; on ne devait la vaincre qu'en lui prenant son langage et jusqu'à son nom, et en se masquant de ses principes. La ruse seule devait prendre avantage sur elle : il fallait endormir, par de menteuses caresses, le Samson invincible, et lui couper traîtreusement sa chevelure. Mais il n'y avait alors personne qui connût ce secret si bien divulgué aujourd'hui

Chateaubriand raconte qu'au siége de Thionville, il avait un fusil qui ne pouvait faire feu ; ce fut là le rôle de tous les émigrés ; leurs armes de si loin étaient impuissantes ; elles ne portaient pas. C'est de près qu'ils eussent dû attaquer la Révolution en se mêlant à ses rangs. Dès qu'ils se furent mis à part, on les compta ; ils perdirent à la fois le prestige et la force ; ils combattirent franchement, ouvertement, bannière déployée, en gentilshommes ; ils furent vaincus dès qu'ils se montrèrent, avant d'en venir aux mains.

Ainsi les émigrés favorisèrent la Révolution en sortant de France; et la Révolution favorisa les émigrés en les sommant de rentrer; chaque parti faisait ce qui convenait à l'autre.

FIN DU TOME PREMIER.

TABLE

DU TOME PREMIER.

CRITIQUE DE LA RÉVOLUTION

		Pages
I.	Pourquoi je n'ai pas répondu à mes contradicteurs.	1
II.	Que des faits nouveaux appellent des objections nouvelles	4
III.	Principes généraux d'une critique de la Révolution.	7
IV.	Esprit scientifique dans l'histoire. — Une expérience	9
V.	Critique de l'ouvrage « La Révolution ».	14
VI.	Une hypothèse changée en affirmation.	19
VII.	Solidarité. — Le grand Tout	29
VIII.	Méthode pour attaquer le livre « La Révolution »	36
IX.	Où est la question ? — Une erreur en politique et en morale	40
X.	Une tradition de justice.	45

Avant-Propos. 55

LIVRE PREMIER. — Les vœux.

I.	Nécessité de réviser la tradition	57
II.	Comment les Français jugeaient leur histoire à l'approche de la Révolution.	61

		Pages.
iii.	L'ancien régime	67
iv.	Louis XVI	71
v.	Louis XVI pouvait-il empêcher la liberté de naître?	74
vi.	Necker.	78
vii.	Que le passé servit à aveugler Louis XVI.	80
viii.	Autre cause d'erreur	82
ix.	La France à la veille de 89.	85
x.	Vœux du tiers état.	89
xi.	Vœux du clergé et de la noblesse.	95
xii.	Vœux des non-catholiques. — Première incompatibilité	101

LIVRE DEUXIÈME. — Les états généraux.

i.	Vue générale. — De l'action des masses et de l'individu dans la Révolution.	107
ii.	Les sociétés populaires. — Les Français punis des fautes de leurs pères	113
iii.	Ouverture des états généraux.	116
iv.	Le premier serment.	122
v.	Prise de la Bastille. — 14 juillet 1789.	129
vi.	Un contrat impossible.	136
vii.	Projets de la cour. — La force ouverte. — Comment en 89 on eût pu voir 93.	140
viii.	Les partis dans la Constituante.	145

LIVRE TROISIÈME. — Versailles.

i.	5 et 6 octobre 1789.	149
ii.	Le roi à Paris	157
iii.	Louis XVI aux Tuileries. — Une question insoluble.	168

LIVRE QUATRIÈME. — Révolution civile.

i.	Nuit du 4 août.	171
ii.	A quelles conditions les nobles renoncèrent à leurs titres.	180
iii.	La révolution territoriale	184

		Pages.
iv.	Si la destruction des libertés provinciales dans l'ancien régime a préparé les libertés nouvelles. . . .	189
v.	Abolition des parlements et du régime des intendants.	192
vi.	Où était la difficulté dans la Révolution.	197

LIVRE CINQUIÈME. — La religion.

i.	Une lacune laissée par Montesquieu.	203
ii.	Un peuple peut-il vivre sans religion et sans philosophie ? — Profession de foi du vicaire savoyard. . .	206
iii	Que deviendrait un peuple qui adopterait la profession de foi du vicaire savoyard ?	216
iv.	La Constituante et l'Église	225
v.	Chutes et contradictions.	229
vi.	Comment se sont faites les révolutions religieuses dans les temps modernes.	232
vii.	Essai de révolution religieuse par les constituants. — Novateurs qui n'osent s'avouer	241
viii.	Que les méthodes littéraires ne valent rien appliquées aux révolutions.	250
ix.	La constitution civile du clergé. — Une révolution à contre-sens. — Émancipe-t-on le maître ?	255
x.	Suite de l'histoire religieuse de la Révolution . . .	265
xi.	Timidité d'esprit des hommes de la Révolution . . .	272

LIVRE SIXIÈME. — La constitution.

i.	Droits de l'homme	283
ii.	Œuvre politique de la Constituante	286
iii.	Comment on peut reconnaître si un événement est dans le plan de la Révolution.	289
iv.	La démocratie royale.	291
v.	La constitution anglaise en 89. — Quelle en était la première condition	294
vi.	S'il y avait un moyen de diriger la Révolution. — Première faute de l'ancien régime : Désespérer trop tôt.	297
vii.	Conjuration de Mirabeau. — A-t-il vendu la Révolution ?.	302

		Pages.
viii.	Mirabeau et Robespierre	317
ix.	Un système de contre-révolution	321
x.	La noblesse française.	324
xi.	Pourquoi il a été impossible de tromper le peuple de 89. — La Bêtise, divinité moderne.	327
xii.	La bourgeoisie et le peuple.	333
xiii.	Une erreur de la Révolution	340
xiv.	Une des causes de la prompte lassitude des partis.	342

LIVRE SEPTIÈME. — Varennes.

i.	Fédération	351
ii.	Révolte militaire de Nancy	355
iii.	Mort de Mirabeau	361
iv.	Évasion du roi.	367
v.	Le retour de Varennes	373

LIVRE HUITIÈME. — Ni royauté ni république.

i.	Une convention modérée	383
ii.	Comment se révéla le nouveau Robespierre	387
iii.	Louis XVI ne pouvait plus que mourir ou se venger.	392
iv.	Faux jugements portés sur l'évasion de Louis XVI. — Erreur du roi et du peuple.	394
v.	Massacre du champ de Mars, 17 juillet 1791. — Fin de la Constituante, 30 septembre	401
vi.	Les émigrés. — Les révolutionnaires devaient-ils faire obstacle à l'émigration ?.	410

FIN DE LA TABLE DU TOME PREMIER.

Librairie HACHETTE et Cⁱᵉ, 79, Boulevard Saint-Germain, PARIS

BIBLIOTHÈQUE VARIÉE, FORMAT IN-16

À 3 FR. 50 LE VOLUME

HISTOIRE ET DOCUMENTS HISTORIQUES

BOUCHÉ-LECLERCQ, membre de l'Institut : *Leçons d'histoire grecque*............ 1 vol.
CORBIN (Colonel Ch.) : *Notes et Souvenirs d'un officier d'État-Major* (1831-1904)........ 1 vol.
DAUDET (E.) : *Histoire des conspirations royalistes du Midi sous la Révolution* (1790-93)....... 1 vol.
Le roman d'un Conventionnel. Hérault de Séchelles......... 1 vol.
La Terreur Blanche....... 1 vol.
La Révolution de 1830 et le procès des ministres de Charles X. 1 vol.
Récits des Temps révolutionnaires................. 1 vol.
L'Exil et la mort du général Moreau.................. 1 vol.
DURUY (V.) : *Introduction générale à l'histoire de France*. 1 vol.
FUSTEL DE COULANGES, de l'Institut : *La Cité antique*.. 1 vol.
GAILLY DE TAURINES : *Aventuriers et femmes de qualité*.
Philippe de Champagne et sœur Catherine de Sainte-Suzanne à Port-Royal............ 1 vol.
GAUTHIEZ (P.) : *L'Italie du XVIᵉ siècle. L'Arétin* (1492-1551). 1 vol.
GUIZOT (E.) : *Le duc de Broglie*................... 1 vol.
Lettres de M. Guizot à sa famille et à ses amis........... 1 vol.
Les années de retraite de M. Guizot (Lettres à Mme Lenormand). 1 vol.
LAMARTINE . *Histoire des Girondins*................. 6 vol.
LANGLOIS (Ch.-V.) et **SEIGNOBOS** (Ch.) : *Introduction aux études historiques*........... 1 vol.
LAVELEYE (E. de) · *La Prusse et l'Autriche depuis Sadowa*. 2 vol.
LAVISSE (E.), de l'Académie française : *Études sur l'histoire de Prusse*................. 1 vol.
Essais sur l'Allemagne impériale................. 1 vol.

LUCHAIRE (A.), de l'Institut : *Innocent III. Rome et l'Italie*.. 1 vol.
Innocent III. La Croisade des Albigeois................ 1 vol.
Innocent III. La Papauté et l'Empire................... 1 vol.
Innocent III. La question d'Orient................ 1 vol.
Innocent III. Les royautés vassales du Saint-Siège.. .... 1 vol.
Innocent III, le Concile de Latran. (Collect. couronnée par l'Institut) 1 v.
MASSON (P. M.) *Madame de Tencin* (1682-1749)... .... 1 vol.
Fenelon et Madame Guyon, documents nouveaux et inédits 1 vol.
MONOD (B.) : *Le moine Guibert et son temps*... .... 1 vol.
MOUY (Ch. de) : *Discours sur l'histoire de France* .... 1 vol.
PICOT (G.), de l'Institut : *Histoire des États généraux*....... 5 vol.
PRÉVOST-PARADOL : *Essai sur l'histoire universelle*...... 2 vol.
QUINET (Ed.) : *Œuvres complètes*.................. 30 vol.
ROUSSET (G.) : *Histoire de la guerre de Crimée*......... 1 vol.
SAINT-SIMON : *Mémoires complets et authentiques*......... 22 vol.
Scènes et portraits. Extraits des Mémoires................ 2 vol.
TAINE (H.), de l'Académie française : *Les origines de la France contemporaine* .... 12 vol.
Un séjour en France de 1792 à 1795. Lettres d'un témoin de la Révolution française............ 1 vol.
THOMAS (É.) : *Rome et l'empire aux deux premiers siècles de notre ère*. .... 1 vol.
TIERSOT (J.) : *Les fêtes et les chants de la Révolution française* .... 1 vol.
VILLEHARDOUIN : *Histoire de la conquête de Constantinople*. 1 vol.
VIVIEN (Commandant) : *Souvenirs de ma vie militaire* (1792-1822). 1 vol.

www.ingramcontent.com/pod-product-compliance
Lightning Source LLC
Chambersburg PA
CBHW070929230426
43666CB00011B/2366